安魂曲研究

縱觀一個西方樂種的面貌與發展

曾瀚霈 著

文史哲出版社印行

謹 以 本 書

紀 念

ANDENKEN VON HERRN

RUDOLF WYTEK

(1945～1995)

序

　　很多人一聽到安魂曲，直覺地就聯想到大概是與死亡有關的音樂吧！而想到死亡，最好還是敬而遠之。大多數人對死亡的害怕，連帶使得安魂曲成爲人們不太願意主動去接近的音樂，而越是如此，也就越少有機會真正去了解它。這種情況在音樂學術方面也帶來相當的影響，相較於其他各式各樣的音樂，安魂曲顯然未受到學者專家的注意，有關的論述文字實在非常少。

　　我個人認爲安魂曲是作曲家面對死亡的嚴肅省思，充滿了對生命的認真關懷，作曲家藉著對音樂藝術的追求同時也在作品中融入了至真至誠的性情，它是嚴肅音樂中的嚴肅音樂，這種音樂是不可能隨便寫，也不會隨便唱的。不可能隨便寫的原因是作曲家必須有寫作安魂曲的理由和意願，所以不是每一位作曲家都有安魂曲作品。不會隨便唱，是因爲安魂曲有其音樂藝術上的高度要求，而不只是演唱的時機或場合而已。

　　安魂曲是基督教文化的音樂，所以也是一種信仰告白。自中世紀以來，在教會的儀式中信徒藉著安魂曲向上帝和耶穌爲已故之人唱出祈福的歌聲，也就是用音樂爲亡者祈求他們所信仰的復活和永生，這實在是一種關懷他人生命的表現，有著崇高的精神意義。不過，當時代和社會對宗教的態度改變時，告白的內容和方式也會有所改變，這種改變也反映在安魂曲的音樂上面。所以安魂曲發展至今，事實上不僅有天主教傳統的教堂儀式性安魂曲，還有紀念性安魂曲和音樂會安魂曲。這些安魂曲在內容和架構上是非常多樣化的,而不論是那一種安魂曲,皆有很高的藝術性和很好的音樂品質,這是個人接觸安魂曲,欣賞它和研究它之後的感覺和發現。

　　前幾年我開始將研究的專題放在安魂曲上,早先與此有關的兩篇論文《有聲出版品中安魂曲的源流與發展─論拉丁文亡者彌撒架構之運用》(1995/5)和《自選歌詞、自由架構安魂曲之探討 (有聲出版品中安魂曲的源流與發展續論)》(1995/9) 連續獲得國科會八十四年度和八十五年度的甲種研究獎,使我深受鼓勵,決定更進一步對安魂曲做一個整體的研究。我從樂種的觀點切入,希望對安魂曲的類型、發展史、內容與章法架構、時代風格與區域特色,以及有多少作曲家寫了多少安魂曲等基本資料都放在樂種研究的基本問題之列。此期間亦見到張己任教授發表〈安魂曲─從古到今〉連載文章 (1992/8～1994/10) 及後來集結成冊之《安魂曲綜論》(1995),覺得彼此方向和內容並未重疊,張教授的著作以古今名家名作的分析介紹為主,拙著則在探討安魂曲這個樂種各個層面的狀況,希望能將安魂曲的面貌和發展呈現出來,並能建立安魂曲研究的基礎資料。所以張著與拙著兩者可以各自提供讀者不同的需要。

　　為求完備和方便讀者使用,本書的架構和內容大量擴充,最新資料含 R. Grippe 1995 年的安魂曲在內。另外,為顧及查考之方便性,書中人名一律原文直引,不作音譯,以免中文譯名之不統一及不易轉回原文之困擾。相關之歌詞因直接影響欣賞與理解,全部都有中文翻譯或提示已出版之譯作,凡未註明出處或譯者,都是我自己譯的。

　　在深入研究之後我發現，安魂曲的音樂和資料遠比預期的多，只是發行量少，要蒐集的東西不易到手，有些小問題也不易查證，少部分材料只好暫時擱置，這是個人深感遺憾之處。我深信，安魂曲和任何其他樂種一樣，有很多可以探討的地方，本書如有疏誤之處，尚祈學界先進及讀者諸君不吝指正。

　　本書之出版，承家姐曾美珠及內子張孋瑛兩位女士費了許多功夫細心校稿，特別在此致謝。

　　　　　　　　　　曾　瀚霈　　　謹識於中壢

　　　　　　　　　　國立中央大學藝術學研究所
　　　　　　　　　　一九九七年十二月十九日

viii

目錄

x

第一章

安魂曲的 樂種觀念與類型探討

　　在德文中，音樂有所謂嚴肅音樂 (ernste Musik) 與娛樂音樂 (Unterhaltungsmusik) 的二分法，這對於某些音樂而言雖然不無爭議，但有一種音樂無論如何是不可能歸入娛樂音樂，而必屬嚴肅音樂，那就是安魂曲。安魂曲？安魂曲是什麼？它是宗教音樂嗎？有人認為它是專為亡故之人所作的，應該叫做亡者彌撒，也有人不同意，那麼安魂曲究竟應該是什麼呢？這些問題所透露的，其實就已碰觸到安魂曲的樂種問題。為了釐清觀念，以利安魂曲樂種問題的探討，應該先了解樂種是什麼。

第一節　前提概念—樂種的認知

　　「樂種」，是比照「物種」使用的一個名詞，在西方語文中兩者的拼法其實並無不同，例如德文的 Gattungen 和英文的 genres，有時為了使意思更明確，再結合形容詞「音樂的」而成為 musikalische Gattungen【德】或 musical genres【英】。顧名思義，樂種是採取類似物種分類的系統方法，將一切音樂依照構成的條件和特色進行整理歸納，做出種種的區分，每一大類就可算是一個樂種。有關各樂種的認知，有其既成的歷史發展和觀點，是集許多人的共識和許多作曲家的共同耕耘而成，並非單純地建立在少數人的想法上。

　　西方音樂在各方面都有廣泛而深入的研究，方法與觀點則各有不同，有以人、物為核心的，有以作品為主體的，也有以樂種為出發點的。以人、物為核心是因為人（音樂家）是音樂的創造與表演者，物（樂器）是音樂的表達工具。以作品為主體是因為欲對個別的曲目及作品本身做深入的了解。然而以樂種為出發點之目的何在？主要的是要歸納眾多的音樂作品，建立一個樂種與類型的系統。

　　再進一步思考，樂種與類型是可以有不同的意義的。一般而言，如將「樂種」與「音樂類型」這兩個名詞擺在一起，彼此似乎並未有什麼固定的區別，當做同義詞應該無妨。但是，如果將樂種與類型設定為兩個不同層次的觀念，用在同一個系統架構中，那麼所謂類型，就可以當做樂種之下的再區分。比如說，室內樂是一個樂種，而三重奏、四重奏、五重奏…等雖都同屬室內樂卻可視為不同的類型。再以四重奏為例，也可進一步區分為弦樂四重奏和鋼琴四重奏兩種主要的類型。以這種方式來進行音樂的分類，整體的音樂領域就能有一個清楚而反映實況的系統。從西方音樂的研究狀況來看，正是如此。

　　觀察西方樂種，相關的系列叢書最能明白顯示集體合作的研究成果，著名的出版系列在音樂學發達的德國至少就有兩套。第一套是二十世紀初 H. Kretzschmar 花了二十年主編的十四冊 *"Kleine Handbücher der Musikgeschichte nach Gattungen"* (Leipzig, 1905～1925)，第二套是五〇年代開始 K. G. Fellerer 耗時二十五載主編的四十七冊 *"Das Musikwerk. Eine Beispiel-Sammlung zur Musikgeschichte"* (Köln, 1951～1975)。這兩套叢

書都是以個別樂種的探討做為全套系列的架構，尤其後者，可以說是西方音樂截至目前為止分類最詳細的一套樂種發展史。但是，這兩套叢書都沒有把安魂曲當做一個樂種看待。

音樂的書目書也可以反映樂種的分類觀念。近年來相當重要而具代表性的一套著名音樂書目刊物是 RILM (*Répertoire International de Littérature Musicale*)，但是該刊也沒有將安魂曲視為一個獨立的樂種。

看起來，音樂界和音樂學術界都沒有把安魂曲當做一個獨立的樂種看待，而仍將它放在彌撒的領域中，但從安魂曲的發展事實來看，這種傳統的定位方式是亟待更正的。

第二節　安魂曲的樂種發展

在彌撒音樂的領域中，所謂安魂曲，應該是一個簡稱或俗稱，這個字的原文來自拉丁文 Requiem，乃「安息」之意。為何會使用這樣的一個名詞呢？原來安魂曲本是一種特別的彌撒，專為亡故之人舉行的，正式的名稱拉丁文叫做 Missa pro defunctis，也叫做 Missa pro mortis 或 Missa defunctorium 或 Missa pro fidelibus defunctis，中文可譯為「亡者彌撒」。由於亡者彌撒一開始，第一首歌（進堂曲〈安息經〉）的第一句第一個字就是 "*Requiem*…"，所以一般就以此將亡者彌撒簡稱為 Requiem—安魂曲。

從名稱及組字上來看，受到拉丁文淵源的影響，西歐語文對於安魂曲的正式稱呼通常有兩種：亡者彌撒或安魂彌撒，而大部分的語文中這兩種名詞都存在。

稱為亡者彌撒的有 Missa de difunts、Missa Agenda

defunctorum【西】 Messa de' mortis、Messa per il defonti、Messa da morto【意】Messe des morts【法】Mass for the dead【英】Totenmesse【德】。

稱為安魂彌撒或安魂曲的有 Missa de requiem【西】 Messa di Requiem、Messa da requiem【意】Messe de Requiem【法；葡】Requiem mass【英】Requiem【德】Rekviem【俄】。德文除 Requiem 一詞之外也有使用外來語如 Missa da requiem。

德文還有現已少見的 Seelenmesse 和 Das musikalische Exequien 兩個名詞， 前者避掉了 "Toten-"（亡者；死者）而用 "Seelen-"（靈魂；安靈；安魂），感覺在修辭上似乎較為古雅，後者標榜為「音樂的超度」或「音樂的葬禮」，見之於十七世紀 H. Schütz (1636) 的作品。

儘管名詞上有亡者彌撒和安魂彌撒（安魂曲）之不同，但在十九世紀之前，作曲家在他們完成的作品標題上比較多數是以拉丁文的亡者彌撒 (Missa pro defunctis) 為名，主要的原因是因為譜曲所用的歌詞全是拉丁文，這是天主教自古以來的傳統，而依此所作的音樂實際上也都是供在教堂裡舉行的亡者彌撒中使用，所以拉丁文歌詞和具有教堂的儀式性便是亡者彌撒的基本特色，即使稱之為安魂彌撒亦然。

然而十九世紀中開始出現不使用拉丁文、非為儀式性的需要而寫作的安魂曲，安魂曲便未必只是彌撒的一個特別類型，有些安魂曲是亡者彌撒，有些安魂曲則不是，亡者彌撒和安魂曲不再是同義詞。在名稱的使用上，不是亡者彌撒的作品自然不好題為亡者彌撒，而可題為安魂曲（或其他標題），而亡者彌撒如要稱為安魂曲也無不妥。這樣的情況造成在標題文字和實質內容上，安魂曲已然自成一個樂種。

觀察安魂曲，其能自成一個樂種的發展關鍵在於是否使用

拉丁文及是否具備教堂的儀式性。如果一直沿用拉丁文並具教堂
的儀式性，那麼情況並沒有改變，安魂曲就是安魂彌撒，安魂彌
撒就是亡者彌撒，在定位上，維持屬於彌撒這個樂種中的一個特
別類型並無不妥，也沒有理由另立一個樂種。

　　所以安魂曲做為一個樂種，其生成條件就繫於是否使用拉丁
文及是否具備教堂的儀式性了，但是這兩方面的作用卻是有所不
同的。安魂曲不使用拉丁文，其情況可以分為完全不用拉丁文及
局部使用拉丁文兩類。完全不用拉丁文的，最早的是德國作曲家
的作品，以 H. Schütz (1585～1672)的《音樂的超度》(*Das
musikalische Exequien,* 1636) 和 J. Brahms (1833～1897) 的《德
文安魂曲》(*Ein deutsches Requiem,* 1868) 最為著名。這一類作
品通常使用本國語文，內容可以自選，也可以是拉丁文的本國語
譯本，除了前述 Schütz 和 Brahms 的例子之外，捷克作曲家
Vycpálek (1882～1969) 的《捷克文安魂曲》(*Czech Requiem,*
1940)、德國作曲家 Hindemith (1895～1963) 在美國時期寫的
《當去年的丁香在庭前綻放—「給我們所愛之人」的安魂曲》
(*When Lilacs Last in the Door-Yard bloom'd—a Requiem "For Those
we love",* 1946) 和俄國作曲家 Kabalevsky (1904～1987) 的《安
魂曲》(1963，俄文) 等皆是實例。不過，也有多種語文的混合，
最突出的例子是德國作曲家 B. A. Zimmermann (1918～1970)
的《一個年輕詩人的安魂曲》(*Requiem für einen jungen Dichter,*
1969)，竟有八種語文之多。

　　局部使用拉丁文的情況，常見的是將拉丁文與本國語文混
合，英國作曲家多喜採此方式，例如 H. Howells (1892～1983) 的
《安魂曲》(1938)，J. Rutter (1945～) 的《安魂曲》(1985)，以
及 B. Britten (1913～1976) 的《戰爭安魂曲》(*War Requiem,* 1961)
皆是。局部使用拉丁文的做法，也有僅將少部分拉丁文文字當做

一個框架，或是藉此保持作品本身之所以被稱為安魂曲的一點依據，例如匈牙利作曲家 R. Wittinger (1945～) 的《馬多羅安魂曲》(*Maldoror-Requiem*, 1986) 和前面提過的 Zimmermann 的《一個年輕詩人的安魂曲》即是。在完全使用與局部使用拉丁文之外，還有一種就是僅選擇少部分的拉丁文譜曲，而成為簡化的拉丁文安魂曲，Stravinsky (1882～1971) 的《安魂歌曲》(*Requiem canticle*, 1966) 是目前唯一的例子。

　　不使用、局部使用或簡化拉丁文歌詞，乃至本國語文或多種語文混合，其目的是為了要自由決定安魂曲的內容，以配合創作者的意圖或理念，因此也就未必能夠適合教堂儀式之用，這樣的安魂曲絕大多數在寫作之時原本就沒有打算作成儀式性安魂曲，其動機不是為了紀念就是單純地當做一個一般性的音樂作品看待，因而在儀式性安魂曲之外也就有了紀念性安魂曲和音樂會安魂曲。Brahms 的《德文安魂曲》、Hindemith 的《當去年的丁香在庭前綻放──「給我們所愛之人」的安魂曲》、Britten 的《戰爭安魂曲》和 Kabalevsky 的《安魂曲》等皆是紀念性安魂曲，Zimmermann 的《一個年輕詩人的安魂曲》則屬音樂會安魂曲。

　　從完成作品的手法來看，若為紀念或音樂會之目的而作，其實也不必一定要排除拉丁文，所以紀念性安魂曲和音樂會安魂曲同樣也有完全採用拉丁文的，具體的實例如 Fauré (1845～1924) 的《安魂曲》(1888) 和 A. Lloyd Webber (1948～) 的《安魂曲》(1984)，兩者都用傳統教堂儀式所用的拉丁文歌詞，同屬紀念性安魂曲，而 Dvořák 的《安魂曲》也是拉丁文安魂曲，卻是純為音樂會的目的而作。如此則紀念性安魂曲、音樂會安魂曲與儀式性安魂曲在章法架構和歌詞內容方面等基本特質不易有什麼明顯的區別。

最後，從標題的適用性來說，三種類型的安魂曲之中，只有儀式性安魂曲最適合題為亡者彌撒，紀念性與音樂會安魂曲則不一定適用，因此，不論是那種類型，稱為安魂彌撒會比亡者彌撒適當，而稱為安魂曲則更好，因為它可以彈性地包含彌撒與非彌撒在內。另外還有一種處理方式，就是使用相關的措辭或特定的標題，例如「德文安魂曲」、「戰爭安魂曲」、「當去年的丁香在庭前綻放—『給我們所愛之人』的安魂曲」之類。而觀察各種安魂曲的標題文字我們可以發現，即使主標題沒有安魂曲的字眼，副標題也有，這種情形甚至發生在純器樂的作品中，例如 Britten 的《安魂交響曲》 (*Sinphonia da requiem*, op.20, 1940) 和武滿徹的《安魂曲》(*Requiem* for String orchestra, 1957)。由上述這些事實看來，安魂曲一詞已變成使用在一個樂種方面最通用的文字，而它所涵蓋的意義也相應地證明它是一個樂種。

第三節　安魂曲的類型觀念

安魂曲能成為一個樂種和安魂曲的類型發展有直接而必然的關係，基於上述的事實，安魂曲既然已經有那麼多樣化的發展，為了將所有的安魂曲一併歸納在一個領域之內，自是有必要將安魂曲視為一個樂種，以解決許多安魂曲作品無法適當歸類定位的問題。

安魂曲的類型發展是由於不依既定的拉丁文譜曲和不以教堂儀式性的目的為寫作目標而來，因此如何建立一個分類依據的基礎，應該以這兩點做為思考的出發點。

首先，不依既定的拉丁文譜曲，它的做法和結果就是可以自選歌詞，自由決定內容。正如前一節提過的，拉丁文可以完全放棄，也可局部保留。完全放棄拉丁文並不意味著既定的歌詞內容的全面改變，可能只是換了一種語文，Vycpálek 的《捷克文安魂曲》就是一個例子，其中的第二樂章〈震怒之日〉就是原拉丁文的捷克文譯本，內容並無不同。完全放棄，內容也不相同的作品當然更是為數不少，Schütz、Brahms、Hindemith、Kabalevsky 等人的作品皆是。至於局部保留的做法，最多的就是混合語文的型態，如前述英國作曲家 Howells、Rutter、Britten 等人之所為，或是僅當做名為「安魂曲」所需要的框架或文字成分，如 Zimmermann 和 Wittinger 等之作品。然而不論是那一種改變，即使是 Stravinsky 的簡化的拉丁文安魂曲，也都必然改變了安魂曲的內容。

　　隨著內容的改變，安魂曲的章法架構也必然跟著改變，而這兩者勢必要影響到作品本身在教堂儀式上的適用性。有無教堂儀式的適用性，不能單以是否在教堂演出來認定，應該從教廷（或教會宗派）訂定的亡者彌撒規範和相關的細則來看，如果作品能在教會舉行亡者彌撒時配合程序派得上用場，而且內容合宜、長度適當，便具有教堂儀式的適用性。

　　而教堂儀式固然要在教堂舉行，但安魂曲在教堂演出，也可能是基於音響和氣氛的考慮，未必是為了儀式。所以，並不是所有在教堂舉行的安魂曲都具有儀式性。

　　從這個角度來看，絕大部分非亡者彌撒的安魂曲都不具教堂儀式的適用性，自然也不是儀式性安魂曲。而演出場所，雖然在樂種的判別上是基本參考依據之一，但對於安魂曲類型的發展並無影響，可以不予考慮。

　　另一方面，歌詞內容既直接影響到安魂曲的章法架構和它的類型，分類的第一個依據就可依此建立。從這一個層面來看，安魂曲可以分為拉丁文安魂曲與自選歌詞安魂曲兩大類。

　　所謂拉丁文安魂曲，應該是指依天主教自古以來的亡者彌撒的禮儀 (liturgical) 規範，從葛瑞果聖歌 (Gregorian Chants【英】Gregorianik; Gregorianischer Chorale【德】) 時代的基礎出發，全套亡者彌撒程序所包含的各首歌曲，這些歌曲全是拉丁文，而且有其固有的歌詞內容。歷代的譜曲者，除自選歌詞外，全是依這些拉丁文歌詞寫作安魂曲。所以拉丁文安魂曲在概念上指的是延續或沿襲這種寫作材料的安魂曲作品，包括今人的新作在內。

　　至於「自選歌詞安魂曲」註1 方面，自選歌詞可以完全不用拉丁文，但也不必完全排除拉丁文，自選時也不一定是作曲家自選，也有可能是創作委託人自選。所以在安魂曲的分類觀點上，第一個可以建立起來的分法就是拉丁文安魂曲與自選歌詞安魂曲。

　　另一個分類的依據是安魂曲是否具有教堂儀式的適用性。前面已經有言，安魂曲幾乎都以在教堂演出為第一優先考慮，在教堂演出安魂曲並不表示一定是在舉行安魂彌撒，所以演出場所在安魂曲的分類觀點中並不值得當做一項判別依據，而是否具有儀式的適用性才更值得注意。從這一個角度出發，安魂曲基本上也可以分為儀式性安魂曲與非儀式性安魂曲。

　　儀式性安魂曲的存在是因為亡者彌撒或安魂彌撒的儀式需要而作，這是可理解的，然而為什麼又會有非儀式性的安魂曲呢？這是由於創作之時，作曲家並沒有舉行安魂彌撒的打算，只是想

1　為什麼用這個名詞而不用「非拉丁文安魂曲」來與「拉丁文安魂曲」做分類上的區別？這是因為「非拉丁文安魂曲」一詞不能涵蓋局部使用拉丁文或拉丁文與其他語文混合的作品類型在內，因此將拉丁文安魂曲之外的安魂曲稱為自選歌詞的安魂曲比較適切。

藉此作品的演出對於某一位或某些人士之亡故表示紀念與哀悼之
意。或者作曲家是基於創作欲望，抱著和處理一般音樂作品相同
的態度，以音樂會演出為目標而創作。所以非儀式性安魂曲應該
有紀念性安魂曲和音樂會安魂曲兩類。

　　安魂曲可分為儀式性安魂曲、紀念性安魂曲和音樂會安魂
曲三個類型，要判別這三種安魂曲，唯一的依據是作曲者的創作
動機。也就是要知道，作曲家為何要寫這首安魂曲。這個答案得
從作品的創作與演出歷史、作曲者的寫作歷程與傳記資料等相關
部分去尋找，儘管有時資料不足或完全缺乏不易判定，我們卻不
能因此認為分類沒有太大意義，因為，在自選歌詞的領域中，幾
乎沒有儀式性安魂曲，卻有紀念性安魂曲和音樂會安魂曲，所以
事實上仍有分成三個類型的必要。

第四節　安魂曲的類型關係

　　如上所述，安魂曲的類型有兩個層面，一是依歌詞內容分
為拉丁文安魂曲與自選歌詞安魂曲，一是依功能或意圖分為儀式
性安魂曲、紀念性安魂曲與音樂會安魂曲，這兩個層面的分類觀
念是有相互關係的。

　　拉丁文安魂曲使用亡者彌撒固有的拉丁文歌詞，自選歌詞
安魂曲通常使用拉丁文以外的語文如德文、英文等，其歌詞內容
有的是拉丁文譯為本國的文字（多半是取自聖經的章節），有的
則是與禮拜儀式不相干的一些文學性的詩句，少數作品有兩種不
同語文的穿插或交替，其中以拉丁文與其他語文（例如英文）的
混用稍多，多種語文的混合很少，僅見於德國作曲家 B. A.
Zimmermann (1969) 的《一個年輕詩人的安魂曲》。不論是拉

丁文安魂曲或自選歌詞的安魂曲，這兩個領域的安魂曲中同樣都有儀式性安魂曲、紀念性安魂曲和音樂會安魂曲。而混合語文的安魂曲除了沒有儀式性安魂曲之外，另外兩種皆有。

　　儀式性安魂曲可以視為安魂曲的「正宗」，為配合教堂儀式的需求而作，所以具有儀式的適用性，其他的特色則是附帶而來，不應視為重點。不以儀式的適用性為必要、不照禮儀規範創作的安魂曲，可能是紀念性安魂曲或是音樂會安魂曲，也可能兩者兼具。所以，三類安魂曲之間實際上還是必須立下一個基本的區分原則。

　　這個基本的區分原則就是，依音樂功能或創作意圖來分類，兩者只能擇其一，不能並用。如果依功能，一首安魂曲屬於儀式性安魂曲，就不必拘於是否兼屬紀念性安魂曲或音樂會安魂曲。如果依意圖，一首安魂曲屬於紀念性安魂曲，就不必考慮是否兼屬儀式性安魂曲或音樂會安魂曲；同樣，如屬音樂會安魂曲，不必問其是否兼屬儀式性安魂曲或紀念性安魂曲。在進行確認時，選擇最能符合事實的方式處理，若沒有很明顯可以判別那一類型，也不知作曲家為何而作、為誰而作，原則上可以按照儀式性安魂曲、紀念性安魂曲、音樂會安魂曲的順序一一求證。不過，要注意音樂會安魂曲的概念不能跟音樂性的意義相混淆。所謂音樂性，是指任何作品在音樂藝術上的表現層次之高低，任何音樂皆有其音樂性，連語言本身也有音樂性，所以不能以儀式性安魂曲和紀念性安魂曲都有音樂性，而將兩者視為音樂會安魂曲，這樣在分類觀念上就會陷於混亂。

　　用上述的觀念來整理，傳統的亡者彌撒，可以說皆屬儀式性安魂曲，其特點是具有儀式的適用性，合於禮儀規範的要求，至於兼具的紀念性和音樂性則視為附屬。

　　紀念性安魂曲係為紀念的用意而作，但不排除兼具儀式適用性的可能。而其音樂表現如具有高度藝術性,雖是為紀念而作,亦可當做音樂會安魂曲演出,但因不是以此為創作的本旨,也就不稱為音樂會安魂曲,自然和音樂會安魂曲還是有別的。

　　而音樂會安魂曲是將安魂曲視為純音樂作品,作曲家為了作曲理念而創作,並不考慮是否具有儀式的適用性,也不是為了紀念任何人,它的寫作是完全自由的。為了使內容與標題具有相關性,音樂會安魂曲多半會局部或全部採用傳統安魂曲的章法架構及歌詞,然後加以調整,或增或刪,或插入非傳統亡者彌撒的部分,但也可能完全依亡者彌撒的規範寫作,若是如此,亦不排除被當做儀式性安魂曲使用的可能。不過,這只是說,音樂會安魂曲可以寫得和儀式性安魂曲一樣,但並不是所有音樂會安魂曲都是如此,實際上,也有不少音樂會安魂曲完全沒有亡者彌撒的影子,既見不到拉丁文歌詞也看不到那些熟悉的曲名。

第五節　安魂曲的類型發展

　　一般而言,作曲家是不隨便寫安魂曲的,許多大作曲家根本沒有這種作品,像 J. S. Bach (1685～1750)、Händel (1685～1759)、J. Haydn (1732～1809)、Beethoven (1770～1827)、R. Wagner (1813～1883)、Mahler (1860～1911) 等人都不曾作過安魂曲,而不寫安魂曲的作曲家之中亦不乏在宗教音樂方面有重要的表現者,所以,顯然不是對宗教音樂有熱忱者就一定有安魂曲。作曲家不想寫安魂曲的主要原因是缺乏創作的動力,既然安魂曲都是為亡者所作,也都是依照亡者彌撒的規範寫作,需要時拿已有的安魂曲作品來用也就可以了,特別為此創作,演出的機會其實很少。此外,另一個理由可能是許多作曲家心理上多少存

在的死亡的陰影和顧忌，害怕安魂曲到頭來是為自己寫的
(Mozart 安魂曲故事的翻版)。在音樂史上作曲家多半都是接受
委託為他人寫作安魂曲，只有少數敢於為自己預作。對象大多是
皇帝、國王或顯赫的貴族，或者亡故者是作曲家的衣食父母，作
曲家自願為此寫作，以表感恩戴德之意，這是文藝復興以來作曲
家寫作亡者彌撒的主要動機。

　　到了十九世紀浪漫時期，貴族的影響力逐漸衰減以及各種
新思潮的衝擊之下，安魂曲並不一定是為了某一位貴族之喪而
作，也可用以表示作曲家對於任何已故之人的敬意、感激、懷念、
哀悼等，在這種情況下，安魂曲就不一定是為了教堂儀式的喪禮
使用，也就未必完全遵照亡者彌撒的規範寫作，於是有紀念父母
的、有紀念兒女的、有紀念朋友的、也有紀念戰爭受害的民眾、
同胞或廣及全人類的，這些安魂曲就是紀念性安魂曲。而紀念之
表示多半仍在教堂舉行，只是不一定有亡者彌撒之儀式，特別是
不為亡者彌撒而作的安魂曲則採教堂音樂會的形式，當然，要在
音樂廳舉行也無不可。

　　從儀式性安魂曲到紀念性安魂曲，安魂曲的概念已不再固
守於傳統的亡者彌撒，也不再侷限於彌撒的一個特別類型，而是
以與彌撒有共同交集者為基礎，漸漸擴張至與彌撒沒有交集的部
分而日漸形成一個自成領域的樂種。這就是說，所有稱為安魂曲
而不是亡者彌撒的音樂都可以含括，但亡者彌撒也依然保留在安
魂曲的領域中。

　　從紀念性安魂曲進一步發展，就是音樂會安魂曲。音樂會
安魂曲的產生，一方面是宗教音樂世俗化的結果，另一方面則是
作曲家面對死亡的嚴肅省思及轉化在音樂上的表現。十九世紀不
僅貴族的力量衰退，教會的力量也在式微之中，作曲家看待宗教
和教堂音樂有新的觀點，因此帶來宗教音樂的世俗化，就連安魂

曲也無法避免，因而產生音樂會安魂曲。音樂會安魂曲在理念及
實質上是很簡單的，就是將安魂曲的寫作視同任何音樂作品，不
為宗教儀式的應用需要，也不是為了紀念任何人，只單純地當做
是一個音樂作品，可在音樂會上演出。而這種作品之所以叫做安
魂曲，是因為它用了安魂曲的形式和內容來表現，或者作曲家創
作的時候，其構思或寫作心情與安魂曲有關即可。如此，少數安
魂曲甚至可以跳出歌樂的範疇而有純器樂的作品產生。然而，作
曲家要寫作音樂會安魂曲，在思想上得走出恐懼的陰影，不能再
有「寫安魂曲會帶來自己的死亡」的想法，要健康地面對這個問
題，首先要建立音樂會安魂曲的創作藝術觀，至於這個藝術觀的
內涵如何則是作曲家要思考的。比較十九世紀和二十世紀作曲家
的觀點，的確是有所改變。傳聞 R. Schumann (1810～1856) 常
說：「人為自己寫安魂曲」，而波蘭作曲家 K. Penderecki (1933
～) 則說：「每一位作曲家在他的一生中都會想寫一首安魂曲，
我也想這麼做」，現代作曲的態度已有明顯的不同。

　　回顧安魂曲的歷史，開啟類型發展的第一個人物是德國作曲
家 Heinrich Schütz (1585～1672)，他的 「音樂的超度」可以說
是第一個具有重大意義的作品，因為這首安魂曲是第一首不依天
主教亡者彌撒禮儀規範寫作的安魂曲，既不使用拉丁文，也不用
亡者彌撒的傳統歌曲。歌詞的由來係當事人在自知不久於人世之
際即自行選備一些德文聖經章節與教堂歌曲的詩句，囑咐其家人
以此預選的文字為其喪禮音樂譜曲。當事人死後，Schütz 受其
家屬之託，完成此一作品。結構上，此曲以一場「德文葬禮彌撒
形式的音樂演出」 ("*Concert in Form einer teutschen Begräbnis-
Missa*") 為主體，其後加一首經文歌「除你之外」(Motette "*Herr,
wenn ich nur dich habe*")，再以西面的讚歌「主啊，如今可讓你
的僕人平安歸去」(Canticum Simeonis "*Herr, nun lässest Du*

Deinen Diener") 做結。這個作品因曾在亡者的喪禮首演，是唯一用於喪禮儀式的自選歌詞安魂曲。

　　Schütz 此一作品雖具開創性意義，但顯然並沒有受到太大的注意，一直到兩百多年之後 Brahms 的《德文安魂曲》(*Ein deutsches Requiem*, 1868) 的成功，才令作曲家們意識到自選歌詞安魂曲是安魂曲可以發展的另一個領域。雖然德文安魂曲在 Brahms 之前其實也有人寫過，不過，多半是亡者彌撒的德文版，那是將拉丁文歌詞譯為德文來創作的，而 Brahms 的德文安魂曲歌詞則是從德文聖經中由作曲家自行選錄的，這是明顯的不同之處。不過，就自選歌詞的行為而言，其實並沒有跳出 Schütz 安魂曲的模式，只是 Schütz 所用的歌詞不是他自選而是亡者自選。然而，從類型意義的觀點來看，Brahms 的德文安魂曲的確可以引發一些相關的思考。

　　首先，Brahms 的《德文安魂曲》在標題文字上需要一點正確的了解。在中文資料中常見德文安魂曲被譯為「德意志安魂曲」或「德國安魂曲」，這是錯誤的，因為德意志是一個民族，德國是一個國家，Brahms 寫作此曲並沒要對一個民族或國家這樣的集體對象表達什麼哀悼之意，純粹只是藉此抒發他個人內心對 Schumann (舒曼) 的哀悼和敬意，由於創作期間曾經遭逢母喪，所以也多少夾帶了一份對母親的紀念。這個作品不是儀式性安魂曲是很確定的，從 1868 年 4 月 10 日的首演是一場教堂音樂會就可以看出來，當天是耶穌受難日 (Karfreitag【德】)，既不是 Schumann 的逝世紀念日，也不是母親的逝世紀念日，音樂的演出很成功，在作曲家沒有明白表示是為誰而作的情況下，這個作品幾乎是被當做音樂會安魂曲廣為聽眾接受。首演時的《德文安魂曲》是六個樂章的架構，首演後 Brahms 覺得應該回復原先曾經規劃過的七個樂章比較好，遂有 1871 年 4 月 6 日的定稿後完整版的首演，作品的一再修改與再演出似乎更加強了《德文安魂曲》做為「純音樂作品」的性質。然而，依學者們研究的發現來看，Brahms 的德文安魂曲還是明確地有其紀念性和紀念對象，所以，它應該算是紀念性安魂曲。

　　有人根據德文安魂曲的英文翻譯 "A German Requiem"，認為 "German" 可以作 「德國式的」來理解，這就衍生出類型上的邏輯問題。怎樣算是「德國式的」？與「德國式的」相對的是什麼？「非德國式的」？或是沒有相對，只有相異，諸如「法國式的」、「英國式的」、「意大利式的」… 等等？假定這些模式都存在，那麼它們的區別何在？它們各自有何衡量的尺度或辨識的依據？德文安魂曲的主要特色在於不依循天主教亡者彌撒的規範，不用拉丁文，不用既定的歌曲，作曲者自選歌詞、自由譜曲，在這種情況下，許多非拉丁文的安魂曲都具備這樣的條件，是不是全都可以算是「德國式的」？那麼「法國式的」、「英國式的」… 等它們的特色又在那裏？如果「德國式的」指的是歌詞所用的語言，那麼「德文安魂曲」豈不是比「德國式的安魂曲」更明確、更恰當！又何須標榜為「德國式的」？波蘭作曲家 Penderecki 有 一 首 安 魂 曲 (1980/84)，標題為 "Polskie Requiem"【波】(Polish Requiem 【英】)，為這首作品嘗試中文翻譯也許可以給我們一點反思。有些人可能會比照「德文安魂曲」的譯法將它譯為「波蘭文安魂曲」，但是這部作品並不是用波蘭文譜曲，而是拉丁文 (都是亡者彌撒所用的歌詞)，所以譯為「波蘭文安魂曲」是錯的，那麼應該怎樣譯呢？其實倒是可以借用「德意志安魂曲」的模式將它譯為「波蘭安魂曲」。為什麼？因為作曲家寫作此一作品是為了紀念波蘭國內發生的幾件值得哀悼或追思的事情。如果要把它想成是「波蘭式的安魂曲」那又錯了。所以，從 Brahms 和 Penderecki 的例子來看，有關安魂曲的類型問題一定要對個別作品有所了解之後才能做出合理的判斷。

　說到音樂會安魂曲，自選歌詞、自由譜曲的安魂曲比較容易凸顯為音樂會安魂曲，如果它們不具任何紀念意義的話。較早的作品有德國作曲家 Cornelius 的《安魂曲》(1863)，以德國詩人 Friedrich Hebbel (1813～1863) 的詩 *"Seele, vergiß sie nicht"* (靈魂，不要忘記他們) 為詞，Max Reger 也有一首這樣的作品 (op.144b, 1915)。Cornelius 雖以一首無伴奏合唱曲的形態創作此曲，不過他寫作的那一年同是詩人逝世之年，所以不排除有紀念性的成分。捷克作曲家 Dvořák 的《安魂曲》(1890) 和瑞典作曲家 Olsson 的《安魂曲》(1903) 是以傳統亡者彌撒的形式寫作的音樂會安魂曲，看起來和儀式性安魂曲沒什麼不同。英國作曲家 Burgon 的《安魂曲》(1976) 採取拉丁文和西班牙文混用的方式，異於 Rutter (1985) 的拉丁文與英文的混合，兩者也皆是音樂會安魂曲。二十世紀的作品中，有一些紀念性安魂曲採取自選歌詞、自由譜曲的方式寫作，如不知它們有紀念對象，往往會當這些作品是音樂會安魂曲，例如冰島作曲家 Jón Leifs 的《安魂曲》(1949，冰島文) 短得只有 5 分 18 秒，和聲之美一如許多無伴奏的合唱精品。意大利作曲家 Sandro Gorli (1948～) 的《安魂曲》(推測作於 1986 至 1989 之間) 同樣無伴奏，具有非常美的現代和聲感，其文字不多的意大利文歌詞內容沒有一點宗教味，但很有現代詩的意境。與此兩例相對的，在強調現代音樂特色的音樂會安魂曲中，德國作曲家 B. A. Zimmermann 的《一個年輕詩人的安魂曲》可是一個大型作品，它的標題很容易讓人誤以為是一首紀念性安魂曲，其實「一個年輕詩人」只是作曲者的一種設想，一種表達上的付託，它是一個內容非常錯綜複雜的精密設計，表現作者一生 (1918～1970) 所經歷的時代 (第一次世界大戰結束之後的五十年)。此外，瑞士作曲家 Klaus Huber

(1924～) 的 《循環之歌》(*Cantiones de Circulo Gyrante*, 1985) 和旅居德國的匈牙利作曲家 Róbert Wittinger (1945～) 的《馬多羅安魂曲》等也各有其相當獨特的意境和手法上的表現。

第六節　　小結一安魂曲是什麼？

　　安魂曲是什麼？安魂曲是 Requiem 一詞的翻譯，從音樂的角度來說，它是一種對生命的終局表示關懷的音樂，它在眾多的音樂領域裡自成一個樂種，可以區分為幾種不同的類型，而綜合樂種與類型的觀點概括言之，它是一種紀念死者的音樂，長久以來以天主教的亡者彌撒為本，在教堂中舉行，為亡者祈求死後的生命，有一定的儀式和規範，後來漸有僅為紀念的用意而作的安魂曲，甚至進一步也可以與儀式和紀念無關，純是作曲家面對死亡的嚴肅省思之後的信仰告白在音樂上的表達。以最簡單的措辭來說，安魂曲是一種紀念死者或探討死亡的音樂，也可以說是一種關懷他人生命的音樂。

第二章

安魂曲的「正宗」─ 亡者彌撒

　　如前一章所述，安魂曲是一個樂種，有拉丁文安魂曲與自選歌詞安魂曲之分，也有儀式性安魂曲、紀念性安魂曲和音樂會安魂曲之分。其中歷史最久、作品最多的就是拉丁文安魂曲，而拉丁文安魂曲則是以亡者彌撒為根本發展而來的，所以亡者彌撒可謂安魂曲的「正宗」。事實上十九世紀以前的安魂曲幾乎全是亡者彌撒，若要對安魂曲有基本了解，首先得回到彌撒的領域內，從彌撒和亡者彌撒的關係開始。

第一節　　彌撒的音樂架構

　　彌撒，最簡單的意思是「禮拜」(Gottesdienst【德】)，也就是天主教會在星期日（「禮拜天」）及特定宗教節日所舉行的崇拜儀式和音樂。然而，為什麼禮拜要說成「彌撒」呢？這是天主教的用詞，由於天主教有長期使用拉丁文的傳統（至少可以回溯到第四世紀），彌撒一詞來自拉丁文 "Missa" 的音譯，各國文字亦大略相近 (Missa【西】Messa【意】Messe【法，德，葡】Mass【英】)。這個單字源自教堂禮拜行將結束，主祭最後宣告的一句話： "Ite, missa est" (去吧，散會)，依照文字直譯是「你們走吧，是遣散的時候了」。Missa 的本義是「遣散」，沒想到這個字後來竟被用做「禮拜」的代稱。

　　關於彌撒的程序和內容，教會方面歷來都有詳細的規範，當然，不同時期、不同區域的教會，彼此之間免不了會有一些細節上的差異，這也就是時代性及地方性的特色，一般而言，這些情況在天主教的 Trent 會議 (Councils of Trent, 1545~1563) 之前有比較多樣化的表現，而會議之後在教廷的統一指示之下，差異性相對減少，當教廷有新的規範下達時，各地教會亦隨之修正，所以不同時代的特色仍是存在的。

　　由於基督教（廣義）自始即受到猶太廟堂音樂的影響，音樂在教會的儀式和修道院的生活中一直是佔有很重要的部分，不論是簡單的日課 (Officium【拉】Offizium【德】Office【英】，「定時祈禱」) 或是複雜的彌撒，都少不了音樂。彌撒所用的音樂，依彌撒的程序而定，曲目甚多，但內容則可區分為「不變部分」與「應變部分」兩大類。所謂不變及應變，指的是歌詞內容，而不是音樂的旋律、結構等，只要歌詞合適，任何音樂作品（從葛瑞果聖歌到新音樂的各種創作）皆可選用。

　　先從不變部分說起，所謂不變部分 (Ordinarium missae【拉】)，指的是彌撒中所用的歌曲，有些是固定不變的（注意，僅是歌詞不變，音樂當然可以有各種變化)，每一場彌撒都會唱到這些曲子，所以也可譯為「固定部分」。這一部分包含 Kyrie eleison (垂憐曲)、Gloria (榮耀經，光榮頌)、Credo (信經)、Sanctus (聖哉經)，及 Agnus Dei (羔羊讚)，共五首歌。其中，Sanctus 歌詞的尾句，*"Benedictus qui venit in nonime Domine, Hosanna in excelsis"* (奉主名來的當受祝福，頌讚歸於至高者)，自十六世紀起常被作曲家分割處理，而形成「多了一首」的假象。

　　而應變部分 (Proprium missae【拉】) 相對於不變部分，意謂著另有一些歌曲，雖然同樣每次做禮拜也都得唱，但其歌詞內容是視彌撒當日在宗教年曆上是什麼日子而定，必須因應日子之不同而變化其歌詞內容。比如說，聖誕節和復活節的彌撒同樣都有不變部分和應變部分的歌曲，不變部分的歌詞內容當然都一樣，但應變部分的歌詞內容就不能一樣，總不能在聖誕節彌撒中唱復活節的歌詞，而復活節彌撒中卻冒出聖誕節的歌詞吧？！所以「應變部分」的意思是應該要改變、要因應不同的日子而變化的部分，如此才有合宜的 (proper) 內容 (英文將彌撒的應變部分稱為 mass proper)。這部分包含四首必備的歌曲：Introitus (進堂曲，進堂詠)、Graduale (階台經，登階經)、Offertorium (奉獻曲)、Communio (領主曲)。此外，遇到特定的日子或重大的宗教節日還會加唱 Alleluia、Sequentia、Tractus 等其中的一首或兩首。

　　Alleluia 亦拼為 Halleluja，音譯「阿肋路亞」、「哈利路亞」，意譯「歡讚歌」。Sequentia【拉】、Sequenz【德】、Sequence【英】，中文譯為「續抒詠」、「繼抒詠」、「繼敘詠」，日文譯為「續誦」。Tractus 則譯為「連唱詠」、「連唱曲」或「直唱曲」。

　　一套彌撒，其音樂就是以不變部分和應變部分的歌曲為主所構成的，此外還有一些不屬於這兩部分的其他歌曲如「主禱文」(Pater noster【拉】，或譯「天主經」) 及神職人員獨唱的一些曲調等也包含在彌撒內。所有歌曲皆須配合彌撒的程序來安排，並不是先把不變部分全部一一唱完再唱應變部分，也不是先進行應變部分再來唱不變部分，而是兩部分的曲子交替進行 (中間還穿插不屬於這兩部分的其他歌曲)，整套彌撒的程序和音樂有如下表：

✧ 敲鐘，搖鈴，前奏曲
✧ Introitus　進堂曲 (應變部分的第一首歌)
✧ Kyrie eleison　垂憐曲 (不變部分的第一首歌)
✧ Gloria　榮耀經 (不變部分的第二首歌)

✧ 祈禱 (可套用特定的旋律模式以宣敘調來表達，或直接口說)

✧ Epistel　使徒書信

✧ Graduale　階台經 (應變部分的第二首歌)

✧ (Alleluia　歡讚曲) (應變部分可能加唱的歌曲)

✧ (Sequentia　續抒詠) (應變部分可能加唱的歌曲)

✧ (Tractus　連唱詠) (應變部分可能加唱的歌曲)

✧ Evangelium　福音書 (可套用一定的旋律模式唱讀出來，或作普通的朗讀)

✧ 證道

✧ Credo　信經 (不變部分的第三首歌)

✧ Offertorium　奉獻曲 (應變部分的第三首歌)

✧ 祈禱

✧ Praefatio　頌謝

✧ Sanctus　聖哉經 (不變部分的第四首歌，含 Benedictus 降福經)

✧ Benedictus　降福經 (可能將聖哉經的尾句分離而獨立成一首歌)

✧ Canon missae　彌撒聖典 (感恩經)

✧ Pater noster　主禱文 (亦稱為「天主經」，其歌詞是固定不變的，可以用一定的曲調來唱，也可單純以背誦方式唸出)

✧ Agnus Dei　羔羊讚 (不變部分的第五首歌)

✧ Communio　領主曲 (應變部分的第四首歌)

✧ Postcommunio　後領主曲

✧ Ite, missa est　遣散／祝福

✧ 尾奏，默禱，散會

第二節　　亡者彌撒的音樂架構

　　亡者彌撒是專為亡者而設的彌撒，如何舉行，教會訂有詳
細的規範，基本程序和一般彌撒大致相近，但有一部分調整的空
間，最明顯的就是拿掉不變部分的榮耀經(Gloria) 和信經
(Credo)，而在應變部分加唱續抒詠 (Sequentia) 和連唱詠
(Tractus)。就音樂而言，全套亡者彌撒各曲的順序排列如下：

- Introitus 進堂曲 (唱〈安息經〉：*Requiem aeternam dona
  eis, Domine.*…〔主啊，求你賜給他們永遠的安息…〕)
- Kyrie eleison 垂憐曲
- Graduale 階台經 (唱詞：*Requiem aeternam*…〔與安息
  經局部相同，但不完全相同〕)
- Tractus 連唱詠 (唱詞：*Absolve Domine, animas omnium
  fidelium defunctorium* …〔主啊，求你解救已亡信眾的
  靈魂…〕)
- Sequentia 續抒詠 (唱〈末日經〉：*Dies irae, dies illa*…
  〔那一日乃(上帝)震怒之日，…〕)
- Offertorium 奉獻曲 (唱詞：*Domine Jesu Christe.*…〔主
  耶穌基督…〕)
- Sanctus 聖哉經
- Agnus Dei 羔羊讚
- Communio 領主曲 (唱詞：*Lux aeterna luceat eis,
  Domine.*…〔主啊，求你以永恆之光照耀他們…〕)

　　在歌詞內容方面，應變部分的歌曲各有其特定的歌詞，而
不變部分的歌詞僅羔羊讚稍做修改，原文 "…*miserere nobis*" (請
憐憫我們) 改為 "…*dona eis requiem*" (請賜給他們安息)，而 "…
dona nobis pacem." (請賜給我們平安) 改為 "… *dona eis requiem*

sempiternam"（請賜給他們永遠的安息）。不過，這一點小改變也不是一開始就發生的，現存最早的多聲部亡者彌撒，Johannes Ockeghem 的亡者彌撒（作於將近 1493 年左右）就還使用一般的羔羊讚歌詞，稍後在 Pierre de La Rue (1460～1518) 的亡者彌撒中才找到已經改為 "… *dona eis requiem*." 的實例 [註1]，所以，這個歌詞上的小小調整，推論應該是十六世紀才開始的。

　　在音樂方面，亡者彌撒有單聲部的歌曲也有多聲部的歌曲。單聲部的歌曲來源是葛瑞果聖歌，而多聲部的歌曲幾乎全是知名作曲家的創作。不過，對作曲家而言，創作一套彌撒和創作一套亡者彌撒，雖同樣算是「一套」，兩者卻有不同。一般彌撒的譜曲，作曲家較少全套完整包辦，應變部分通常是不寫的，多半只譜不變部分的五首歌，作完，就算是一套了。作曲家為何如此做，是因為不變部分被選用的機會多（任何一次做禮拜都可以用得著），但應變部分的適用性一年僅只一次。然而亡者彌撒的音樂以應變部分為主，不變部分減為只有三首，以適用性而言，當然也是相當有限的，所以一般作曲家少有這方面的作品。不過，如接受委託，特為某一人、某些人，或作曲家預備做為自己身後之用，當然也就會有亡者彌撒（安魂曲）的創作。和一般彌撒不同的是，亡者彌撒的創作是應變部分和不變部分全部一起的全套創作。而所謂全套，是就當時、當地教會對亡者彌撒所規範的程序和曲目擇其大部分（不必全選）加以譜曲而成。由於時地不同，每個作曲家選擇譜曲的部分也不盡相同，歌詞的處理更可分割或部份刪除，或是兩曲併成一章，所以在「標準架構」之下，有人

1　參見拙著：《有聲出版品中安魂曲的源流與發展—論拉丁文亡者彌撒架構之運用》，刊於國立中央大學《社會文化學報》第二期，1995 年 5 月。頁 46～47。

以為每套亡者彌撒可能大同小異，事實上比一般彌撒更多樣化。

第三節　　亡者彌撒的章法架構之探討

　　一般彌撒的創作，作曲家通常僅寫不變部分的五首歌，這一點幾乎沒有什麼改變，音樂家所謂的一套彌撒就是垂憐曲、榮耀經、信經、聖哉經（含降福經或將降福經分割出來）與羔羊讚，每一位作曲家都這麼做，章法架構上可以說很久以來就已經是這麼固定了。然而亡者彌撒的音樂架構有九首歌曲，為何自古以來作曲家寫作亡者彌撒卻各有不同的章法架構，這其中有沒有一些道理存在？這是值得我們去探討的。

　　造成亡者彌撒的章法架構不像一般彌撒那樣維持固定不變，其原因基本上可從三個層面來觀察：第一是時代性的差異，第二是區域性的特色，第三是個人的因素。而這三個層面又彼此有所關連，我們不妨從歷史的角度切入，就上述三個層面來看亡者彌撒的章法架構。

（一）早期基督教的殯葬音樂

　　為死去之人致哀、致敬，最正式的表現就是喪禮，而喪葬禮儀雖受宗教與文化的影響各地大有不同，但殯葬音樂總是喪葬禮儀相當重要的部分。早期基督教的喪葬之禮如何，今日仍不甚清楚。不過，基督教的發展與古文明總有相當關連，在葬禮方面直接間接受到古埃及、希臘、猶太等古代高等文明的影響則不無可能。古埃及在公元前三千多年的墓葬中有足夠的證據顯示當時的葬禮是有音樂配合的。而著名的古希臘 Seikilos 墓誌銘

(Epitaph of Seikilos, 約公元前 100 年) 上的那首短歌，可能就是一首在葬禮中實際應用過的歌曲實例。早期猶太人的習俗，喪葬禮儀中音樂是相當重要的。猶太人的廟堂音樂既與早期基督教音樂有密切的關係，當然有可能包括殯葬音樂在內。

公元一世紀和二世紀，基督教興起的頭兩百年，其殯葬音樂究竟如何，我們幾乎無所知悉。推測三世紀中葉之前，基督教的喪禮可能比較簡單，三世紀後半起則趨向比較複雜。

從四世紀開始，基督教的發展漸無阻礙。首先，君士坦丁大帝(Constantine I, 在位 306～337) 在公元 313 年頒佈米蘭敕令 (Edict of Milan)，宗教活動自由，基督徒不再遭受迫害。其後，帖奧多西武斯皇帝 (Theodosius, 在位 379～395) 更在公元 380 年下達帖撒羅尼加敕令 (Edict of Thessalonica)，基督教竟成為羅馬帝國的國教。在此後的情況中，基督教在喪禮方面逐漸發展出複雜而有一定體制的禮儀 (liturgia【拉】) 規範和相應的殯葬音樂應是可以想像和理解的。

在教宗大葛瑞果 註2 (Gregorius Magnus【拉】Gregor der Große【德】Gregory the Great【英】，590～ 604 在位) 之前，基督教喪禮雖也逐漸吸收了周圍異教徒文明的各種喪葬習俗或受其影響，但本於基督教有復活的信仰，喪葬之禮的安排仍是與信仰相配合的。

基督教的殯葬音樂在教廷訂頒的禮儀規範中列於「亡者禮儀」(Liturgia Defunctorum【拉】) 之中，包含亡者彌撒 (Missa pro defunctis) 和亡者日課 (Officia pro defunctis)，兩者並不相同。亡者彌撒是專為亡者舉行的彌撒，須在規定的日子進行。亡者日課是治喪期間的各種喪事規矩，所謂「殯葬禮典」(Ordo

___
2　中國天主教的譯名是「大額俄略教宗」。

Exsequiarum【拉】），從守靈到安葬，但不包括亡者彌撒。因為亡者彌撒不一定在安葬之前舉行，它也可以在周年忌日、萬靈節或每年的逝世紀念日舉行。

(二) 古代的亡者彌撒

　　古代教會有關亡者彌撒的規定可在一些手抄本的典籍中尋獲，現存最早的相關手抄本是七世紀的《雷翁寧聖禮手冊》(Sacramentarium Leonianum【拉】 Leonine Sacramentary【英】)和《傑拉西聖禮手冊》 (Sacramentarium Gelasianum【拉】 Gelasian Sacramentary【英】)，這兩本聖禮手冊所記的皆是羅馬教會的禮儀。《雷翁寧聖禮手冊》的內容顯示的是五世紀的情況，而《傑拉西聖禮手冊》所反映的可能稍晚一個世紀。亡者彌撒的起源有學者認為是在法國，但是較新的發現則比較支持源自意大利的說法 註3 。

　　與《雷翁寧聖禮手冊》、《傑拉西聖禮手冊》有些不同的是八世紀的《葛瑞果聖禮手冊》(Sacramentarium Gregorianum【拉】 Gregorian Sacramentary【英】)，它對於八至十世紀的禮儀發展相當重要，查理曼皇帝 (Charlemagne/Charles I, 742~814) 境內的高盧 (Gallic) 教區（今日法國一帶）曾以此做為訂正禮儀的參考。從八世紀起，為了不同用途而設計的禮儀書籍相繼問世，亡者彌撒的資料可在不同名目書本和歌本 （如 Missale, Antiphone, Graduale, Responsorium) 裡找到。

　　亡者彌撒在最早期的狀況，可能與一般彌撒沒有太大的基本差別。在八世紀末有一位負責教會禮儀的阿馬拉留士

3　Luce, Harold T.: *The Requiem Mass from its Plainsong Beginnings to 1600.* Diss. Florida State University, 1958. vol. 1, p.11~12.

(Amalarius) 曾經提到，亡者彌撒沒有榮耀經 (Gloria)、歡讚歌 (Alleluia) 和 "Osculum pacis" (平安之吻)，但是當時莫札拉比 (Mozarabic) 教區 (今日西班牙一帶) 卻仍在亡者彌撒中唱歡讚歌。至於五世紀就已進入敘利亞 (Syrian) 教區崇拜儀式的信經 (Credo) 則從未在亡者彌撒中使用，這倒是一個重大的差異。所以信經和榮耀經很早就不曾在亡者彌撒的歌曲中。

依早期禮儀典籍所載看來 (典籍的存在可回溯至七世紀初)，亡者彌撒必然包含的部分，有應變部分的進堂曲、階台經、連唱詠、奉獻曲和領主曲，不變部分有垂憐曲、聖哉經和羔羊讚。也就是以應變部分為主，應變部分確定有五首，這是以四首必備的應變部分的歌曲再加連唱詠所構成，連唱詠的加入有取代歡讚歌的意味，至於後來很受重視的續抒詠〈震怒之日〉當時還不存在，而其他如〈慈悲耶穌〉(Pie Jesu)、安所經(Libera me)、告別曲〈領進天國〉(In Paradisum) 也都是後加的。不變部分減為三首 (垂憐曲、聖哉經和羔羊讚) 也是早就確立至今未變。

(三) 亡者彌撒規範之統一

在 Trent 會議之前，亡者彌撒其實並沒有統一的規範，各教區或各地教會有關亡者彌撒的程序多少有一些差異，這種差異的消除是在 Trent 會議之後，在教宗庇護五世 (Pope Pius V) 執政的時代，對於標準禮儀的歌詞與音樂進行改革修訂，新版的 *Breviarium* (1568) 和《彌撒經書》(*Missale*, 1570) 提供唯一經過教廷認可的羅馬天主教禮儀規範，一般彌撒和亡者彌撒才有了統一的依據，除了傳統禮儀已行之至少兩百年以上的教會之外，各地教會一律強制實行新的規範。

庇護五世審訂的《彌撒經書》中，亡者彌撒的歌曲確定為：一、進堂曲 (唱 "*Requiem aeternam*")，二、垂憐曲，三、階台經 (唱

"*Requiem aeternam*")，四、連唱詠（唱 "*Absolve Domine*")，五、續抒詠（唱 "*Dies irae*")，六、奉獻曲（唱 "*Domine Jesu Christe*")，七、聖哉經，八、羔羊讚，九、領主曲（唱 "*Lux aeterna*")，共九曲。至於亡者彌撒的舉行有四種情況，這四種情況各有其時間與規範上的適用性。第一種適用於所有已故信徒，訂在每年十一月二日的萬靈節各地教會統一舉行，這得歸功於法國 Cluny 的修士們的努力，從十一世紀開始，萬靈節便納入了羅馬天主教的教會年曆。第二種情況適用於亡者辭世的當日（忌日）或殯葬日。第三種情況適用於亡者歿後的第三日、第七日和第三十日。第四種情況適用於亡者的生日（每年的冥誕）。第五種情況是不在上述日子舉行的「平日亡者彌撒」(in Missis quotidianis defunctorum【拉】)，此即英文翻譯中所謂 "The Daily Mass for the Dead" [註]4 或德文的 "Tägliche Messe für die Toten" [註]5。亡者彌撒如果是在殯葬日舉行，那麼，彌撒的過程中就有亡者的靈柩在場，俟彌撒結束即可發引安葬，直接將靈柩抬出教堂，運往或抬往安葬的墓地，這種場合的亡者彌撒就是「殯葬彌撒」或「告別式彌撒」(Exequialmesse【德】)。

4　Luce, Harold T.: *The Requiem Mass from its Plainsong Beginnings to 1600.* Diss. Florida State University, 1958. vol. 1, p.31. Luce 將死後第三、第七、第三十日的亡者彌撒另立為一種，因而在他的論文中的說法是五種。

5　Ursula Adamski-Störmer: *Requiem aeternam: Tod und Trauer im 19. Jahrhundert im Spiegel einer musikalischen Gattung.* Frankfurt am Main, New York (Peter Lang), 1991. (Europäische Hochschulschriften. Reihe 36, Musikwissenschaft; Bd.66). S.48

(四) 續抒詠的加入

續抒詠〈震怒之日〉是最晚加入亡者彌撒的歌曲，一般認為它的曲調是聖芳濟會 (Franciscan) 的 Thomas of Celano (歿於 1256) 所作，歌詞則在十二世紀的文獻中即已存在。John Julian [註6] 認為此曲原本是用在將臨期 (Adventus) [註7] 做為讚美詩的一首歌 [註8]，Amédée Gastoué [註9] 說它是在亡者答唱曲 (Responsorium pro defunctis【拉】)「安所經」(*Libera me*) 之後唱的歌曲。事實上，比較答唱曲第二節的詩句："*Dies illa, dies irae*…"，〈震怒之日〉開頭的詩句 ("*Dies irae, dies illa*…") 和它的差異極小 (旋律方面)，這首續抒詠無疑地是從安所經 (*Libera me*) 的材料出發，以增句或填詞 (Tropus【拉】Trope【英】) 的手法做為發展的根源。

---

6   *Dictionary of Hymnology*, edited by John Julian. London (John Murray), 1915. "Dies irae"

7   聖誕節前包括四個禮拜天在內的日期。

8   李振邦的引證亦支持此一觀點，見李著：《宗教音樂 ─ 講座與文集》。台北 (天主教教務協進會出版社)，1979。頁 54。

9   Amédée Gastoué: *L'Art Gregorien*. 3d editon. Paris (Librairie Felix Alcan), 1920.

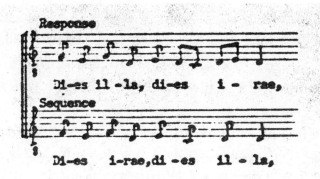

譜例一　Harold T. Luce (1958) 以繪譜的方式比較說明續抒詠〈震怒之日〉與亡者答唱曲的主題與文字的類似性。[註]10

　　Harold T. Luce 根據美國方面所收藏的十四份十一至十六世紀的歐洲素歌彌撒歌本比對研究，最早含有續抒詠在內的歌本大約成於 1350 年左右 ，而十四份歌本中包含有續抒詠在內的不到一半，含有續抒詠的歌本皆源自意大利 [註]11。這樣的調查結果顯示，續抒詠進入亡者彌撒的時間是在十四世紀，但在十七世紀之前並未普遍地成為亡者彌撒的一首必備歌曲。

(五) 多聲部亡者彌撒與續抒詠

　　雖然西方音樂自九世紀起即進入多聲部時代，但是第一首多聲部亡者彌撒則要到十五世紀後半方才問世。根據音樂史料的研究，第一代尼德蘭大師 Guillaume Dufay (約 1400～1474) 曾為自己喪禮之用，寫過一首亡者彌撒，這是音樂史上的第一首多

10　Luce, Harold T.: *The Requiem Mass from its Plainsong Beginnings to 1600.* Diss. Florida State University, 1958. Vol. 1, p.26

11　ibid. vol. 1, p.34～35, 51～53.

聲部亡者彌撒，可惜已經失傳。現存最早的多聲部亡者彌撒則是第二代的大師 Johannes Ockeghem (約 1410 或 1420～1495) 在接近 1493 年左右所完成，這首 Trent 會議之前的作品不僅還沒有納入續抒詠，結構上也只有進堂曲、垂憐曲、階台經、連唱詠和奉獻曲五章。

　　法國作曲家 Antoine Brumel (約 1460～約 1520) 在 1515 年所作的四聲部亡者彌撒是第一首含有續抒詠的多聲部安魂曲，距離庇護五世的《彌撒經書》的出版還早半個世紀以上。但是其後十六、十七世紀的作曲家如 Palestrina (1551/55)、Lassus (1577/78)、du Caurroy (1590s 末)、Victoria (1603)、Cardoso (1625)、Charpentier (1690s 初)、Gilles (1705？)、Campra (約 1722) 的亡者彌撒都沒有續抒詠，而 G. F. Anerio (1614)、Lôbo (1639)、Cererols (1680？)、Biber (1680 年代) 的亡者彌撒則有續抒詠，顯然在巴羅克時期許多亡者彌撒仍然是不用續抒詠的，但是自十八世紀後半，古典時期以來，續抒詠卻成了作曲家譜寫亡者彌撒或安魂曲時所極力發揮的重點。

(六) 增減章法的手法──分割與合併

　　羅馬樂派大師 Palestrina (約 1525～約 1594) 有一首似乎作於 1551 至 1555 年之間的亡者彌撒，結構上並不完整，應變部分只有奉獻曲，不過，他將這首奉獻曲分割成兩章，前一章是 "*Domine Jesu⋯*" (主耶穌)，後面從 "*Hostias⋯*" (獻上祭品與祈禱) 起則譜成另一章。這樣的做法雖不一定是 Palestrina 首先創用，但顯然這種分割的手法從當時起就帶給後世示範的作用，於是不僅奉獻曲常有分割成兩章的作法，其他歌曲亦可，而且不只分割成兩章。最明顯、最常分割的就是續抒詠，因為續抒詠的文字相當冗長。波蘭作曲家 Maciejewski (1945/59) 的《安魂曲》

中，**續抒詠**分割成十七章，可說是分割最多的實例。基本上，將歌詞分割處理而能改變全套亡者彌撒或安魂曲的章法架構，是作曲家可資運用的想法之一。

　　與分割手法相對的，就是合併的手法。合併就是將兩曲併為一章，必要時歌詞得做一點調整 (順序重排、刪掉或修改部分字句)。曾在薩爾茲堡擔任大教堂樂長 (Kapellmeister【德】) 的作曲家 H. I. F. von Biber (1644～1704) 有一首 f 小調亡者彌撒，其前面**進堂曲**與**垂憐曲**併為一章，後面**羔羊讚**又與**領主曲**併為一章，算是開風氣之先的實例，後來海頓的弟弟 Michael Haydn (1771) 為薩爾茲堡大主教 Sigismundo 之喪所譜的亡者彌撒也有相同的作法，二十年後莫札特的安魂曲出現了一樣的章法架構也就不是毫無歷史淵源的了，比莫札特小九歲的 J. Eybler (1803) 亦然。若單論**進堂曲**合併**垂憐曲**的做法，則其後跟進的作曲家更多 (包括 Cherubini, Bruckner, Berlioz, Fauré, Dvořák, Pizzetti, Lloyd Webber 等人在內)，其普遍的情況簡直到了被視為「慣例」的程度。不過，合併三曲以上的作法也偶有所見，Cimarosa (1787) 的亡者彌撒一開始就將**進堂曲**、**垂憐曲**、**階台經**和**連唱詠**四曲併為一章，可以算是一個特例。

(七)　〈慈悲耶穌〉的加入

　　在 1590 年代的末期法國作曲家 Eustache du Caurroy (1549～1609) 所作的亡者彌撒，在聖哉經與羔羊讚之間插入了一首〈回顧〉(Anamnesis【英】Anamnese【德】)，其歌詞為 "*Pie Jesu Domine, dona eis requiem.…*" (慈悲的主耶穌，請賜給他們安息。…)，歌詞文字來自續抒詠的最後一句，以這樣的一句話連唱三遍，獨立成為一曲，其實是將祝聖禮完成之後的呼求短句 (Acclamatio post Consecrationem) 做成一種音樂的提昇，當做自由加唱曲。

大約一百年之後這樣的曲子同樣出現在 Charpentier 的亡者彌撒中，Charpentier 將此曲稱為 Elevation（高舉聖餅），後來在法國又有 Gossec、Fauré、Duruflé 等人在亡者彌撒中加入此曲，但皆不再有其他名稱，僅依歌詞開頭的文字稱為〈慈悲耶穌〉。這種加唱〈慈悲耶穌〉的做法在其他國家的亡者彌撒或安魂曲中較為少見（十九世紀偶見於捷克的 Dvořák，二十世紀八十年代則見於與法國有密切關係的阿爾及利亞作曲家 Eychenne，另外就是英國的 Andrew Lloyd Webber），亡者彌撒或安魂曲中有〈慈悲耶穌〉似乎成了法國安魂曲的「傳統」特色。Fauré 的亡者彌撒中的〈慈悲耶穌〉以獨唱者為主，甚受聽眾喜愛，1984 年英國音樂劇（Musical）作曲家 Andrew Lloyd Webber 也在《安魂曲》中安排了一首以女高音與童男高音（Treble）的二重唱為主的〈慈悲耶穌〉，結果大受歡迎。

（八）亡者答唱曲之加入

在領主曲之後加一首亡者答唱曲（Responsorium pro defunctis【拉】）做為安所經（Exsequiae），此舉間或見於十七世紀以來的亡者彌撒或安魂曲，Victoria (1603)、Cardoso (1625)、Lôbo (1639)、Cererols (1680?)、Donizetti (1835)、Fauré (1888)、Duruflé (1947)、Verdi (1869, 1873)、Penderecki (1984)、Eychenne (1980 年代) 等的亡者彌撒或安魂曲中皆有答唱曲，答唱曲在這些作品中幾乎都是最後一曲，不過 Penderecki 和 Eychenne 的例外，他們將答唱曲置於倒數第二，但這兩位的安魂曲都不是亡者彌撒。答唱曲的歌詞一般是採用 "*Libera me, Domine*…"（主啊，請拯救我），但早期也有使用其他的歌詞，例如 Lôbo (1639) 的亡者彌撒使用 "*Memento me Deus,*…"（上帝啊，請記得我），這是一首淵源較為古老的歌曲，在葛瑞果聖歌的亡者日課中就已經有這一首歌了。

(九) 亡者彌撒的終結歌曲

依羅馬天主教的禮儀規範，亡者彌撒結束於領主曲，若結束於答唱曲（安所經）或其他少見的情況，皆非羅馬天主教的傳統。Charpentier 的亡者彌撒兩者皆無，而是以一首 "De Profundis"（在絕望中）做為結束。Gilles (1705？) 和 Campra (約 1722) 的亡者彌撒最後一曲雖是「後領主曲」(Post Communio)，但其文字與領主曲是一樣的。Schumann (1852) 以降福經 (Benedictus) 合併羔羊讚做為終結，同樣沒有領主曲與答唱曲。Fauré 與 Duruflé 在答唱曲之後再加一首告別曲〈領進天國〉("In Paradisum")，這告別曲本是當亡者的靈柩被抬出教堂走進墓地之時所唱，所以不是亡者彌撒程序上應有的曲子（只應用在「告別式彌撒」之後，一般的亡者彌撒是沒有的）。這首歌在葛瑞果聖歌的亡者日課中原是一首「對唱歌曲」(Antiphon)，芬蘭作曲家 Kokkonen (1981) 將〈領進天國〉插在羔羊讚與領主曲之間，成為倒數第二支曲子，可見它只是安魂曲（不是亡者彌撒）中可以添加的歌曲而已。

(十) 亡者彌撒的添加歌曲

如上所述，亡者彌撒自 1570 年以來的基本曲目是進堂曲、垂憐曲、階台經、連唱詠、續抒詠、奉獻曲、聖哉經（含降福經）、羔羊讚、領主曲，不做分割與合併的話，一共是九首（連唱詠與續抒詠很少一起使用，兩者只會出現其一，如果用了續抒詠，由於續抒詠相當冗長，連唱詠就被省略了），除此之外的歌曲都是添加的。而根據 1979 年版的 Graduale Triplex（《三重聖歌集》），亡者彌撒已再度加入歡讚歌 (Alleluia)，而續抒詠反遭刪除，這首從古典時期至今被作曲家視為安魂曲創作重心的續抒詠〈震怒之日〉(Dies irae) 甚至既不存在於五首續抒詠之中，也未納入整本歌集裏。添加歌曲方面最常見的是亡者答唱曲「安所經」，其次是〈慈悲耶穌〉和〈領進天國〉，其他歌曲較少添加，但如有需要亦無不可。Victoria 的六聲部亡者彌撒是為西班牙的 Maria 皇太后 1603 年的喪禮而作，依習俗在演出時，進堂曲的前面尚有亡者黎明禱之讀經 II (Lesson II at Martins)，在領主曲與答唱曲之間還插入了一首葬禮經文歌 "Versa est in luctum" (哀悼的行列)。另一位西班牙作曲家 Cererols 為修道院亡故的弟兄所作的亡者彌撒 (1650～1655) 在聖哉經與羔羊讚之間則插入了一首 "Hei mihi" (我心痛)。這兩個例子顯示出十七世紀的亡者彌撒是有其地方性色彩的。而二十世紀的德裔俄國作曲家 Schnittke (1975) 的安魂曲中，以信經取代了領主曲，這倒是史無前例的做法，因為自古以來信經是從不用在亡者彌撒的。這凸顯了一個安魂曲發展方面的基本問題，也就是，當安魂曲不再以配合宗教儀式的需要為創作目的時，它就未必一定得嚴守亡者彌撒的規範，如果它不守亡者彌撒的規範，它就不是亡者彌撒，那麼它是什麼呢？它仍是安魂曲，至於是什麼安魂曲則涉及安魂曲的類型問題。

第三章
亡者彌撒所用的歌曲

自中世紀以來，亡者彌撒皆使用拉丁文，其歌詞內容隨所選用的歌曲而有不同，在統一規範尚未制定之前，各地略有差異，進堂曲、階台經、連唱詠等所選用的歌曲常有不同，歌詞文字大部分源自聖經，歌詞中段多是舊約〈詩篇〉（聖詠）章句的引用。這些歌曲和歌詞在葛瑞果聖歌的相關歌集如 *Graduale Romanum* 《羅馬聖歌集》、*Liber Usualis* 《常用聖歌集》和 *Graduale Triplex* 《三重聖歌集》等都可以找得到，作曲家也可以根據這些歌詞來譜曲。

第一節　進堂曲 (Introitus; introit)

進堂曲是任何彌撒的第一首歌，亡者彌撒亦然。在亡者彌撒中被選用為進堂曲的有好幾首，如 "*Requiem aeternam*"、"*Subvenite Sancti Dei*"、"*Rogamus te*"、"*Respice Domine*"、"*Donet vobis Dominus*" 等皆是。其中，除 "*Requiem aeternam*" 之外，其他各曲今日已不再使用，但 "*Subvenite Sancti Dei*" 及 "*Rogamus te*" 這兩首歌在亡者日課中還保留著。"*Respice Domine*" 曾見於十五、十六世紀的亡者彌撒。"*Donet vobis Dominus*" 的歌詞中段與今日進堂曲所用的是一樣的，就是 "*Te decet hymnus, Deus, in Sion*" 那一段。各進堂曲的歌詞內容如下：

1. Requiem aeternam　永遠的安息 註1
Requiem aeternam dona eis Domine; et lux perpetua luceat eis.
詩: Te decet hymnus Deus in Sion, et tibi reddetur votum in
Jerusalem. Exaudi orationem meam, ad te omnis caro veniet.
Requiem aeternam dona eis Domine; et lux perpetua luceat eis.
主啊，請你賜給他們永遠的安息，並以永恒之光照耀他們。
（詩）上帝啊，你在錫安當受頌讚，亦當在耶路撒冷接受還
願。求你垂聽我的祈禱，凡有血肉的都到你的跟前。
主啊，求你賜給他們永遠的安息，並以永恒之光照耀他們。
據 Harold T. Luce 查證，這首進堂曲的歌詞有三個來源：註2
1. *Fourth book of Esdras* 2:34-35 註3
原文：Expectate pastorem vestrum, requiem aeternitatis dabit
vobis … Parati estote ad praemis regni, quis lux perpetua
lucebit vobis per aeternitatem temporis.

1　本章拉丁文歌詞之中文翻譯，除另有註明之外，皆本書著者所譯。
2　Harold T. Luce: *The Requiem Mass from its Plainsong Beginnings to 1600.*
Diss. Florida State University, 1958. p. 17
3　雖然在李振邦的書中亦有「艾：四，2。34。35」的簡示（見李著《宗教
音樂》頁 58），但是通用本的聖經中並沒有包含此書，僅有其第一書與第二
書。Esdras 係舊約中的一位先知，此一人名在德文譯本聖經中拼作 Esra, 其
第一書即 "*Das Buch Esra*"，第二書即 "*Das Buch Nehemia*"，現代中文譯本
聖經（聯合聖經公會，1975，1979）分別譯作《以斯拉記》與《尼西米記》，
在天主教中文聖經（思高聖經學會譯釋，1968）中則譯作《厄斯德拉上》與
《厄斯德拉下》。基督教與天主教的聖經中皆沒有此 "*Fourth book of Esdras*"。
依天主教聖經，李振邦書中的簡示應作「厄：四，…」不是「艾：四，…」。

2. *Isaiah* 108:11 [註4]

原文：Et requiem tibi dabit Dominus⋯

3. *Psalm* 65:1-2

原文：Te decet hymnus Deus in Sion, et tibi reddetur votum in Jerusalem. Exaudi orationem meam, ad te omnis caro veniet.

翻譯（一）：上帝啊，我們都應該在錫安頌讚你；我們應該向你償還所許下的願，因為你垂聽祈求。人因犯罪必須來尋求你。(詩篇第六十五，第一、二節) [註5]

翻譯（二）：天主，人應在熙雍山上歌詠讚美你，同時也應該向你還願，因你允我所祈。凡一切有血肉的人們，都因罪過，而向你投奔。(聖詠第六十五，第二、三節) [註6]

1979 年出版的 *Graduale Triplex* 中，這首進堂曲引用詩篇文字的部分比較多，並將詩篇第六十五第一節至第五節的文字分節間隔插入，形成多次對唱的形式 (音樂是葛瑞果聖歌旋律)：

Requiem aeternam dona eis Domine; et lux perpetua luceat eis.

詩：Te decet hymnus Deus in Sion, et tibi reddetur votum in Jerusalem.

上帝啊，我們都應該在錫安頌讚你；我們應該向你償還所許下的願。(65:1)

Requiem aeternam ⋯ eis. (同開頭)

詩：Qui audis orationem, ad te omnis caro veniet propter iniquitatem.

因為你垂聽祈求，人因犯罪必須來尋求你。(65:2)

4　通用本的聖經中，Isaiah (以賽亞書/依撒意亞) 只有 66 章。

5　此譯文採自現代中文譯本《聖經》。

6　此譯文採自天主教思高聖經學會譯本《聖經》。

Requiem aeternam … eis.

詩 ： Esti praevaluerunt super nos impietates nostrae, tu propitiaberis eis.

我們的過犯擊敗我們，但你都赦免了。(65:3)

Requiem aeternam … eis.

詩：Beatus quem elegisti et assumpsisti, inhabitabit in atriis tuis.

但你所揀選帶來住在聖所的人多麼有福啊！(65:4)

Requiem aeternam … eis.

詩 ： Replebimur bonis domus tuae, sanctitate templi tui

我們將飽嚐你住處的美善，你聖殿的喜樂！(65:5) 註7

Requiem aeternam … eis.

2. Subvenite sancti Dei   上帝的聖徒來到

Subvenite sancti Dei, occurrite angli Domini: Suscipientes animan eius: Offerentes eam in conspectu Altissimi. Suscipiat te Christus, qui vocavit te, et in sinum Abrahae angeli deducante. Suscipientes.

依 *Graduale Triplex*，此曲現安排於殯葬禮典 (Ordo Exsequiarum) ，是當最後的褒揚與告別 (Ad ultimam commendationem et valedictionem) 時可供選用的第一首。註8

3. Rogamus te   我們請求你

Rogamus te, Domine Deus noster, ut suscipias animam hujus defuncti: pro quo sanguinem tuum fudisti: recordare, Domine,

---

7　以上五節的各節中文翻譯皆引自現代中文譯本《聖經》 (1975，1979)。

8　Graduale Triplex, P. 692.

quia pulvis sumus et homo sicut foenum flos agri. 詩：Misericors et miserator et iuste, Domine. Recordare. （或 Benedic anima mea Dominum …）（源自詩篇第一〇三）

依 *Graduale Triplex*，此曲現安排於殯葬禮典，是當最後的褒揚與告別時可供選用的第二首 註9。

在 Graduale Triplex 中，除 "Requiem aeternam" 之外，另有六首不同的進堂曲可供選擇：

II.　De necessitatibus meis eripe me,
III.　Ego autem cum iustitia apparebo,
IV.　Intret oratio mea in conspectu tuo,
V.　Si iniquitates observaveris, Domine,
VI.　Sicut oculi servorum in manibus,
VII.　Verba mea auribus percipe, Domine,

第二節　垂憐曲 (Kyrie eleison)

垂憐曲的歌詞是希臘文，文詞非常簡短，所以自古以來每一個呼求唱三遍，亡者彌撒所用的垂憐曲與一般彌撒的垂憐曲歌詞是完全一樣的：

Kyrie eleison, Christe eleison, Kyrie eleison.

上主，求你垂憐；基督，求你垂憐；上主，求你垂憐。（各三遍）

9　Graduale Triplex, P. 693.

第三節　階台經 (Graduale; Gradual)

早期階台經曾使用過的歌曲有 "*Qui Lazarum*", "*Concertere anima*" 和 "*Si ambulem*"，統一禮拜儀式之後皆用 "*Requiem aeternam*"。其中，"*Si ambulem*" 出現於十一世紀的 Missa in agenda mortuorum，在中世紀後期和文藝復興時期受到特別的偏好，它的歌詞來自詩篇第二十三："*Si ambulem in medio umbrae mortis*" (縱使我走過死蔭的幽谷)。各首階台經的歌詞內容如下：

1. Requiem aeternam　永遠的安息

階台經 "*Requiem aeternam*" 的文字與進堂曲 "*Requiem aeternam*" 的內容甚為相近，僅中段的詩文不同：

開頭：Requiem aeternam dona eis Domine; et lux perpetua luceat eis. 主啊，求你賜給他們永遠的安息，並以永恆之光照耀他們。(與進堂曲同)

中段：In memoria aeterna erit justus, ab auditione mala non timebit.

譯文：義人永不失敗，他永遠不被遺忘。(詩篇第一一二，第六節) 註10

尾句 (與開頭同)

其實，中段的詩文是可以變動的，十二世紀及其後的亡者彌撒曾經見到使用下列的文字：

Anime eorum in bonis de morentur, et semen eorum hereditet terram.

10　同註5。

2. Si ambulem (見於 Ockeghem、Lassus、du Caurroy 等的安魂曲)

Si ambulem in medio umbrae mortis, non timebo mala: Quoniam tu mecum es, Domine. Virga tua, et baculus tuus, ipsa me consolata sunt.

縱使我走過死蔭的幽谷，我也不害怕，因為你跟我同在。你用牧杖引導我，牧竿保護我。(詩篇第二十三第四節) [註11]

在 *Graduale Triplex* 中，除 "*Requiem aeternam*" 之外，另有五首不同的階台經可供選擇，在這五首中，可以看到 "*Si ambulem*" 依舊保留了下來：

II.　Convertere, Domine, aliquantulum,

III.　Laetatus sum,

IV.　Salvum fac servum tuum.

V.　Si ambulem in medio umbrae,

VI.　Unam petii a Domino,

3. Qui Lazarum

Qui Lazarum resuscitasti a monumento foetidm: Tu eis, Domine, dona requiem et locum indulgentiae. Qui venturus es iudicare vivos et mortuos, et saeculum per ignem. Tu eis.

依 *Graduale Triplex*，此曲現安排於殯葬禮典，是當最後的褒揚與告別時可供選用的第五首歌曲 [註12]。

11　同註5。

12　Graduale Triplex, P. 695.

第四節　歡讚歌 (Versus Alleluiatici)

　　歡讚歌在中世紀原本也是亡者彌撒禮儀程序中的一首，葛瑞果聖歌的亡者彌撒中就保留了這首歌，在 Trent 會議之後，亡者彌撒的統一規範中不再有歡讚歌，不過，今日又恢復了，因為基督教有復活的信仰，信主的人死了，並不是真的死了，他們是在主的懷裏，終有一天他們還要依照上帝的計劃復活與獲得永生，死亡既不可怕，教徒和教會對死亡的態度既是樂觀的，當然可以唱歡讚歌。*Graduale Triplex* (1979) 的亡者彌撒中有五首歡讚歌可選，但是只有第四首是亡者彌撒專用，其他則原本使用在一般彌撒中。

I.　　De profundis clamavi ad te, Domine,

II.　　In exitu Israel ex Aegypto,

III.　　Laetatus sum,

IV.　　Requiem aeternam,

V.　　Ego vos slegi de mundo

　　歡讚歌是在唱完開頭的 "*Alleluia*" 之後接著唱一兩節詩篇上的文字。第四首歡讚歌和進堂曲的頭段文字完全一樣（出自 *IV. Esdras* 2, 34.35)，而這段文字不僅進堂曲使用，階台經也使用，而階台經的後面就是歡讚歌，所以依文字內容而言，這一首最適合亡者彌撒使用：

Alleluia.

Requiem aeternam dona eis Domine; et lux perpetua luceat eis.

阿肋路亞！主啊，請賜給他們永遠的安息，並請以永恆之光照耀他們。

第五節 連唱詠 (Tractus; Tract)

當亡者彌撒不唱歡讚歌成為統一的規範（現又恢復唱歡讚歌），連唱詠在亡者彌撒中的地位就具有取代歡讚歌的作用，但文藝復興之後，續抒詠〈震怒之日〉盛行，成為亡者彌撒與安魂曲必然構成的部分，連唱詠多半就省略了（因為〈震怒之日〉相當冗長）。連唱詠曾經使用的歌曲有"*Absolve, Domine*"，"*De profundis*"，"*Convertere anima mea*" 和 "*Sicut cervus*"，通常第一選擇是 "*Absolve, Domine*"。根據 *Graduale triplex*，葛瑞果聖歌中可以用於亡者彌撒的連唱詠有：I. "*Absolve, Domine*", II. "*De profundis*", III. "*Qui seminant*", IV. "*Sicut cervus*", 共四首，以詩篇第一一六的第七節詩開始的 "*Convertere anima mea*" 已被刪除。各首連唱詠的歌詞如下：

1. Absolve, Domine

Absolve, Domine, animas omnium fidelium defunctorum ab omni vinculo delictorum. Et gratia tua illis succurente, mereantur evadere judicium ultionis. Et lucis aeternae beatitudine perfrui.

主啊，求你解放所有亡故信徒之靈魂，脫離罪惡的束縛。願他們藉著你的恩典得免報復的審判，並得享永恆之光的幸福。

2. De profundis

De profundis clamavi ad te, Domine. Domine, exaudi vocem meam. Fiant aures tuae intendentes in orationem servi tui. Si iniquitates observaveris, Domine: Domine, quis sustinebit?

Quia apud te propitiatio est, et propter legem tuam sustinui te, Domine.

上主啊，我在絕望中求告你。主啊，求你垂聽我們的哀號。求你聽我求助的呼聲！如果你記錄我的罪過，誰能逃脫懲罰呢？然而，你饒恕我們。因此我們應該敬畏你。(詩篇第一三〇的頭四節詩) 註13

3. Qui　seminant

Qui seminant in lacrimis, in gaudio metent. Euntes ibant, et flebant, mittentes semina sua. Venientes autem venient cum exsultatione, portantes manipulos suos.

願含淚撒種的人得以含笑收割莊稼！那些流著眼淚攜帶種子出去的人，歡呼快樂地抱著禾捆回來！(詩篇第一二六，第五、六節) 註14

4. Sicut cervus (見於 Ockeghem 的亡者彌撒) 註15

Sicut cervus desiderat ad fontes aquarum: ita desiderat anima mea ad te, Deus. Sitivit anima mea ad Deum vivum: quando veniam, et apparebo ante faciem Dei mei? Fuerunt mihi lacrimae meae panes die ac nocte, dum dicitur mihi per singulos dies: Ubi est Deus tuus?

13　同註5。

14　同註5。

15　Pierre de La Rue 的安魂曲中亦有此曲，但不是當做連唱詠，而是做為聖詩處理。

上帝啊，我渴慕你，像鹿渴慕清涼的溪水。永生的上帝啊，我渴望你；我幾時可以到你的面前朝拜呢？我日夜哀哭，眼淚成為我的飲食；仇敵不斷地問我：「你的上帝在哪裏？」(詩篇第四十二的頭三節詩) 註16

第六節　　續抒詠
(Sequentia/Sequenz/Sequence)

　　亡者彌撒中所用的續抒詠是一首開頭為 *"Dies irae, dies illa,…"* (那一日乃震怒之日，…) 的歌曲，依葛瑞果聖歌中有關續抒詠的格式寫作。比對它和答唱曲 *"Libera me"* 後段的詩文 *"Dies illa, dies irae,…"*，在葛瑞果聖歌中，兩處的音樂旋律幾乎沒什麼差異 (參見本書30～31頁)，顯然是以此為基礎，以增句或填詞 (Trope) 的手法擴大完成的，*"Dies illa, dies irae,…"* 變成 *"Dies irae, dies illa,…"*，用意很明顯，就是為了配合押韻。從歌詞的結構來看，原作其實只有十七節，最後三節 (第十八至第二十節) 及阿們是為了使這首歌配合禮拜儀式的需要由後人加上去的，因為第一至第十七節每節有三個韻腳 (用粗體標示的音節)，而第十八至第二十節每節只有兩個韻腳 (最後一行的韻腳雖稍有不同，仍算合韻)，阿們也是附加的。

　　最後一行的文字 *"Pie Jesu Domine,…"* 反覆三遍，可以成為祝聖禮完成之後自由加唱的三次呼求，如將它獨立作曲，即是〈慈悲耶穌〉這首歌之由來，它不是亡者彌撒規範中的構成曲

16　同註5。

目，但可以自由加唱，如要使用，通常插在聖哉經與羔羊讚之
間 (詳見第二章)。

Dies irae　　　　　　　　震怒之日 (末日經)

Dies irae, dies illa,	那一日是震怒之日，
Solvet saeclum in favilla:	世界瓦解燒成灰燼，
Teste David cum Sibylla.	大衛和西比拉有言。

Quantus tremor est futurus,	將來何其惶恐，
Quando judex est venturus,	當審判者降臨，
Cuncta stricte discussurus!	嚴格查察一切。

Tuba mirum spargens sonum,	號角神奇的響聲，
Per sepulcra regionum,	傳遍各地的墳墓，
Coget omnes ante thronum.	催眾生來寶座前。

Mors stupebit et natura,	死與自然同感顫慄，
Cum resurget creatura,	當所有被造者復活，
Judicanti responsura.	答覆審判者的詢問。

Liber scriptus proferetur,	攤開書寫的案卷，
In quo totum continetur,	一切皆記在其中，
Unde mundus judicetur.	世界要依此受審。

Judex ergo cum sedebit,	於是當審判者就座，
Quid-quid latet apparebit:	凡有隱匿皆將暴露，
Nil inultum remanebit.	沒有倖免不受懲罰。

Quid sum miser tunc dicturus?	可憐我屆時將說什麼？
Quem patronum rogaturus?	能向那位保護者求告？
Cum vix justus sit securus.	就連義人也差堪自保。
Rex tremendae majestatis,	威嚴震懾的君王，
Quid salvandos salvas gratis,	你義務施行拯救，
Salva me, fons pietatis.	慈悲之泉請救我。
Recordare Jesu pie,	仁慈的耶穌求你垂念，
Quod sum causa tuae viae:	爲我之故你走過苦路，
Ne me perdas illa die.	莫在那日子讓我毀滅。
Quaerens me, sedisti lassus:	你找尋我，疲累不堪，
Redemisti crucem passus:	爲救贖我十字架受難，
Tantus labor non sit cassus.	如此勞瘁可不能落空。
Juste judex ultionis,	善惡有報的公正審判者，
Donum fac remissionis,	請賜恩典赦免我的罪愆，
Anti diem rationis.	在那清算日子來臨之前。
Ingemisco, tamquam reus:	我歎息如被告，
Culpa rubet vultus meus:	罪過使我臉紅，
Supplicanti parce Deus.	上帝饒我懇求。
Qui Mariam absolvisti,	你赦免了馬利亞，
Et latronem exaudisti,	垂聽強盜的悔罪，
Mihi quoque spem dedisti.	也要給予我希望。

Preces meae non sunt dignae: 　我的祈禱乃是不配，
Sed tu bonus fac benigne, 　但求你能仁慈寬待，
Ne perenni cremer igne. 　莫喪我於永火焚燒。

Inter oves locum praesta, 　置我於綿羊群中，
Et ab hoedis me sequestra, 　使我與山羊分離，
Statuens in parte dextra. 　在你的右邊站立。

Confutatis maledictis, 　一旦惡人判決，
Flammis acribus addictis: 　投入熊熊烈火，
Voca me cum benedictis. 　請召我入聖徒。

Oro supplex et acclinis, 　我向你伏跪哀懇，
Cor contritum quasi cinis: 　內心悲痛如死灰，
Gere curam mei finis. 　請關懷我的終局。

Lacrimosa dies illa, 　那是悲傷流淚的日子，
Qua resurget ex favilla. 　當人從塵土復活之時。

Judicandus homo reus: 　有罪之人即將受審，
Huic ergo parce deus. 　上主啊，請赦免我。

Pie Jesu Domine, 　慈悲的主耶穌，
Dona eis requiem. Amen. 　請賜他們安息。阿們。

　　續抒詠是最後加入亡者彌撒的一首冗長的曲子，自古典時期以來成為作曲家極力表現的部分，常被分割成多首曲子處理，

過份冗長的誇張表現往往超出了儀式的適用性，根據 *Graduale
triplex* (1979)，此曲已被刪除，既不在亡者彌撒中，也不在五首
續抒詠的目錄中。

第七節　奉獻曲 (Offertorium; Offertory)

　　亡者彌撒所用的奉獻曲幾乎都是使用 "*Domine Jesu Christe,
Rex gloriae,*" 這一首，其歌詞如下：

Domine Jesu Christe, Rex gloriae, libera animas omnium
fidelium defunctorum de poenis inferni, et de profundo lacu:
libera eas de ore leonis, ne absorbeat eas tartarus, ne cadant in
obscurum: sed signifer sanctus Michael repraesentet eas in
lucem sanctam: Quam olim Abrahae promisisti, et semini ejus.

Hostias et preces tibi Domine laudis offerimus: tu suscipe pro
animabus illis, quarum hodie memoriam facimus: fac eas,
Domine, de morte transire ad vitam. Quam olim Abrahae
promisisti, et semini ejus.

主耶穌基督，光榮的君王，請你拯救所有已故信徒的靈魂
脫離地獄與深淵的刑罰，解救他們脫離獅子之口，不讓他
們被地獄吞噬，不墜入黑暗。但請聖米迦勒天使長帶領他
們進入神聖的光明之境，如同昔日你曾應許亞伯拉罕和他
的子孫。

主啊我們向你獻上頌讚的祭品與祈禱，為了我們今天悼念
的亡靈，請你悅納；主啊，請讓他們超度死亡進入生命，
如同昔日你曾應許亞伯拉罕和他的子孫。

作曲家譜曲時，對於歌詞的處理常有分割的手法，**奉獻曲**分割為兩章的作法並非少見，通常從 *"Hostias et preces…"* 起分割成另一章，Palestrina 的亡者彌撒 (1551/1555) 就提供了一個示範性的實例，Michael Haydn (1771)、W. A. Mozart (1791)、J. Eybler (1803)、A. Rejcha (1802/1808) 等都有相同的作法，而分割成三章、四章的也不乏實例。

在 *Graduale Triplex* 中，另有六首奉獻曲可供選用：

II.　De profundis clamavi ad te, Domine,
III.　Domine, convertere, et eripe animam meam
IV.　Domine, Deus salutis meae,
V.　Illumina oculos meos,
VI.　Miserere mihi, Domine,
VII. Si ambulavero in medio tribulationis,

第八節　聖哉經 (Sanctus)

聖哉經的文字與一般彌撒的聖哉經也是完全一樣的：
Sacntus, Sanctus, Sanctus, Dominus Deus Sabaoth. Pleni sunt caeli et terra gloria tua. Hosanna in excelsis.
Benedictus qui venit in nomine Domini, Hosanna in excelsis.
聖哉，聖哉，聖哉！上主 — 萬軍的統帥是至聖的！你的榮耀充滿全世界。(此句出自以賽亞書第六章第三節) [17] 頌讚歸於至高的上帝！

17　同註5。

願上帝賜福給那位奉主的名而來的！頌讚歸於至高的上帝！(此句出自馬太福音第二十一章第九節) 註18

十七世紀以後的作曲家在處理聖哉經時，常有將其分割為兩章的現象，即前段的文字是聖哉經，後句則作成降福經 (也稱為榮福經或迎主曲)。

第九節　羔羊讚 (Agnus Dei)

亡者彌撒的羔羊讚與一般彌撒的羔羊讚原本沒有不同，一般彌撒羔羊讚的文字如下：

Agnus Dei, qui tollis peccata mundi: miserere nobis.

Agnus Dei, qui tollis peccata mundi: miserere nobis.

Agnus Dei, qui tollis peccata mundi: dona nobis pacem.

神的羔羊，消除人世的罪者，請憐憫我們。

神的羔羊，消除人世的罪者，請憐憫我們。

神的羔羊，消除人世的罪者，請賜給我們平安。

葛瑞果聖歌的亡者彌撒及一些早期的亡者彌撒就是如此，其羔羊讚與一般彌撒中的羔羊讚沒有兩樣，後來為了使歌詞的內容更妥切，在文字上有了一點修改，才形成亡者彌撒專用的羔羊讚，其歌詞如下：

Agnus Dei, qui tollis peccata mundi: dona eis requiem.

Agnus Dei, qui tollis peccata mundi: dona eis requiem.

Agnus Dei, qui tollis peccata mundi: dona eis requiem sempiternam.

18　同註5。

神的羔羊，消除人世的罪者，請賜給他們安息。

神的羔羊，消除人世的罪者，請賜給他們安息。

神的羔羊，消除人世的罪者，請賜給他們永遠的安息。

第十節　領主曲 (Communio; Communion)

領主曲所用的歌曲是 "*Lux aeterna*"（永恆之光），歌詞與進堂曲第一段的歌詞來源是一樣的 (IV. Esdras 2, 35)，但稍做調整：

Lux aeterna luceat eis, Domine: Cum sanctis tuis in aeternum, quia pius es. Requiem aeternam dona eis Domine, et lux perpetua luceat eis. Cum sanctis tuis in aeternum, quia pius es.

主啊，請以永恆之光照耀他們，與你的聖徒永遠同在，因為你是正義善良的。主啊，請賜給他們永遠的安息，並以永恆之光照耀他們。與你的聖徒永遠同在，因為你是正義善良的。

在 *Graduale Triplex* 中，除 "*Lux aeterna*" 做為第一選擇之外，尚有九首不同的領主曲可供選用：

II.　　Amen dico vobis: quod uni,

III.　　Domine, quinque talenta tradidisti mihi,

IV.　　Domine, quis habitabit in tabernaculo tuo,

V.　　Dominus regit me et nihil mihi deerit,

VI.　　Illumina faciem tuam super servum tuum,

VII.　　Notas mihi fecisti vias vitae,

VIII. Panis quem ego dedero, caro mea est,

IX.　　Qui manducat carnem meam,

X.　　Qui mihi ministrat, me sequatur,

第十一節　自由加唱曲

(一) 答唱曲 (Responsorium，安所經)

答唱曲 (Responsorium【拉】) 中也有適用於殯葬禮儀的歌曲，即「亡者答唱曲」 (Responsorium pro defunctis【拉】)，亡者彌撒中比較常被視為「當然」的加唱曲，通常亡者彌撒進行到領主曲就算是最後一章了，所以如有使用此曲，則置於領主曲之後，功能上稱為安所經 (Exsequiae)。但此一答唱曲在亡者彌撒中並不屬於彌撒禮儀程序中的歌曲，而是「彌撒完後的特別追思禮曲（安息禮曲），… 可在聖堂中，也可在殯儀館舉行」註19。在有使用亡者答唱曲的情況中，幾乎都固定選唱 *"Libera me, Domine"* 這一首，但也有例外，如 *"Memento mei Deus"* 也曾用作亡者答唱曲。

1. Libera me, Domine　主啊，求你救我
Libera me, Domine, de morte aeterna, in die illa tremenda: Quando coeli movendi sunt et terra: Dum veneris judicare saeculum per ignem. Tremens factus sum ego, et timeo, dum discussio venerit, atque ventura ira. Quando coeli movendi sunt

---

19　李振邦：《宗教音樂 — 講座與文集》(1979)，頁 57：「主禮身穿黑色圓衣，在十字架與蠟燭光前，向亡者遺體灑聖水，圍繞上香祈禱時，合唱團開始歌唱。」

et terra. Dies illa, dies irae, calamitatis et miseriae, dies magna et amara valde. Dum veneris judicare saeculum per ignem. Requiem aeternam dona eis Domine: et lux perpetua luceat eis.

主啊，請你從永遠的死亡中解救我，在那可怕的日子，當天搖地動時，你要用火來審判世界。我顫慄恐懼，面對即將來臨的審判與隨之而至的震怒，當天搖地動時。那個日子是震怒的日子，是災難和不幸的日子，是事態重大與非常哀苦的日子，你要用火來審判世界。主啊，請賜給他們永遠的安息，並以永恆之光照耀他們。

2. Memento mei Deus　上帝啊，求你記得我 (見於 Lôbo 的亡者彌撒)

Memento mei Deus, quia ventus est vita mea: nec aspiciat me visus hominis. De profundis clamavi ad te, Domine: Domine, exaudi vocem meam. Nec aspiciat me visus hominis. Kyrie, eleison. Christe, eleison. Kyrie, eleison. Requiescant in pace. Amen.

上帝啊，求你記得我，因為我的生命只不過是空氣的流動，也不要使我受人注目。主啊，我在絕望中求告你，主啊，求你垂聽我的聲音。也不要使我受人注目。主啊，求你垂憐，基督，求你垂憐，主啊，求你垂憐。願他們在平安中安息。阿們。

(二) 慈悲耶穌 (Pie Jesu)

如要使用，通常置於聖哉經與羔羊讚之間。如前所述，文字源自續抒詠「震怒之日」最後一個詩節，比照羔羊讚的模式，反覆三次而成。

Pie Jesu Domine, dona eis requiem.

Pie Jesu Domine, dona eis requiem,

Pie Jesu Domine, dona eis requiem sempiternam.

慈悲的主耶穌，請賜給他們安息。

慈悲的主耶穌，請賜給他們安息。

慈悲的主耶穌，請賜給他們永遠的安息。

（三）領進天國 (In Paradisum)

如第二章所述，領進天國這首歌是當亡者的靈柩被抬出教堂走進墓地之時所唱，功能上稱之為告別曲 (Valedictio)。告別曲不是亡者彌撒程序上應有的曲子，所以一般的亡者彌撒並無此曲，只有適逢 「告別式彌撒」(殯葬彌撒) 完畢之後可以接續應用。所以如果要以自由加唱曲的方式置於亡者彌撒或安魂曲之中，當然是放在最後一章的位置，安魂曲中有此一曲者僅見於少數作曲家的作品，如 Fauré、Duruflé 等之安魂曲。如以紀念性安魂曲或甚至音樂會安魂曲的觀點來看，作曲家如何處理這首曲子，其實並不構成問題。

領進天國在葛瑞果聖歌的相關歌集中從未編入亡者彌撒中，但是仍屬於殯葬禮典(Ordo Exequiarum)的歌曲，在 *Graduale Triplex* 中，它的歌詞僅取下列文字的第一節 (不包含括弧內的文字)。

In paradisum deducant te angeli: in tuo adventu suscipiant te Martyres, et perducant te in civitatem sanctam Ierusalem. (Chorus Angelorum te suscipiat, et cum Lazaro quondam paupere aeternam habeas requiem.)

願天使領你進入天國，願殉道聖者接你前來，領你進入聖城耶路撒冷。（願天使歌隊歡迎你，願你與昔日窮苦的拉撒路同享永遠的安息。）

第四章

自選歌詞安魂曲的內容與架構 （一）

安魂曲做為一種

宗教信仰的告白

　　自選歌詞的安魂曲，其內容係由所選的歌詞來決定，所以選擇了歌詞就決定了內容，而其章法架構也與拉丁文安魂曲不同，並沒有一定的作法，完全個別處理，所以要了解自選歌詞安魂曲的內容與架構，必須每一個作品逐一認識，才能窺其全貌。自選歌詞安魂曲依著者蒐集所得，按照創作或發表的年代排列，有下列作品：

一、　Schütz: *Das musikalische Exequien* 音樂的超度 (1636)

二、　（Hebbel 詞）：*Requiem* 安魂曲。Cornelius 曲 (1863)；M. Reger 曲 (op.144b, 1915)

三、　Brahms: *Ein deutsches Requiem* 德文安魂曲 (1868)

四、　Weill: *Das Berliner Requiem* 柏林安魂曲 (1928)

五、　Howells: *Requiem* 安魂曲 (1938)

六、　Vycpálek: *Czech Requiem* 捷克文安魂曲 (1940)

七、　Hindemith: *When Lilacs Last in the Door-Yard Bloom'd,* a requiem "For those we love" 當去年的

丁香在庭前綻放—「給我們所愛之人」的安魂曲 (1946)

八、　Leifs: *Requiem* 安魂曲 (1949)

九、　Britten: *War Requiem* 戰爭安魂曲(1961)

十、　Kabalevsky: *Requiem* 安魂曲 (1963)

十一、　Zimmerman: Requiem für einen jungen Dichter 一個年輕詩人的安魂曲(1969)

十二、　Tubin: *Requiem for Fallen Soldiers* 陣亡士兵安魂曲 (1979)

十三、　Rutter: *Requiem* 安魂曲 (1985)

十四、　Huber: *Cantiones de Circulo Gyrante* 循環之歌 (1985)

十五、　Wittinger: *Maldoror-Requiem* 馬多羅安魂曲 (1986)

十六、　Gorli: *Requiem* 安魂曲(1980s)

從上表看來，這些作品雖有一部分其標題只有簡單的「安魂曲」字眼，但這些僅題為「安魂曲」的作品內容卻全然不同，最短的如 Leifs 的安魂曲只有 5 分 18 秒，最長的如 Kabalevsky 的安魂曲則有 88 分鐘，由此可以想像其內容差異必然相當之大。不過，儘管所有的自選歌詞的安魂曲都是彼此截然不同的，但若是從相近性或相關性方面來連結，則看似紛亂的自選歌詞安魂曲，其實可以概略結成下列四個主題群：

一、　安魂曲做為一種宗教信仰的告白

Schütz: 音樂的超度；Brahms: 德文安魂曲；Vycpálek: 捷克文安魂曲；Howells: 安魂曲；Rutter: 安魂曲

二、　安魂曲做為一種正視死亡與慰靈的詩情

Hebbel 詞：安魂曲，Cornelius 曲，Reger 曲；Hindemith:

當去年的丁香在庭前綻放—「給我們所愛之人」的安魂曲；
　　Leifs: 安魂曲；Gorli: 安魂曲
三、　安魂曲做為一種社會關懷、反戰與國殤
　　Weill: 柏林安魂曲、Britten: 戰爭安魂曲；Kabalevsky: 安
　　魂曲；Tubin: 陣亡士兵安魂曲
四、　安魂曲做為一種時代與文化的省思
　　Zimmerman: 一個年輕詩人的安魂曲；Huber: 循環之歌；
　　Wittinger: 馬多羅安魂曲

　　先從主題群入手再逐一觀察，比依照作品問世的時間先後一一檢視，可能更有助於看出整個自選歌詞安魂曲的狀態，也可能更容易掌握自選歌詞安魂曲的發展脈絡，以下就從第一個主題群開始。

　　第一個主題群的安魂曲是屬於宗教信仰告白的安魂曲，這在自選歌詞的安魂曲之中可以說是最早的，它雖然不同於亡者彌撒，但仍與基督教的信仰本質最接近。也就是說，雖然內容與架構不同，但仍保有基督教的信仰。因為，它們的作者或作曲者將安魂曲視為信仰的告白更甚於宗教儀式，他們只是不願意沿用既有的拉丁文安魂曲的形式，而喜歡以自選的方式和內容來表達。自選歌詞的安魂曲一開始就出現這種類型，講起來應是合理而可理解的。

第一節　Schütz: 音樂的超度

　　在一切自選歌詞安魂曲之中，最早的作品是十七世紀德國作曲家 Heinrich Schütz (1585～1672) 的《音樂的超度》，這部作品德文原標題為 Das musikalische Exequien，它是第一部不

依固有的拉丁文歌詞創作的安魂曲。它的歌詞是委託作曲的當事人 Heinrich Posthumus von Reuß (1572～1635) 伯爵在自知不久於人世之後，自行從德文聖經的章節及一些教堂聖歌的詩句選擇喜愛的文字組織而成，死後家屬遵其遺囑，委請作曲家 Schütz 以此預選的文字譜曲，並於 1636 年 2 月 4 日在該伯爵的葬禮中演出，是自選歌詞中唯一可以列入儀式性安魂曲的作品。

　　這首安魂曲在內容架構上有三個部分。第一部分是最主要也是最長的部分，題為「德文葬禮彌撒形式的音樂演出」(*Concert in Form einer teutschen Begräbnis — Missa*)。第二部分和第三部分都算短小，說是「部分」，其實比較像是兩首附加的歌曲；第二部分是一首經文歌 「除你之外」("*Herr, wenn ich nur dich habe*")，第三部分是「西面的歌『主啊，如今可讓你的僕人』」(Canticum Simeonis "*Herr, nun lässest du deinen Diener*")。整體而言，Schütz 的這首《音樂的超度》等於是一部附有經文歌與讚美歌的德文安魂曲，而就德文安魂曲的類型意義而言，它又早於 Brahms 的德文安魂曲。現將各部分的內容說明如下：[註1]

　　第一部分：德文葬禮彌撒形式的音樂演出 (I. Teil: Concert in Form einer teutschen Begräbnis — Missa)

　　這一部分的安排，在精神上約略相當於天主教的亡者彌撒，但因德國自馬丁路德 (Martin Luther) 改革宗教以來就以新教為主，所以也就沒有遵照天主教的禮儀規範進行，但其中有些地方還是可以看出屬於傳統彌撒的成份，比如垂憐曲，不過此曲也不是一口氣唱完，而是和其他的歌詞交插進行。整個第一部分的文字除垂憐曲外，出自《聖經》舊約的有〈約伯記〉、〈以賽亞書〉、

1　有關這首作品的中文譯文是這樣的：凡聖經中的章節，皆依現代中文譯本《聖經》；非屬聖經中的章節則為本書作者自譯。

〈智慧篇〉註2、〈詩篇〉和〈創世記〉，出自新約的有〈腓利比書〉、〈約翰福音〉、〈羅馬書〉、及〈約翰一書〉，此外還有馬丁‧路德、路德維‧黑姆伯特 (Ludwig Helmbold)、約翰‧雷昂 (Johann Leon)、約翰尼斯‧基格斯 (Johannes Gigas)、尼可勞斯‧黑爾曼(Nikolaus Herman) 所撰的文字，全部歌詞及相關出處如下：

(I 起唱　　男高音 I)

我空手出世，

(男高音 I/II，男低音 II)

也要空手回去，上主賞賜，上主收回。願他的名受稱頌！(約伯記第一章，21 節)

(詩班合唱)

主啊上帝，天上的父，請憐憫我們。註3

(女高音 I/II，男高音 I)

我活著，是為著基督；我死了，更有收獲！(腓利比書第一章，21 節)

看哪，上帝的羔羊，除掉世人的罪的！(約翰福音第一章，29 節)

(詩班合唱)

耶穌基督，上帝的羔羊，請憐憫我們。註4

(女低音，男低音 II)

我們活著，是為主而活，死了，是為主而死。我們活也好，死也好，都是屬主的人。(羅馬書第十四章，8 節)

2　智慧篇在許多聖經學者的觀點中被視為「偽經」，現代中文譯本《聖經》就不予納入，相關譯文採自思高聖經學會譯釋的《聖經》。

3　這一句就是垂憐曲，這是第一次呼求—向聖父呼求。

4　這一句也是垂憐曲，這是第二次呼求—向聖子呼求。

（詩班合唱）

主啊上帝，聖靈，請憐憫我們。註5

（起唱　　男高音 I）

上帝那麼愛世人，甚至賜下他的獨子，

（女高音 I/II, 女低音，男高音 I/II，男低音 II）

使所有信他的人不滅亡，反得到永恆的生命。（約翰福音第三章，16 節）

（詩班合唱）

他對他親愛的兒子說：憐憫的時候到了，你前去，我心上珍貴的冠冕，你要成為不幸之人的拯救者，幫助他們脫離罪惡的困境，為他們扼殺痛苦的死亡，讓他們跟著你獲得生命。（馬丁‧路德，Martin Luther, 1523）

（女高音 II，男高音 II）

上帝的兒子耶穌基督的血洗淨我們的一切的罪。（約翰一書第一章，7 節）

（詩班合唱）

經由他，我們的罪得到赦免，我們得以重獲生命，上帝啊，我們在天上將有多麼大的恩賜。（路德維‧黑姆伯特，Ludwig Helmbold, 1575）

（女高音 I，男低音 I）

我們是天上的公民，我們一心等候著我們的救主，就是主耶穌基督從天上降臨。他要運用那使萬有歸服於他的能力，來改變我們這脆弱必死的身體。（腓立比書第三章，20～21 節前半）

（詩班合唱）

5　這一句也是垂憐曲，這是第三次呼求—向聖靈呼求。

此地乃苦海，處處害怕，困苦與哀傷，短暫的停留充滿了憂患，誰思索過，總陷入紛爭。(約翰‧雷昂，Johann Leon, 1582/89)

(男高音 I/II)

雖然你們的罪污殷紅，我卻要使你們像雪一樣的潔白。雖然你們的罪污深紅，我卻要使你們跟羊毛一樣的白。(以賽亞書第一章，18 節)

(詩班合唱)

他的話，他的施浸，他的愛筵，可以對抗不幸，聖靈在信仰中教導我們有信心。(路德維‧黑姆伯特，1575)

(女低音)

我的同胞們，進你們的屋子裡去吧！關上門，躲藏起來，直到上帝的怒氣消失。(以亞賽書第二十六章，20 節)

(女高音 I/II，男低音 II)

義人的靈魂在上帝的手裡，痛苦不能傷害他們。

(男低音 II)

在愚人看來，他們算是死了，認為他們去世是受了懲罰，離我們而去，彷彿是歸於泯滅；其實，他們是處於安寧中。

(女高音 I/II)

其實，他們是處於安寧中。(智慧篇第三章，1～3 節)

(男高音 I，女低音，男高音 II，男低音 II)

除你之外，在天上我還有誰呢？既有了你，在地上我還要誰呢？我的身心會衰敗；但上帝是我的力量，永遠是我所需要的一切！(詩篇第七十三，25～26 節)

(詩班合唱)

他是外邦人的救主和幸福之光,照亮那些不認識你的人,引導他們。他是他的子民以色列的驕傲、榮耀、喜悅和歡樂。(馬丁・路德,1523)

(男低音 I/II)

我們的一生年歲不過七十,健壯的可能到八十,但所得的只是勞苦愁煩。(詩篇第九十,10 節)

(詩班合唱)

啊,在此塵世我們的日子多麼悲慘,人這麼快地倒下去,我們全都必死。在這苦海,處處是辛苦與勞煩,即使讓你成功發達。(約翰尼斯・基格斯,Johannes Gigas, 1566)

(男高音 I)

我知道我的維護者還活著,他最後要來為我伸冤。即使我的皮肉被疾病侵蝕,我仍將以此身觀見上帝。(約伯記第十九章,25～26 節)

(詩班合唱)

因為你從死裡復活,我將不會留在墳墓裡。你升天是我最大的安慰,你能驅趕死亡的恐懼。畢竟我要前往你所在之處,我總是隨著你而活而存在,所以我欣然前往。(尼可勞斯・黑爾曼,Nikolaus Herman, 1560)

(女高音 I/II,女低音,男高音 I/II,男低音 II)

你不祝福我,我就不放你走。(創世記第三十二章,26 節後半)

(詩班合唱)

他對我說:信靠我,你現在該成了,我自己完全為你付出,因為我要為你戰鬥。我的生命吞下死亡,我的清白承擔了你的罪,這樣你就有福了。(馬丁・路德,1523)

第二部分:經文歌「除你之外」(II. Teil: Motete "*Herr, wenn ich nur dich habe*")

這部分係以舊約〈詩篇〉第七十三 25～26 節的文字譜成一首經文歌，內容如下：

(合唱 I/II)

除你之外，在天上我還有誰呢？既有了你，在地上我還要誰呢？我的身心會衰敗；但上帝是我的力量；永遠是我所需要的一切！(詩篇第七十三，25～26 節)

第三部分：西面的歌「主啊，如今可讓你的僕人」(III. Teil: Canticum Simeonis "*Herr, nun lässest du deinen Diener*")

這一部分係以西面 (Simeon) 的讚美歌開始，但後面接上摘自新約〈啟示錄〉的句子，最後再以舊約〈智慧篇〉的文字做成結束。整個第三部分的內容如下：

(起唱　　男高音)

主啊，如今可讓你的僕人

(合唱 I)

平安歸去，你已實現了你的應許。我已親眼看見你的拯救，就是你為萬民所預備的：他要成為啟示外邦的亮光，成為你的子民以色列的榮耀。(路加福音第二章，29～32 節)

(Chorus II〔Seraphim I, II und Beata anima〕　　合唱 II)

為主而死的人有福了，他們將結束勞苦，享受安息，因為工作的成果一定隨著他們 (啟示錄第十四章，13 節)。他們在主的手裡，痛苦不能傷害他們。(智慧篇第三章，1 節)

從作品架構的平衡性來看，這首音樂的超度似乎第一部分太大而第二和第三部分與之完全不成比例。一般以為，通常一個作品若是以部分 (Teil; Part) 來分，各部分的份量彼此大略相當是理所當然的事，例如神曲 (Oratorio, 或譯為神劇) 就多數如此。然 Schütz 的這一部作品竟沒有這樣做，為什麼？難道 Schütz 不懂這個道理？著者的看法是，音樂的超度一來不是神曲，二來原本創作時就有其需要配合儀式進行的考量，所以不能以上述的角度來看待這個作品。不過，就如作品本身的標題所示，第一部分是一首「德文葬禮彌撒形式的音樂演出」，第二部分是一首經文歌，第三部分是一首讚美歌，這樣的設計應該是有其配合當初葬禮程序上的考量（雖然我們無法得知當時的葬禮實況）。從演出時間來看，第一部分約 23 至 26 分鐘，第二部分約 3 分多鐘，第三部分約 4 分多鐘，顯然這三個部分應是在葬禮進行到某些段落時各自插入，沒有分割一口氣唱完的。

第二節　Brahms: 德文安魂曲 (1868)

Brahms 的德文安魂曲在安魂曲的類型上是具有相當示範性的一個作品，也是作曲家個人重要的代表作之一，它在合唱音樂上的成就並不是單純建立在樂種的意義上。就歌詞的安排而言，Brahms 的《德文安魂曲》和 Schütz 的《音樂的超度》其實是一樣的，就是拋開天主教儀式性安魂曲固有的歌曲架構和歌詞內容，自行從聖經中摘選一些章節文字，按照個人的創作理念重新組織。由於 Brahms 所用的聖經是德文聖經，譜成安魂曲後，不同於一般習以為常（甚至視為理所當然）的拉丁文安魂曲，故稱為《德文安魂曲》。此外，稱為《德文安魂曲》應該還有一個理由，就是拉丁文安魂曲原本很多都是亡者彌撒，但此曲不僅是德文與拉丁文之不同，同時它也不是德文化的亡者彌撒，所以稱為《德文安魂曲》比較適切。Brahms 此曲所用的文字多出自新約，舊約的部份則來自〈詩篇〉、〈以賽亞書〉、〈智慧篇〉和〈德訓篇〉^註6。結構上，此曲在創作之初（1854～1860）並未敲定，1861 年夏天至 1866 年春天是四章（I, II, III, IV）的設計，1866年夏天一度有一個五章（I, II, III, V, IV）的設計，不久又變動為七章（I, II, III, IV, V, VI, VII），但1866年的秋天起則是六章（I, II, III, IV, V, VI），1867 年在維也納先行演出前三章，1868 年在 Bremen 演出的版本則缺第五章，1869 年始定稿為七章，並完成全曲。七章結構的《德文安魂曲》，其各章的文字內容如下：

I.

為罪惡悲傷的人多麼有福啊，上帝要安慰他們。（馬太福音第五章，4 節）

願含淚撒種的人得以含笑收割莊稼！那些流著眼淚攜帶種子出去的人，歡呼快樂地抱著禾捆回。（詩篇第一二六，5—6 節）

為罪惡悲傷的人多麼有福啊，上帝要安慰他們。（馬太福音第五章，4 節）

II.

人都像野草一般，他們的繁華有如野花；草會枯乾，花會凋謝。（彼得前書第一章，24 節）

所以，弟兄們，你們要忍耐，等到主再來。看吧，農夫多麼耐心地等待著田裡寶貴的產物，耐心地盼望春霖秋雨。所以你們要忍耐。（雅各書第五章，7 節）

人都像野草一般，他們的繁華有如野花；草會枯乾，花會凋謝，但是主的道永遠長存。（彼得前書第一章，24～25 節）

蒙上帝救贖的人回到耶路撒冷，興高采烈地歡呼歌唱。他要歡欣快樂，不再有憂愁悲傷。（以賽亞書第三十五章，10 節）

III.

6　同註2。

「上主啊，我的壽命多長？我幾時會死？求你指示，我的
終局幾時來到？」你使我的生命那麼短促！在你面前，我
一生的歲月幾乎等於零。生命不過像一口氣罷了；人生如
泡影。一切的操勞都是虛空；他累積財富，卻不知道歸誰
享受。主啊，我還能盼望什麼呢？我只有仰望你。(詩篇第
三十九，4～7 節) 註7

義人的靈魂在上帝手裡，痛苦不能傷害他們。(智慧篇
[Weisheit Salomos] 第三章，1 節)

IV.

上主—萬軍的統帥啊，我多麼渴慕你的居所！我多麼渴慕
上主的殿宇，我用整個身心向永生的上帝歡呼歌唱，住在
你的殿宇中的人是多麼有福啊！他們不斷地在頌讚你！(詩
篇第八十四，1，2，4 節)

V.

現在你們雖然有憂愁，但是我要再見到你們，你們心裡就
會充滿喜樂，你們的喜樂是沒有人能奪走的。(約翰福音第
十六章，22 節)

我要在（耶路撒冷）安慰你們，像母親安慰自己的孩子。(以
賽亞書第六十六章，13 節)

　(51, 35)

你們親眼看一看罷！我勞苦不多卻獲得了最大的安慰。(德
訓篇〔Jesus Sirach〕 第五十一章，35 節)

VI.

在地上我們沒有永久的城，我們是在尋求那將來的城。(希
伯來書第十三章，14 節)

_____

7　聖經版本不同，在節數的標示上常有 1 節的出入。

你們要注意這一件奧祕的事，我們並不是都要死，而是在一剎那，一眨眼間，最後的號角響的時候，都要改變。最後的號角一響，死人要復活而成為不朽壞的，我們也要改變。到了會朽壞的已經變成不朽壞的，那會死的已經變成不會死的，聖經上的話就實現了：「死亡被消滅了，勝利已經達成了！」死亡啊！你的勝利在哪裡？死亡啊！你的毒刺在哪裡？(哥林多前書第十五章，51～52，54～55 節)

主啊，你當接受榮耀、尊貴和權能。你創造了萬物，萬物被造，得以生存，全憑你的旨意。(啟示錄第四章，11 節)

VII.

「從今以後，為主而死的人有福了！」聖靈回答：「不錯！他們將結束勞苦，享受安息，因為工作的成果一定隨著他們。」(啟示錄第十四章，13 節)

第三節　Vycpálek: 捷克文安魂曲(1940)

Ladislav Vycpálek (1882～1969) 是捷克現代作曲家，他的合唱音樂在二十世紀上半捷克的合唱音樂創作中佔有相當重要的地位，其大型代表作之一就是《捷克文安魂曲》(*Czech Requiem*)，這部作品在標題與創作意念上可以看出明顯受到 Brahms《德文安魂曲》的影響，也是最直接的一個例子。不過，雖是如此，但仍不失其音樂的獨創性。此曲所用的歌詞係摘自捷克文聖經，但經過重新編排組織與改寫，並將亡者彌撒的續抒詠—震怒之日完整保留於全曲的第二章，此外也用了一首捷克教會的教堂歌曲。整個作品規劃為四章的架構，各章的內容如下：

I. *Marnost nad Marnostmi*　空虛，空虛

(合唱)

空虛，空虛，人生空虛，一切都是空虛。

(Contralto solo　女中音獨唱)

人在太陽底下終生操作勞碌，究竟有什麼益處？一代過去，一代又來，世界老是一樣。太陽上升，太陽下沉，匆匆地趕回原處，再從那裡出來。風向南吹，又轉向北，不斷地旋轉，循環不已。江河流入大海，海卻不滿不溢；水歸回發源之處，又川流不息。萬事令人厭倦，無法盡述。眼看，看不飽；耳聽，聽不足。發生過的事還要發生；做過的事還要再做。太陽底下一件新事都沒有。往昔的事沒有人追念；今後發生的事也沒有人記念 註8 。

(合唱)

天下萬事都有定期，都有上帝特定的時間。栽種有時，拔除有時；尋找有時，遺失有時；保存有時，捨棄有時；撕裂有時，縫補有時；緘默有時，言談有時；悲傷有時，歡樂有時；哀慟有時，舞蹈有時；同房有時，分房有時；親熱有時，冷落有時；愛有時，恨有時；戰爭有時，和平有時；殺害有時，醫治有時；拆毀有時，建造有時；生有時，死有時 註9 。

(Bariton solo　男中音獨唱)

我羨慕那些已經死了的人，他們比活著的人幸福多了。但是，那未出生，未曾看見過這世上所發生不公平的事的，比上述兩種人都幸運 註10 。　悲哀並非來自塵土，煩惱亦非

8　〈傳道書〉第一章，2～9, 11 節。

9　〈傳道書〉第三章，1～8 節，依 1, 2b, 6, 7, 4, 5, 8, 3, 2a 的順序重排。

10　〈傳道書〉第四章，2～4 節。

萌自土地，但人生來就是煩惱，人生來就是悲哀。當他活著，他的身體要忍受痛苦，他的靈魂在裡面呻吟。他空手到世上來，也得空手回去。不管在世怎樣勞碌，他什麼都不能帶走 註11。這也是悲哀，人來世上，又得離開，無論是智是愚，都要死去 註12。上帝啊，你為什麼讓我出了母胎？我為什麼不在來人世時就斷了氣？我從母胎出來就直接往墳墓走，等於沒有存在過一樣，不更好嗎 註13？我唯一盼望是陰間；在那裡，我可以在黑暗中躺下長眠。我要稱墳墓為父，稱侵蝕我的蛆蟲為母，為姐妹。我的希望在哪裡呢 註14？

（合唱）

我的臉哭紅，眼皮深黑，眼睛向上帝流淚 註15。人在塵世的時間不是無法量度？他的日子不是像個僱工 註16？你使他的日子只有手掌般大，他的一生在你看來微不足道。人生不過像吹一口氣罷了 註17，即使他的地位安穩。年歲成

11　〈傳道書〉第五章，15 節。

12　根據〈傳道書〉第二章，16 節的文意自由改寫。

13　〈約伯記〉第十章，18～19 節。

14　〈約伯記〉第十七章，13～15a 節。

15　〈約伯記〉第十六章，16 節：「我因哭泣面孔紅腫；我的眼睛隆起，眼皮暗黑。」

16　〈約伯記〉第七章，1 節：「人生在世，好像被迫當兵一般，天天過著負重勞苦的生活。」

17　〈詩篇〉第三十九，5 節末：「生命不過像一口氣罷了」；11 節末：「人生不過像吹一口氣罷了」。

熟他就要進入墳墓 [18]，如同穀粒落入打穀場。他不能帶走任何東西，他的榮耀不會跟隨他 [19]。人一旦死去，他又會將如何？不再有注視他的眼睛，你雙目搜尋他，他再也不存在了 [20]。他如草一般枯萎，如雲一般消散 [21]，如地上的影子一般逃逸 [22]。生命不過像一口氣罷了 [23]。

(女中音獨唱)

我的喉嚨像塵土一樣枯乾，舌頭黏在牙床上。你把我扔在塵土中等死 [24]。你使我拿眼淚當飯吃，給我喝一大杯眼淚 [25]。然而，我不再像一個人；我像一條蟲，被人藐視嘲笑 [26]，你使人們回歸塵土 [27]，你說：「回來，回來，你們人啊，你們的時間到了。」千年於你如一日，昨日逝

18　〈約伯記〉第十七章，1 節末：「墳墓已在等我進去。」

19　〈詩篇〉第四十九，17 節：「他死的時候什麼也帶不去，他的錢財不能跟著進墳墓。」

20　〈約伯記〉第七章，8 節：「你現在看得見我，但將不再見到；如果你要找我，我已經不在。」

21　〈詩篇〉第一〇二，3 節前：「我的生命像煙霧消逝」，4 節前：「我的心像枯乾的草被踩碎」；11 節末：「我像枯乾了的草」。

22　〈詩篇〉第一〇二，11 節前：「我的生命好像黃昏的暗影」。

23　〈詩篇〉第三十九，5 節末：「生命不過像一口氣罷了」。

24　〈詩篇〉第二十二，15 節。

25　〈詩篇〉第八十，5 節。

26　〈詩篇〉第二十二，6 節。

27　〈詩篇〉第九十，3 節末：「你使他們回歸塵土。」

去，如夜裡之一更 註28。設若人們能活兩千年之兩倍，不也是都要去同一個地方？到那兒去，啊，到那兒去，所有的人都去，沒有回來的。進入黑暗與死蔭之地，那兒死亡的陰影管轄，沒有秩序。當它照明，一如深夜。空虛，空虛，人生空虛，一切都是空虛 註29。

II. *Ten den Hněvu* 震怒之日 (原拉丁文續抒詠的捷克文版)
(合唱)

那一日是震怒之日，世界瓦解燒成灰燼，大衛和西比拉有言。

將來何其惶恐，當審判者降臨，嚴格查察一切。

號角神奇的響聲，傳遍各地的墳墓，催眾生來寶座前。

死與自然同感顫慄，當所有被造者復活，答覆審判者的詢問。

攤開書寫的案卷，一切皆記在其中，世界要依此受審。

於是當審判者就座，凡有隱匿皆將暴露，沒有倖免不受懲罰。

可憐我屆時將說什麼？能向那位保護者求告？就連義人也差堪自保。

威嚴震懾的君王，你義務施行拯救，慈悲之泉請救我。

仁慈的耶穌求你垂念，為我之故你走過苦路，莫在那日子讓我毀滅。

你找尋我，疲累不堪，為救贖我十字架受難，如此勞瘁可不能落空。

28　〈詩篇〉第九十，4 節：「在你眼中千年如一日，就像過去了的昨天，像夜裡的一更。」

29　〈傳道書〉第一章，2 節。

善惡有報的公正審判者，請賜恩典赦免我的罪愆，在那清算日子來臨之前。

我歎息如被告，罪過使我臉紅，上帝饒我懇求。

你赦免了馬利亞，垂聽強盜的悔罪，也要給予我希望。

我的祈禱乃是不配，但求你能仁慈寬待，莫喪我於永火焚燒。

置我於綿羊群中，使我與山羊分離，在你的右邊站立。

一旦惡人判決，投入熊熊烈火，請召我入聖徒。

我向你伏跪哀懇，內心悲痛如死灰，請關懷我的終局。

那是悲傷流淚的日子，當人從塵土復活之時。

有罪之人即將受審，上主啊，請赦免我。

慈悲的主耶穌，請賜他們安息。阿們。

III. *Světlo v Temnotách*　黑暗中的光 (詩篇——間奏曲)
(男中音獨唱)

還要多久，主啊，還要多久[30]？上主啊，你向我們動怒要到永遠嗎？你的怒氣像火燃燒要到幾時呢[31]？主啊，為何你撒手不管？為何你困難之時躲藏起來？不要離開我們，因為死亡接近了而我沒有幫助者[32]。求你不要不理

30　〈詩篇〉第十三，1～2 節：「上主啊，你忘記我要到幾時呢？永久嗎？你不理睬我要到幾時呢？還要多久，我得忍受痛苦，讓悲愁日夜侵襲我？還要多久，敵人要向我耀武揚威？」

31　〈詩篇〉第七十九，5 節。

32　〈詩篇〉第二十二，11 節：「求你不要遠離我！災難到了，我卻求助無門。」

我，你是我的力量 [33]，快來救我 [34]！主啊，不要對我的哀求充耳不聞 [35]！

(女中音獨唱)

我向你舉起雙手，我的靈魂渴求你如同渴求甘霖的大地 [36]。看在你的名份，主啊，使我在你的公正中復甦，主啊，救我的靈魂脫離懼怕 [37]。上主啊，我在絕望中求告你。主啊，求你垂聽我的哀號；求你聽我求助的呼聲！如果你記錄我的罪過，誰能逃脫懲罰呢 [38]？

(女高音獨唱)

我舉目觀望群山；我的幫助從那裡來呢？我的幫助從上主來；他是創造天地的主。他不會讓你跌倒；你的保護者不會打盹！看哪，我們大家的保護者，他既不打盹，也不睡覺 [39]。 他救我的靈魂脫離死亡，他擦去我的眼淚，他保

33　〈詩篇〉第十八，1 節前：「上主啊，你是我的力量！」

34　〈詩篇〉第二十二，19 節：「上主啊，求你不要遠離我！我的救主啊，快來救我！」第四十，13 節 (第七十，1 節同)：「上主啊，求你救我！求你快來幫助我！」

35　〈詩篇〉第二十二，2 節：「我的上帝啊！我白天呼號，你不回答；我夜間哀求，也得不到安息。」

36　〈詩篇〉第一四三，6 節：「我向你舉手禱告；我渴慕你，像乾旱的地盼望雨露一樣。」

37　〈詩篇〉第一四三，11 節：「上主啊，求你照你的應許拯救我；你公義，求你救我脫離患難。」

38　〈詩篇〉第一三〇，1～3 節。

39　〈詩篇〉第一二一，1～4 節。

護我免於失足 [註40]。他是我的天父，他是我強大的上帝，是我救贖的盤石 [註41]。正直與公義是他王座的根基，恩寵與信實走在他的面前 [註42]。

IV. *Přišel, aby spasil*⋯　　他來拯救

歌詞取自新約及歌曲「耶穌基督，你仁慈的騎士」

(合唱)

有一個患病的人名叫拉撒路，住在伯大尼；馬利亞和她的姊姊馬大也住在這個村莊。這馬利亞曾經用香油抹主的腳，並且用自己的頭髮把它擦乾。患病的拉撒路就是她兄弟。那兩姊妹打發人去見耶穌，說：「主啊，你所愛的朋友病了。」[註43] 耶穌一向愛馬大和她的妹妹，也愛拉撒路[註44]。他接到拉撒路害病的消息後[註45]，他對門徒說[註46]：

(男中音獨唱)

「我們的朋友拉撒路睡著了，我要去喚醒他。」[註47]

---

40 〈詩篇〉第四十九，15 節末：「他要救我脫離死亡的權勢」。第一一六，8 節：「上主救我脫離死亡，他使我不再流淚，使我不至於被打倒。」

41 〈詩篇〉第八十九，26 節：「他要對我說：『你是我的父親，我的上帝；你是我的保護者，我的拯救者。』」

42 〈詩篇〉第九十七，2 節末：「正義、公道是他國度的根基」。第八十九，14 節：「你的國是以正義、公道為根基；你所做的一切都是信實、慈愛。」

43 〈約翰福音〉第十一章，1～3 節。

44 〈約翰福音〉第十一章，5 節。

45 〈約翰福音〉第十一章，6 節前。

46 〈約翰福音〉第十一章，7 節前。

47 〈約翰福音〉第十一章，11 節後半。

(合唱)

門徒說：「主啊，如果他睡著，他會好起來的。」其實，耶穌的意思是說拉撒路已經死了；他們卻以為他講的是正常的睡覺。於是耶穌明白地告訴他們 註48：

(男中音獨唱)

「拉撒路死了；我們去看他吧！」註49

(合唱)

他們去了，耶穌跟著他們去，知道拉撒路已經在四天前埋葬了。馬大聽見耶穌來了，就出來迎接他 註50。馬大和耶穌這麼說：

(女中音獨唱)

「主啊，要是你在這裡，我的兄弟就不死！」

(男中音獨唱)

「你的兄弟一定會復活的。」

(女中音獨唱)

「我知道在末日他一定會復活。」

(男中音獨唱)

「我就是復活，就是生命；信我的人雖然死了，仍然要活著；活著信我的人一定永遠不死，你信這一切嗎？」

(女中音獨唱)

「主啊，是的！我信你就是那要到世上來的基督——上帝的兒子。」註51

48　〈約翰福音〉第十一章，12～14 節前。

49　〈約翰福音〉第十一章，14 節末，15 節末。

50　〈約翰福音〉第十一章，17, 20 節。

51　〈約翰福音〉第十一章，21, 23～27 節。

（合唱）

耶穌看見跟她一起來的猶太人在哭，心裡非常悲傷，深深
地激動，就問他們：

（男中音獨唱）

「你們把他葬在哪裡？」

（合唱）

他們回答：「主啊，請來看。」耶穌哭了，因此猶太人說：
「你看，他多麼愛這個人！」耶穌心裡又非常悲傷。他來
到墓前；那墳墓是一個洞穴，入口的地方有一塊石頭堵住。

（男中音獨唱）

「把石頭挪開！」

（女中音獨唱）

「主啊，他已經葬了四天了！」

（男中音獨唱）

「我不是對你說過，要是你信，會看見上帝的榮耀嗎？」[註]
52

（合唱）

於是他們把石頭挪開。耶穌舉目望天，大聲喊：

（男中音獨唱）

「拉撒路，出來！」

（合唱）

那死了的人就出來，他的手腳裹著布條，臉上也包著布[註]
53。承認自己靈性貧乏的人多麼有福啊；他們是天國的子民！
為罪惡悲傷的人多麼有福啊，上帝要安慰他們！謙和的人

52　〈約翰福音〉第十一章，33～36, 38～40 節。

53　〈約翰福音〉第十一章，41 節中，44 節前。

多麼有福啊，他們要承受上帝所應許的產業！渴望實行上
帝旨意的人多麼有福啊；上帝要充分地滿足他們！以仁慈
待人的人多麼有福啊；上帝也要以仁慈待他們！心地純潔
的人多麼有福啊；他們要看見上帝！致力人間和平的人多
麼有福；上帝要稱他們兒女！為了實行上帝的旨意而受迫
害的人多麼有福；他們是天國的子民 註54。
(女高音獨唱)
真的，人子到世上來為拯救所有失喪的人，人子不是來譴
責世界，而是來拯救世界 註55。
(女中音獨唱)
我等候我的主，我的救主。因為他是我堅強的堡壘，他是
我的護身盾牌，他要將我保護在他翅膀的陰影之下 註56。
(男中音獨唱)
來吧，所有勞苦、背負重擔的人都到我這裡來，我要使你
們得安息。你們要負起我的軛，跟我學習，因為我心裡柔
和謙卑，這樣，你們就可以得到安息 註57。來吧，你們大
家…
(合唱)
真的，人子來世上拯救世界；他來，為拯救我們，救我們
大家免於毀滅沉淪。願上帝賜福給那位奉主的名而來的。
他為拯救而來。榮耀歸於至高者！那將在上帝的國度裡用

54　〈馬太福音〉第五章，3～10 節。
55　著者自譯。相關文字見〈約翰福音〉第三章，17 節：「因為上帝差遣
他的兒子到世上來，不是要審判世界，而是要藉著他來拯救世界。」
56　同上。
57　〈馬太福音〉第十一章，2～29 節。

餐的人有福了，在上帝的國度裡！耶穌基督，你仁慈的騎士，與聖父及聖靈一體之上主。我們一切財產從你而來，得自你的恩賜。阿肋路亞。阿們 註58。

第四節　Howells: 安魂曲 (1938)

　　英國作曲家 Herbert Howells (1892～1983) 的《安魂曲》採用的歌詞是英文與拉丁文混合的方式，這種方式後來還有其他英國作曲家 Britten、Rutter 等相繼採用，形成英國作曲家在安魂曲創作上可以被注意到的一項特色。Howells 的《安魂曲》有六章，第一、二、四、六章為英文歌詞，第三、五章為拉丁文歌詞，不過第五章是第三章的重複運用，歌詞完全相同。文字內容上，第一章相當於垂憐曲，第二章是〈詩篇〉第二十三，在亡者彌撒或拉丁文安魂曲作品中曾用於階台經，第三章的文字在亡者彌撒或拉丁文安魂曲中原本見於進堂曲和領主曲，第四章則是〈詩篇〉第一二一，第五章與第三章相同，重複使用的原因可能類似領主曲也有相同的內容，第六章則取自〈啟示錄〉。各章的文字如下：

I. *Salvator mundi*　　世界的拯救者

世界的拯救者啊，以你的十字架與寶貴的鮮血救贖我們的救世主，請拯救我們，幫助我們，主啊，我們謙卑地懇求你。(原詞為英文)

II. *Psalm 23*　　詩篇第二十三

58　本書著者自譯。

上主是我的牧者；我什麼都不缺乏。他讓我憩息在翠綠的草地上，領我到幽靜的水邊。他賜給我新力量；他照著應許引導我走正直的路。縱使我走過死蔭的幽谷，我也不害怕，因為你跟我同在。你用牧杖引導我，牧竿保護我。當著我的敵人你為我擺設盛筵；你待我如上賓，斟滿我的杯。我一生將享受你的恩寵和不變的愛；我將永遠住在你的殿宇中。(原詞為英文)

III. *Requiem aeternam I*　　永遠的安息 I
請賜給他們永遠的安息，請以永恆之光照耀他們。主啊，請賜給他們永遠的安息。(原詞為拉丁文)

IV. *Psalm 121*　　詩篇第一二一　註59
我舉目觀望群山，我的幫助從哪裡來呢？我的幫助從上主來；他是創造天地的主。他不會讓你跌到；你的保護者不會打盹！看哪，以色列的保護者，他既不打盹，也不睡覺。上主要保護你；他在你身邊庇護你。白天，太陽不會傷害你；黑夜，月亮也不會害你。上主要救你脫離各樣災難；他要保守你的生命。你進你出，他都保護你，從現在直到永遠！我舉目觀望群山，我的幫助從哪裡來呢？(原詞為英文)

V. *Requiem aeternam II*　　永遠的安息 II
(同 III)

VI. *I heard a voice from heaven*　　我聽見天上有聲音　註60

59　這一首〈詩篇〉的文字，捷克作曲家 Vycpálek 也選用於他的《捷克文安魂曲》第三章之中。

60　這一節的文字也見之於 Schütz 的《音樂的超度》第三部分的尾句及 Brahms 的《德文安魂曲》的最後一章及英國作曲家 John Rutter 的《安魂曲》中 (見下一節)。

我聽見從天上有聲音說：「從今以後，為主而死的人有福了！你要把這話寫下來。」聖靈回答：「不錯！他們將結束勞苦，享受安息」。(文字出自啟示錄第十四章，13 節)（原詞為英文）

第五節　Rutter: 安魂曲 (1985)

在差異極大的自選歌詞安魂曲作品中，John Rutter (1945～) 的《安魂曲》和他的英國前輩 Howells 的《安魂曲》比較起來，有著相當明顯的類似性。架構上，Howells 的《安魂曲》有六章，而 Rutter 的《安魂曲》僅多一章。文字內容方面，兩者都是英文與拉丁文混用，兩者也都選用了〈詩篇〉第二十三「上主是我的牧者」(Howells 將其置於第二章，而 Rutter 則置於第六章)。不過，Rutter 的《安魂曲》比 Howells 的《安魂曲》有著更多的拉丁文安魂曲章法架構上的基礎輪廓，其第一、三、四、五、七章即是，只是第五和第七章在文字上採拉丁文與英文的混合安排。

I. *Requiem aeternam*　安息經（含垂憐曲）【拉】
(歌詞及中文翻譯參見第三章)

II. *Out of the deep*　自絕望中（**詩篇**第一三○)【英】
上主啊，我在絕望中求告你。主啊，求你垂聽我們的哀號。求你聽我求助的呼聲！如果你記錄我的罪過，誰能逃脫懲罰呢？然而，你饒恕我們。因此我們應該敬畏你。

III. *Pie Jesu*　慈悲耶穌　【拉】
(歌詞及中文翻譯參見第三章)

IV. *Sanctus*　聖哉經（含降福經）　【拉】
(歌詞及中文翻譯參見第三章)

V. *Agnus Dei*　羔羊讚　【拉丁文與英文混排】

神的羔羊，消除人世的罪者，請賜給他們安息。(原詞為拉丁文)

女人所生的人只有短暫的時間可活，且充滿了悲愁。他長出來，像一朵花般地被割下來；他像影子般消失。(原詞為英文)

神的羔羊，消除人世的罪者，請賜給他們安息。(原詞為拉丁文)

我們活在這世上，我們能向誰尋求保護呢？(原詞為英文)

神的羔羊，消除人世的罪者，請賜給他們安息。(原詞為拉丁文)

「我就是復活，就是生命；」主說：「信我的人雖然死了，仍然要活著；活著信我的人一定永遠不死。」(原詞為英文)

VI. *The Lord is my shepherd*　上主是我的牧者　(詩篇第二十三)(歌詞及中文翻譯參見 Howells: *Requiem*)

VII. *Lux aeterna*　領主曲：永恆之光　【英文與拉丁文混排】

我聽見從天上有聲音對我說：「為主而死的人有福了！因為他們將結束勞苦，享受安息。」聖靈也如此說。(文字出自啟示錄第十四章，13 節)(原詞為英文)

主啊，請以永恆之光照耀他們，與你的聖徒永遠同在，因為你是正義善良的。主啊，請賜給他們永遠的安息，並以永恆之光照耀他們。(原詞為拉丁文)

第五章

自選歌詞安魂曲的內容與架構（二）

安魂曲做為一種
正視死亡與慰靈的詩情

　　在文學的題材中，死亡從來就不是一個需要避諱的問題，甚至往往還可以產生很大的對比的力的運用，比如愛與死，就是許多文學名著的表達重點，從中世紀時代流傳關於 Tristan 與 Isolde 的敘事詩到十九世紀華格納 (R. Wagner, 1813～1883) 將之發揮成一部歌劇名作就是一個很好的例子。十九世紀德國的浪漫主義文學帶動音樂朝向浪漫風格發展，因而音樂也有了浪漫主義。浪漫主義有多方面特質，其重點之一就是將想像力延伸至日常生活中神祕不可知的各種領域，例如神、仙、鬼、怪、超自然、命運、死亡等等的探索，當然也包括極度浪漫化的愛情主題。同時死亡的主題進入詩中，詩又和音樂結合，前期浪漫派作曲家舒伯特 (Franz Schubert, 1797～1828) 的藝術歌〈死與少女〉(*Der Tod und das Mädchen*) 是一個知名的實例，此曲又因同名作的弦樂四重奏而更著名。在浪漫派的詩作中，面對死亡時，能在宗教信仰之外，拋棄單純的恐懼，對於亡者和靈魂表現出一份關懷，這樣的意境與信仰的告白完全不同。德國著名詩人 Friedrich Hebbel (1813～1863) 的詩〈安魂曲〉(*Requiem*) 就是這方面的一首典型作品，而這一首詩恰可提供自選歌詞安魂曲做為選擇譜曲的材料，根據這首詩譜曲的作曲家有 Peter Cornelius (1824～1874) 和 Max Reger (1873～1916) 等人。

　　在 Hebbel 的《安魂曲》之外，Jón Leifs (1899～1968) 的《安魂曲》是一首父親哀悼稚女的童話詩，充滿了令人感動的親情。 Sandro Gorli (1948～) 的《安魂曲》則是一首現代詩，詩的內容和音樂都充滿現代感，也有非常好的和聲美感。

　　在篇幅上和上述三首詩形成強烈對比的是美國詩人惠特曼 (Walt Whitman, 1819～1892) 的長詩 *"When Lilacs last in the dooryard bloom'd"* (當去年的丁香在庭前綻放)，德國作曲家 Paul Hindemith (1895～1963) 將之譜成一首《「給我們所愛之人」的安魂曲》，以十九世紀的文學結合二十世紀的音樂，在「正視死亡與慰靈的詩情」主題群中它是唯一大型架構的作品。

第一節　Hebbel(詞): 安魂曲 (*Requiem*)

Cornelius (曲): (1863)

M. Reger (曲): op.144b (1915)

　　Friedrich Hebbel (1813～1863) 是德國浪漫派詩人，他的詩常被作曲家譜成藝術歌曲，如上所述，他的一首題為「安魂曲」的詩被 Peter Cornelius 和 Max Reger 等人譜成合唱曲，由於並非教堂儀式的安魂曲，性質與一般世俗合唱曲並無不同，所以在安魂曲的歸類中應該屬於音樂會安魂曲。

　　從詩的結構來看，這首詩作並不算長，它以 *"Seele, vergiß sie nicht, Seele, vergiß nicht die Toten!"* 做為頭句、中句和尾句，其間所包含的兩個詩節表達了這首詩的主要內涵。全詩的內容如下：

靈魂，不要忘記他們，
靈魂，不要忘記死者！

看，他們在你周遭漂浮，
戰慄地被遺棄，
在神聖的灰燼中，
愛，為可憐的人們將它們再度點燃，
他們呼吸取暖，
他們最後一次享受
他們逐漸熄滅的生命。

靈魂，不要忘記他們，
靈魂，不要忘記死者！

啊，如果你不理會他們，
他們就會凍僵到最低點，
然後夜之風暴會抓住他們，
他們會痙攣成一團，
在愛的懷裡抵抗，
它會狂暴地追逐他們，
穿過無盡的沙漠，那兒再也沒有生命，
只有釋放的力量之戰鬥

為求更新的存在。

靈魂，不要忘記他們，
靈魂，不要忘記死者！

　　根據這首詩譜曲的第一個作品出自德國作曲家 Peter Cornelius (1824～1874) 之手，李斯特 (Franz Liszt, 1811～1887) 曾指揮過他的歌劇《巴格達的理髮師》(*Der Barbier von Bagdad*, 1858)，Cornelius 的歌曲和合唱曲有著很好的素質，受到音樂界的肯定。他根據 Hebbel 的詩所譜的《安魂曲》作於 1853 年，正是詩人去世之年，不免多少帶有紀念詩人的意味。不過，此曲仍為音樂會安魂曲，Cornelius 以無伴奏六聲部合唱的編制來處理，全曲長約九分半鐘，沒有分章，但是段落分明，音樂隨詩的內容變化，表現相當豐富。

　　十九、二十世紀之間的跨世紀大師 Max Reger (1873～1916) 在去世的前一年也譜了 Hebbel 的《安魂曲》，編號 op.144b。Reger 採取女中音獨唱、合唱與管弦樂團的編制，演出時間較 Cornelius 的還長約六分鐘 [1]，在架構上 Reger 也不分章，全曲一氣呵成，也有清楚的段落，力度對比相當大，管弦樂的導奏就有兩分多鐘。

第二節　Leifs: 安魂曲 (1949)

1　Roland Bader 指揮 NDR 合唱團的版本全曲是 15 分 24 秒，CD 廠號：Koch Schwann CD 313 004 H1，詳見附錄。

Jón Leifs (1899～1968) 是冰島作曲家，他為了悼念他不幸溺斃的稚女而寫出了另一種風格的自選歌詞安魂曲。這首作品是一首無伴奏混聲合唱曲，是眾多安魂曲中最短的作品，歌詞只有兩段，其意境與十九世紀出於詩人筆下的詩情又完全不同，充滿童詩的語彙，不僅表現出另一種文學的美感，也深刻流露為人父者的一片愛心，很令人感動。歌詞原文為冰島文，下面的文字係著者根據英文譯本轉譯而來：

現在蒲公英在野地裡睡了，老鼠在它長滿青苔的床上，海鷗在巨浪上，葉子在枝上，光在天上，心在石南樹叢上，魚在深處，海豹在多岩的小島上，天鵝在壕溝中，水蜥在池塘中，沒有人助它們入睡。嬰兒們睡在他們軟毛的床上，爹地輕柔唱歌讓他們睡覺。睡吧，我愛，在主的保護中，睡吧，我親愛的女兒。

現在蒲公英在野地裡睡了，老鼠在它長滿青苔的床上，海鷗在巨浪上。從疲倦的工人的茅屋頂上，夜晚罩下了一層夢之紗。讓我們忘記我們的悲傷和憂慮。回家是福份，信主的人將擁有美麗城市的夢想。現在蒲公英在野地裡睡了，老鼠在它長滿青苔的床上，海鷗在巨浪上。睡吧，我愛，在主的保護中，睡吧，我親愛的女兒。

在這樣短短的詩文中，自然不可能也不必要運用到分章的架構，此曲雖原本是一首紀念性安魂曲，但也是一首很美的合唱曲。

第三節　Gorli: 安魂曲

　　意大利作曲家 Sandro Gorli (1948～) 是二次世界大戰之後出生的作曲家，他曾應法國文化部的委託，為 Ensemble Vocal Europen de la Chapelle Royale (皇家教堂歐洲合唱團) 創作一首安魂曲，並獻給 Nathalie Mefano 以表記念，依 CD 出版的時間推測，可能完成於 1986 年至 1989 年之間。此曲的歌詞是一首意大利文的現代詩，文字不多，意境與上述 Hebbel 的《安魂曲》、Leifs 的《安魂曲》又全然不同，沒有一絲宗教味，卻很有現代詩的風味，音樂也很美。此曲雖然不長 (約 14 分鐘)，文字也不多，但在架構上卻分為五段小曲，各段的內容如下：

No.1
死，我們還在死…

No.2
小孩，當我死時，讓我成為小孩，一個最小的小孩。
將我抱在你的手臂裡，帶我進你的屋子。
除去我疲倦的、人的存在，將我擺在你的床上。
講故事給我聽，哄我入睡。
把你的夢送給我當玩具。

No.3
將我抱在你的手臂裡，永恆的夜，稱呼我為你的兒子。

No.4

柔和的，柔和的，非常柔和地吹過一陣柔和的風，輕巧地
來吧，濕潤的夜晚之明亮的蒼白…
輕巧地來吧，看不見的骨灰，無眠的厭倦。

No. 5
爸爸，爸爸，為何離棄我？
安息。

第四節　Hindemith: 當去年的丁香在庭前綻放—「給我們所愛之人」的安魂曲 (1946)

　　Paul Hindemith (1895～1963) 是德國音樂家，也是二十世紀的重要作曲家之一，在二次大戰期間曾避居美國，也曾入了美國籍。他有一首題為「當去年的丁香在庭前綻放—『給我們所愛之人』的安魂曲」，創作緣由係應美國 Collegiate Chorale 合唱團創辦人 Robert Shaw (1916～) 的委託，為紀念甫於大戰結束不久即不幸病逝的美國總統羅斯福 (Franklin D. Roosevelt, 1882～1945) 而作。為此，他選擇美國詩人惠特曼 (Walt Whitman, 1819～1892) 的長詩 "When Lilacs last in the dooryard bloom'd" (當去年的丁香在庭前綻放) 做為譜曲的歌詞。眾所皆知，這首長詩是惠特曼悼念林肯總統的著名詩作之一。 Hindemith 將之取用，當然不會是為了要紀念林肯，而是要在紀念羅斯福之際，藉著這樣的內容，使羅斯福受人悼念的程度能與當年林肯被人追思景仰的情況相比擬，但作曲家也並不希望他寫作這首安魂曲的意義僅止於此，他加了一個副標題 "a Requiem 'For Those we *love'*"表明是「『給（那些）我們所愛之人』的安魂曲」。可見，作曲家雖受限於歌詞內容與創作原因，但他希望此曲能對所有我們所愛的人表達一份哀思。

　　由於惠特曼的詩是十九世紀的，Hindemith 的音樂是二十世紀的，所以結合十九世紀美國詩與二十世紀德國音樂的這樣的一個作品自有其不可忽視的獨特性。惠特曼的詩很長，充分流露十九世紀美國詩的風格，而作曲家 Hindemith 來自主導近代西方音樂發展的德國，他個人在現代音樂又有極重要的地位，其音樂語法與風格在此一大型作品中亦有十足的發揮。

　　從「正視死亡與慰靈的詩情」這個主題的角度來看，《**當去年的丁香在庭前綻放**》以超越一般短詩的長大篇幅來悼念一位知名的政治家，但並未變成歌功頌德的文章，而仍能保持詩的意境，也不斷觸及死亡的思緒（尤其是第十四節），所以雖然長，還是可以放在這個主題群裡。

　　原詩有十六節，作曲家全部採用，音樂上卻有十二章，詩節與樂章的搭配是這樣的：

　　第一章：前奏曲（管弦樂團）

　　第二章：詩節 I, II, III（男中音獨唱與合唱）

　　第三章：詩節 IV（次女高音的詠敘調）

　　第四章：詩節 V, VI, VII（合唱與男中音的進行曲）

　　第五章：詩節 VIII（男中音與合唱）

　　第六章：詩節 IX（次女高音的詠敘調）

　　第七章：詩節 X, XI 的前半（男中音與合唱的「歌」）

　　第八章：詩節 XI 的後半，XII（導奏與賦格，合唱）

　　第九章：詩節 XIII, XIV（次女高音與男中音的獨唱與二重唱）

　　第十章：詩節 XIV 後面的「死亡頌歌」（合唱）

　　第十一章：詩節　XV (男中音的獨唱與合唱)

　　第十二章：詩節　XVI (男中音與次女高音的獨唱及合唱之終

　　　　　　　曲)

　　從上面的安排可看出，除了詩節與樂章的搭配之外，作曲家在編制上也有一些配合的做法。這個作品使用了兩個獨唱者，一個合唱團和一個管弦樂團。獨唱者的運用，避開一般常見的男高音與女高音而用男中音與次女高音，應該是基於音色的考量，因為這兩種音色都沒有男、女高音那麼明亮，但偏暗一點也許比較適合哀傷的氣氛。就詩的敘述而言，男中音明顯地用來表現詩中「我」的部分，所以用得最多，但並非都是純獨唱，反而在大多數情況下常與合唱合併運用 (第二、第四、第五、第七和第十一章)。次女高音的運用與詩的內容的配合更為明顯，都是詩中當對著一隻畫眉鳥述說之時使用。兩首次女高音的獨唱，作曲家把它們全部處理成詠敘調 (第三與第六章)。男中音與次女高音的獨唱與二重唱只用在第九章，而兩次純合唱則安排在之前的第八章和其後的第十章，最後的終曲才將男中音、次女高音與合唱全部投入。仔細觀察詩節、樂章與編制的狀況，作曲家在全曲架構的安排上這三者是有密切的關聯的。各章及各詩節的結合狀態與文字內容如下 註2：

No. 1　Prelude　前奏曲

No. 2　Quiet　平靜 (Bariton and Chorus 男中音與合唱)

I

When lilacs last in the dooryard bloom'd,

And the great star early droop'd in the western sky in the night.

2　中文翻譯可參看：〈當去年的紫丁香在庭前綻放〉，收於《草葉集》，惠特曼著，吳潛誠譯。台北 (華新出版公司)，1976。頁 239～ 256。

I mourn'd, and yet shall mourn with ever-returning spring.

Ever-returning, trinity sure to me you bring.

Lilac blooming perennial and drooping star in the west,

And thought of him I love.

II

O powerful western fallen star!

O shades of night— O moody, tearful night!

O great star disappear'd— O the black murk that hides the star!

O cruel hands that hold me powerless— O helpless soul of me!

O harsh surrounding cloud that will not free my soul.

III

In the dooryard fronting an old fram-house near the white-wash'd palings,

Stands the lilac-bush tall-growing with heart-shaped leaves of rich green.

With many a pointed blossom rising delicate, with the perfume strong I love.

With every leaf of a miracle— and from this bush in the dooryard,

With delicate-color'd blossoms and heart-shaped leaves of rich green,

A spring with its flower I bread.

No.3 Arioso 詠敘調 (Mezzo-Soprano solo 次女高音獨唱)

IV

In the swamp in the secluded recesses,

A shy and hidden bird is warbling a song.

Solitary the trash,

The hermit withdrawn to himself, avoiding the settelements,

Sings by himself a song.

Song of the bleeding throat,

Death's outlet song of life (for well dear brother I know,

If thou wast not granted to sing thou would'st surely die).

No.4　March　進行曲 (Chorus and Baritone　合唱與男高音)

V

Over the breast of the spring, the land, amid cities,

Amid lanes and through old woods, where lately the violets peep'd from the ground, spotting the gray debris,

Amid the grass in the fields each side of the lanes, passing the endless grass,

Passing the yellow-spear'd wheat, every grain from its shroud in the dark-brown fields uprisen,

Passing the apple-tree blows of white and pink in the orchards,

Carring a corpse to where it shall rest in the grave,

Night and day journeys a coffin.

VI

Coffin that passes through lanes and streets,

Through day and night with the great cloud darkening the land,

With the pomp of the inloop'd flags with the cities draped in black,

With the show of the States themselves as of crape-veil'd women standing,

With processions long and winding and flambeaus of the night,

With the countless torches lit, with the silent sea of faces and the unbeard heads.

With the waiting depot, the arriving coffin, and the sombre faces,

With dirges through the night, with the thousand voices rising strong and solemn,

With all the mournful voices of the dirges pour'd around the coffin,

The dim-lit churches and the shudering organs— where amid these you journy,

With the tolling tolling bells' perpetual clang,

Here, coffin that slowly passes,

I give you my sprig of lilac.

VII

(Nor for you, for one alone,

Blossoms and branches green to coffins all I bring,

For fresh as the morning, thus would I chant a song for you O sane and sacred death.

All over bouquets of roses,

O death, I cover you over with roses and early lilies,

But mostly and now the lilac that blooms the first,

Copious I break, I break the sprigs from the bushes,

With loaded arms I come, pouring for you,

For you and the coffins all of you O death.)

No.5　(Baritone and Chorus　男中音與合唱)

VIII

O western orb sailing the heaven,

Now I know what you must have meant as a month since I walk'd,

As I walk'd in silence the transparent shadowy night,

As I saw you had something to tell as you bent to me night after night,

As you droop'd from the sky low down as if, to my side (while the other stars all look'd on),

As we wander'd together the solemn night (for something I know not what kept me from sleep),

As the night advanced, and I saw on the rim of the west how full you were of woe,

As I stood on the rising ground in the breeze in the cool transparent night,

As I watch'd where you pass'd and was lost in the netherward black of the night,

As my soul in its troube dissatisfied sank, as where you sad orb,

Concluded, dropt in the night, and was gone.

No.6　Arioso　詠敘調 (Mezzo-Soprano Solo 次女高音獨唱)

IX

Sing on there in the swamp,

O singer bashful and tender, I hear your notes, I hear your call,

I hear, I come presently, I understand you,

But a moment I linger, for the lustrous star has detain'd me,

The star my departing comrade holds and detains me.

No.7　Song　歌 (Baritone and Chorus 男中音與合唱)

X

O how shall I warble myself for the dead one there I loved?

And how shall I deck my song for the large sweet soul that has gone?

And what shall my perfume be for the grave of him I love?

Sea-winds blown from east and west,

Blown from the Eastern sea and blown from the Western sea, till there on the prairies meeting.

These and with these and the breath of my chant,

I'll perfume the grave of him I love.

XI

O what shall I hang on the chamber walls?

And what shall the pictures be that I hang on the walls,

To adorn the burial-house of him I love?

Pictures of growing spring and farms and homes,

With the Fourth-month eve at sundown, and the gray smoke lucid and bright,

With floods of the yellow gold of the gorgeous, indolent, sinking sun, burning, expanding the air.

No. 8　Introduction and Fugue 導奏與賦格 (Chorus 合唱)

With the fresh sweet herbage under foot, and the pale green leaves of the trees prolific,

In the distance the flowing glaz, the breast of the river, with a wind-dapple here and there,

With ranging hills on the banks, with many a line against the sky, and shadows,

And the city at hand with dwellings so dense, and stacks of chimneys,

And all the scenes of life and the workshops, and the workmen homeward returning.

XII

Lo, body and soul— this land,

My own Manhattan with spires, and the sparkling and hurring tides, and the ships,

The varied and ample land, the South and the North in the light, Ohio's shores and flashing Missouri,

And ever the far-spreading prairies cover'd with grass and corn.

Lo, the most excellent sun so calm and haughty,

The violet and purple morn with just-felt breezes,

The gentle soft-born measureless light,

The miracle spreading bathing all, the fulfill'd noon,

The coming eve delicious, the welcome night and the stars.

Over my cities shining all, enveloping man and land.

No.9　Soli and Duet　獨唱與二重唱 (Mezzo-Soprano and Bariton Soli, Duet　次女高音與男中音獨唱、二重唱)

XIII

Sing on, sing on you gray-brown bird,

Sing from the swamps, the recesses, pour your chant from the bushes,

Limitless out of the dusk, out of the cedars and pines.

Sing on dearest brother, warble your reedy song,

Loud human song, with voice of uttermost woe.

O liquid and free and tender!

O wild and loose to my soul— O wondrous singer!

You only I hear— yet the star holds me (but will soon depart,)

Yet the lilac with mastering odor holds me.

XIV

Now while I sat in the day and look'd forth,

In the close of the day with its light and the fields of spring, and the farmers preparing their crops,

In the large unconscious scenery of my land with its lakes and forests,

In the heavenly aerial beauty, (after the perturb'd winds and the storms,)

Under the arching heavens of the afternoon swift passing, and the voices of children and women,

The many-moving sea-tides, and I saw the ships how they sail'd,

And the summer approaching with richness, and the fields all busy with labor,

And the infinite separate houses, how they all went on, each with its meals and minutia of daily usages,

And the strets how their throbbings throbb'd, and the cities pent— lo, then and there,

Falling upon them all and among them all, enveloping me with the rest,

Appear'd the cloud, appear'd the long black trail,

And I knew death, its thought, and the sacred knowledge of death.

Then with the knowlegde of death as walking one side of me,

And the thought of death close-walking the other side of me,

And I in the middle as with companions, and as holding the hands of companions,

I fled forth to the hiding receiving night that talks not,

Down to the shores of the water, the path by the swamp in the dimness,

To the solemn shadowy cedars and ghostly pines so still.

And the singer so shy to the rest receiv'd me,

The gray-brown bird I know receiv'd us comrades three,

And he sang the carol of death, and a verse for him I love.

From deep secluded recesses,
From the fragrant cedars and the ghostly pines so still,
Come the carol of the bird.

And the charm of the carol rapt me,
As I held as if by their hands my comrades in the night,
And the voice of my spirit tallied the song of the bird.

No.10　Death Carol　死亡頌歌 (Chorus 合唱)

Come lovely and soothing death,
Undulate round the world, serenely arriving, arriving,
In the day, in the night, to all, to each,
Sooner or later delicate death
Prais'd be the fathomless universe,
For life and joy, and for objects and knowledge curious,
And for love, sweet love — but praise! praise! praise!
For the sure-enwinding arms of cool-enfolding death.

Dark mother always gliding near with soft feet,
Have none chanted for thee a chant of fullest welcome?
Then I chant it for thee, I glorify thee above all,
I bring thee a song that when thou must indeed come, come unfalteringly.

Approach strong deliveress,
When it is so, when thou hast taken them I joyously sing the dead,

Lost in the loving floating ocean of thee,
Laved in the flood of thy bliss O death.

From me to thee glad serenades,
Dances for thee I propose saluting thee, adornments and feastings for thee,
All the sights of the open landscape and the high-spread sky are fitting,
And life and the fields, and the huge and thoughtful night.

The night in silence under many a star,
The ocean shore and the husky whispering wave whose voice I know,
And the soul turning to thee O vast and well-veil'd death,
And the body gratefully nestling close to thee.

Over the tree-tops I float thee a song,
Over the rising and sinking waves, over the myriad fields and the prairies wide,
Over the dense-pack'd cities all and the teeming wharves and ways,
I float this carol with joy, with joy to thee O death.

No.11　Solo and Chorus　獨唱與合唱 (Baritone and Chorus 男中音與合唱)

XV

To the tally of my soul,
Loud and strong kept up the gray-brown bird,
With pure deliberate notes spreading filling the night.

Loud in the pines and cedars dim,

Clear in the freshness moist and the swamp-perfume,

And I with my comrades there in the night.

While my sight that was bound in my eyes unclosed,

As to long panoramas of visions.

And I saw askant the armies,

I saw as in noiseless dreams hundreds of battle-flags,

Borne through the smoke of the battles and pierc'd with missiles I saw them,

And carried hither and yon through the smoke, and torn and bloody,

And at last but a few shreds left on the staffs (and all in silence,)

And the staffs all splinter'd and broken.

I saw battle-corpses, myriads of them,

And the white skeletons of young men, I saw them,

I saw the debris and debris of all the slain soldiers of the war,

But I saw they were not as was thought,

They themselves were fully at rest, they suffer'd not,

The living remain'd and suffer'd, the mother suffer'd,

And the wife and the child and the musing comrade suffer'd,

And the armies that remain'd suffer'd.

No.12　Finale　終曲 (Baritone and Mezzo-Soprano Soli, Chorus 男中音與次女高音獨唱，合唱)

XVI

Passing the visions, passing the night,

Passing, unloosing the hold of my comrades' hands,

Passing the song of the hermit bird and the tallying song of my soul,

Victorious song, death's outlet song, yet varying ever-altering song,

As low and wailing, yet clear the notes, rising and falling, flooding the night,

Sadly sinking and fainting, as warning and warning, and yet again bursting with joy,

Covering the erath and filling the spread of the heaven,

As that powerful psalm in the night I heard from recesses,

Passing, I leave thee lilac with heart-shaped leaves,

I leave thee there in the door-yard, blooming, returning with spring.

I cease from my song for thee,

From my gaze on thee in the west, fronting the west, communing with thee,

O comrade lustrous with silver face in the night.

Yet each to keep and all, retrievements out of the night,

The song, the wondrous chant of the gray-brown bird,

And the tallying chant, the echo arous'd in my soul,

With the lustrous and drooping star with the countenance full of woe,

With the holders holding my hand nearing the call of the bird,

Comrades mine and I in the midst, and their memory ever to keep, for the dead I loved so well,

For the sweetest, wisest soul of all my days and lands— and this for his dear sake,

Lilac and star and bird twined with the chant of my soul,

There in the fragrant pines and the cedars dusk and dim.

第六章

自選歌詞安魂曲的內容與架構（三）

安魂曲做為一種

社會關懷、反戰與國殤

　　從死亡的詩情走出來，換一種眼光和心情來看死亡的問題，其實它明顯反映了社會現象。看看社會上各種不同死亡事件的發生，探討其不同的背景原因，這些往往提供我們社會問題的反思，也促使我們再次去尊重生命的存在和人的尊嚴與價值。用這種態度來寫安魂曲，Kurt Weill (1900～1950) 在 1928 年創作的《柏林安魂曲》(*Das Berliner Requiem*) 是這方面的第一個作品。

　　不過，社會問題也常常是時代問題，而時代不論如何改變，每一個時代的重大問題之一可能就是戰爭。二十世紀的兩次世界大戰帶給各國空前的慘重破壞和無數人口的傷亡，教現代人不得不正視戰爭的可怕，因戰爭而死亡的人也令人追思悼念，因而在這種背景之下反戰的安魂曲和紀念陣亡軍人的安魂曲也就應運而生。反戰的安魂曲以英國作曲家 Benjamin Britten (1913～1976) 的《戰爭安魂曲》(*War Requiem*) 最為知名，紀念陣亡軍人的安魂曲則有俄國作曲家 Dmitri Kabalevsky (1904～1987) 的《安魂曲》和愛沙尼亞的作曲家 Eduard Tubin (1905～1982) 的《陣亡士兵安魂曲》(*Requiem for Fallen Soldiers*)。這兩首紀念陣亡軍人的安魂曲都有強烈的愛國主義的意識形態，雖然 Kabalevsky 的《安魂曲》也有一點反戰的文字內容，但兩者仍可以說是一種以音樂形式表現出來的「國殤」。

第一節　Weill: 柏林安魂曲 (1928)

Kurt Weill (1900～1950) 本是德國人，1935 年到美國發展以後入美國籍而成為德裔美國作曲家。在德國時他曾和當代詩人 Bertolt Brecht (1898～1956) 合作，將《乞丐歌劇》改寫成《三分錢歌劇》(*Dreigroschenoper*, 1928) 甚獲成功。《柏林安魂曲》(*Das Berliner Requiem*) 與《三分錢歌劇》屬同一年的創作，是他與 Brecht 的另一次合作。Weill 之所以有這個作品是因為接受了法蘭克福廣播電台的委託創作一首曲子，而當時廣播是一種新興的重要傳播媒體，Weill 對之極感興趣。他以 Brecht 的詩做為譜曲的材料，意在嘗試表達大城市人們的感受，也是為他們而寫的。

《柏林安魂曲》在編制上使用了一名男高音、一名男中音、一個男聲合唱團、一個管樂團、再加吉他、班究琴 (Banjo) 和打擊樂器，形式上是一個清清楚楚的歌詠曲 (Kantate) [1]，若不是歌詞內容及標題的關係，實在不像一般以為的安魂曲。歌詞包含五段不同的文字內容，但第一段的材料在全曲的尾段（第六

1　這個源自意大利文 Cantata 的名詞，幾乎各國語言都用音譯，例如 Cantata【英】Cantate【法】Kantate【德】康塔塔【漢】，過去曾有「清唱劇」的舊譯，因實質上這種音樂既非清唱亦非劇，不應繼續採用，著者認為，如要意譯，可比照「奏鳴曲」(Sonata) 的翻譯原則，將其譯為歌詠曲。

段）重複使用一次，形成音樂上有六個樂章的架構，並具有首尾
一致的統一感。中間的四章，有兩章是關於一個淹死的少女，另
兩章是關於一個無名士兵之死，由於敘事性很強，作曲家用歌詠
曲的形式處理倒也沒有什麼不妥。Weill 自稱這是一個「世俗安
魂曲」(ein weltliches Requiem)，一種「紀念碑文、墓誌銘和悼
亡歌曲的剪輯，它們符合了最廣大的民眾階層的感覺與觀點」註
2。對於歌詞內容的理解，聽者如果能加入一些第一次世界大戰
及戰後社會狀況的想像，應能對於詩中意境的體會有些幫助 註
3。從內容方面看，這首安魂曲的諷刺性和社會批判意味很強，
出發點則是一種社會關懷，特別是弱勢的小人物。從音樂方面看，
在安魂曲的類型中此曲屬於歌詠曲形式的音樂會安魂曲，風格與
觀念在當時算是相當前衛的。全曲的內容如下：

I. Großer Dankchoral　偉大謝頌（男聲合唱）
　　要讚美籠罩你們的夜晚和黑暗，
　　起來，
　　望向天空，
　　白天對你們而言已經過去了。

　　要衷心讚美天空的不佳記憶，
　　他既不知你們的名字也不知你們的面貌，
　　沒有人知道你們還在。

2　Harmonia Mundi HMC 901422：Kurt Weill：*Berliner Requiem; Vom Tod im Wald; Violinkonzert.*　CD 隨片解說小冊子，頁 21.
3　Brecht 的原詩收於《Bertolt Brecht 選集》("*Gesammelte Werke*", © Suhrkamp Verlag Frankfurt am Main 1967)。

要讚美在你們身旁生活與死亡的草與動物，
你們看，草與動物像你們一樣生活，
也必跟著你們死亡。

要讚美寒冷、黑暗、與腐壞！
向上看啊，
與你們無關，
你們可無憂無慮地死去。

II. Ballade vom ertrunkenen Mädchen　溺斃少女的敘事歌
（男聲合唱）
當她淹死向下漂流，
從小溪到大河，
天空的玻璃紗顯得非常奇特，
有如它必須安慰屍體一般。

水草與藻類攔住了她，
所以她就慢慢變得更為沉重，
魚類在她的腿邊冷漠地游著，
植物和動物更加重了她的最後之旅。

天空在晚上變得黑暗如煙，
並以星星給予黑夜閃爍之光。
但是早上它就變得明亮，如此也就
給了她早與晚。

當她蒼白的屍體在水中腐爛，
事情 (很慢地) 在進行著，上帝對她漸漸遺忘了，
先是她的臉，然後是手，最後是她的頭髮，
然後她就變成河中的腐屍，與許多腐屍在一起。

III. Marterl　　死難者紀念碑 (男高音獨唱、合唱)
　少女約翰娜・貝克在此安息。
　她當死時，她的貞潔已先失去，
　男人們使她瀕臨絕境，
　所以她逃脫此一甜美的生命。
　溫順地安息。

IV. Erster Bericht über den Unbekannten Soldaten unter
dem Triumphbogen　　關於凱旋門下不明士兵的第一次報告
(合唱、男高音獨唱)
　我們從山上和海上來殺他，我們用繩索捕捉他，長度足夠
　從莫斯科到馬賽市。並架起大砲，指向一旦他看到我們時
　他能逃去的每一個方向和地點。

　我們聚集四年之久，放下我們的工作，站在崩塌的城市中，
　從高山到大海，只要是他在的地方，我們以多種語言彼此
　互相召集，就在第四年我們殺了他。

　他生來注定要看到那些在他死時站在現場的人：我們大家。
　此外還有一個女人，她生下了他，當我們逮到他，她不作
　聲，但願她的子宮從她身上拆掉！阿們！

然後他們殺了他,我們再對他動手腳,我們用拳頭打得讓
他面目全非。我們把他弄成無可辨認,他不再是任何人的
兒子。

我們將他從礦砂底下挖出來,運回我們的城市,並將他埋
在石頭下面,而且是在一個拱門下,它叫做凱旋門。它重
達一千公擔,使不明士兵在末日審判時絕對無法起身,無
從辨認,走近上帝,重見光明,指認我們接受公義的制裁。

V. Zweiter Bericht über den Unbekannten Soldaten unter dem Triumphbogen　關於凱旋門下不明士兵的第二次報告

(男中音獨唱)

我們告訴你們一切關於不明士兵之謀殺與死亡,以及他的
臉部之摧毀,還有我們告訴你們關於他的兇手力圖阻止他
再度回來,都是真的,但他不會回來了。

他的臉和你們的一樣鮮活,直到它被摧毀,不再存在,在
這個世界上不會再被看到,整張的不會,搗碎的也不會,
今日不會,時間的終了也不會。他的嘴在末日審判時不會
說話:那就沒有審判。

然而你們的弟兄死了,覆在他身上的石頭也是死的,我對
每一項嘲諷表示遺憾並撤回我的告訴。

但是我求你們安靜,因為你們一度殺了他,不要再開始爭
吵,他到底死了,因為你們殺了他,但是我倒是要請求,
至少移開覆在他上面的石頭,因為這個凱旋怪物毫無必要,

只會使我們操心，因為我原已經忘掉了那個被殺的人，他
使我每天想到你們，你們當中那些人還活著，你們當中那
些人還未被殺——究竟為什麼？

VI. Großer Dankchoral 　　偉大謝頌 （合唱）
要讚美籠罩你們的夜晚和黑暗，
起來，
望向天空，
白天對你們而言已經過去了。

要讚美寒冷、黑暗、與腐壞！
向上看啊，
與你們無關，
你們可無憂無慮地死去。

第二節　Britten: 戰爭安魂曲(1961)

英國作曲家 Benjamin Britten (1913～1976) 的《戰爭安魂
曲》(*War requiem*) 作於第二次世界大戰之後，是他的代表作之
一，也是他個人相當知名的作品。經歷了兩次世界大戰，他作此
曲的目的相當明顯，就是要警告世人戰爭的可怕，希望世人共同
消弭戰爭。他引用英年早逝的英國反戰詩人 Wilfred Owen (1893
～1918) 的話強調說：*"My subject is War, and the pity of War. The
Poetry is in the pity… All a poet can do today is warn."* Britten 採
取傳統亡者彌撒的拉丁文歌詞與 Owen 的九首詩做為譜曲的材
料。拉丁文歌詞及其曲目在於提供安魂曲一個基本的框架，真正

的主題在於英詩的部分，因為這一部分和戰爭相關，直接反映全
曲主旨。

　　在歌詞的處理上，拉丁文與英文兩種語文或交替進行，或
互相穿插，由獨唱歌手（女高音、男高音與男中音）與合唱（混
聲合唱與男童合唱）很有變化地表現出來。綜觀全曲，可以很明
顯地看出，Britten 原則上是使用獨唱與合唱來區別兩種不同文
字內容，即男高音、男中音的獨唱或二重唱表現的是英詩的部分，
而合唱、男童合唱、女高音獨唱或女高音與合唱則表現拉丁文的
部分。

　　在架構上，Britten 將《戰爭安魂曲》設計為六大章，每一
大章用亡者彌撒各章的拉丁文歌曲為標題，共有：I. Requiem
aeternam（進堂曲—安息經），II. Dies irae（震怒之日），III.
Offertorium（奉獻曲），IV. Sanctus（聖哉經），V. Agnus Dei（羔
羊讚），VI. Libera me（答唱曲—安所經）。和全套完整九首的歌
曲相比，看起來好像少了什麼，少掉的是垂憐曲（Kyrie）、階台
經（Graduale）和領主曲（Communio），但是實質上其中垂憐
曲並沒有真的缺少，它緊跟在 Owen 的第一首詩之後，只是沒
有標示出來，所以只少了兩首。不過，整個作品因為還有 Owen
的英詩穿插進來，這兩首歌應該是作曲家經過選擇後有意的略
去，而事實上整個作品已經相當龐大了。

　　Owen 的詩原作共有九首，雖然是第一次世界大戰的背景產
物，但即使在第二次世界大戰之後拿來做為反戰的材料也沒有不
適之處，反而可以令人將兩次大戰的殘酷可怕印象合併在一起。
Owen 的詩 Britten 全部採用，因此九首英詩如何和六首傳統的
安魂曲歌詞相互融合，在內容安排上可以看出作曲家的苦心。下
面將各章的結合情況略作說明如下：

　　第一章是進堂曲，除使用亡者彌撒的安息經做為進堂曲之

外，還跟著 Owen 的第一首詩（英文原詩：1. "*Anthem for doomed youth*"），英詩之後則是簡短的垂憐曲(Kyrie)，但沒有另行編號，所以雖然內容上有三首歌，但只有兩個曲碼。

I. Requiem aeternam　　安息經

No. 1　Requiem aeternam　　永恒的安息　【拉】

（〔混聲〕合唱與男童合唱）

　　（〔混聲〕合唱）

　　　主啊，請你賜給他們永遠的安息，並以永恒之光照耀他們。

　　（男童合唱）

　　　上帝啊，你在錫安當受頌讚，亦當在耶路撒冷接受還願。求你垂聽我的祈禱，凡有血肉的都到你的跟前。

　　（合唱）

　　　主啊，求你賜給他們永遠的安息，並以永恒之光照耀他們。

No. 2　What passing bells for these who die as cattle

為這些死得像牲畜般的人敲什麼喪鐘？（男高音）

　　為這些死得像牲畜般的人敲什麼喪鐘？

　　只有槍砲的怪獸般怒吼，

　　只有結巴的步槍快速的嘎嘎響

　　能啪噠出他們急促的祈禱。

　　禱告或鐘聲沒有給他們嘲弄，

　　沒有任何哀悼聲音，除了合唱—

　　號嘯的砲彈刺耳錯亂的合唱；

　　來自悲哀各郡的號角召喚他們。

　　什麼蠟燭可以拿著送他們全體上路？

　　不在男孩的手裡，但在他們的眼裡

將亮起告別的神聖微光。

女孩眉頭的蒼白將是他們的柩衣;

他們的花是沉默之心的溫柔,

而每一個緩慢的薄暮是窗簾的一個下拉。

(合唱)

　上主,求你垂憐;基督,求你垂憐;上主,求你垂憐。

　第二章是續抒詠—震怒之日,它的歌詞相當冗長,內容則是浪漫時期以來作曲家所樂於發揮的,可以說幾乎成了安魂曲表現的重點,一般都分割成多章處理,Britten 也不例外。他將續抒詠分割成 Dies irae (震怒之日)、Liber scriptus (展開案卷)、Recordare Jesu pie (慈悲耶穌,求你垂念)、Dies irae (震怒之日)、Lacrimosa (悲傷流淚) 五首曲子。中間再分別插入 Owen 的英詩 *Bugles sang, saddening the evening air* (「號角唱,悲哀瀰漫夜晚的空氣」,原詩 2. "*Voices*"), *Out there, we've walked quite friendly up to Death* (「在那兒,我們頗為友善地走向死神」,原詩 3. "*The next war*"), *Be slowly lifted up, thou long black arm* (「慢慢舉起,你黑而長的臂膀」,原詩4. "*On seeing a piece of our artillery brought into action*") 和 *Move him into the sun* (「把他抬到陽光下」,原詩 5. "*Futility*"),最後再以續抒詠的末句「慈悲的主耶穌,請賜他們安息。阿們。」做為這一章的結束。總計這一章共有九首歌曲 (No.3～No.11),注意最後一曲 (No.11) 不是只有英文,中間還有拉丁文「*那是悲傷流淚的日子*」「*當人從塵土復活之時*」「*有罪之人即將受審*」三句的巧妙穿插,以及「*慈悲的主耶穌,請賜他們安息。阿們。*」做為結尾。本章各首歌曲的內容如下:

II. Dies irae　續抒詠

　No. 3　Dies irae　震怒之日　【拉】(合唱)

那一日是震怒之日，世界瓦解燒成灰燼，大衛和西比拉有言。

將來何其惶恐，當審判者降臨，嚴格查察一切。

號角神奇的響聲，傳遍各地的墳墓，催眾生來寶座前。

死與自然同感顫慄，當所有被造者復活，答覆審判者的詢問。

No. 4　Bugles sang, saddening the evening air
號角唱，悲哀瀰漫夜晚的空氣（男中音）

號角唱，悲哀瀰漫夜晚的空氣；

號角答，叫人聽了哀傷。

男孩們的聲音在河邊。

睡神像母親般地照顧他們，留下黃昏悲傷。

明日的陰影重壓著男人。

古老沮喪的聲音靜下來，

臣服於明日的陰影，睡著了。

No. 5　Liber scriptus　展開案卷　【拉】
（女高音）

攤開書寫的案卷，一切皆記在其中，世界要依此受審。

於是當審判者就座，凡有隱匿皆將暴露，沒有倖免不受懲罰。

（合唱）

可憐我屆時將說什麼？能向哪位保護者求告？就連義人也差堪自保。

（女高音與合唱）

威嚴震懾的君王，你義務施行拯救，慈悲之泉請救我。

No. 6　Out there, we've walked quite friendly up to Death　在那兒，我們頗為友善地走向死神

（男高音與男中音）

在那兒，我們頗為友善地走向死神：

坐下來和他一起用飯，冷淡而清醒，

原諒他把我們手中的飯盒打翻。

我們聞到了他呼吸的綠色濃厚氣味，

我們的眼睛流淚，但我們的勇氣沒有退縮。

他向我們吐子彈，他咳出榴霰彈。當他高歌，我們合唱；

當他用他的大鎌刀刮我們，我們吹口哨。

哦，死神從不是我們的敵人！

我們嘲笑他，我們與他結為老伙伴。

沒有士兵受雇去抵抗他的力量。

我們笑，知道更好的男人將要來到，

而更大的戰爭亦然；當每一個驕傲的戰士自誇，

他與死神爭戰—為生命；不是男人—為旗幟。

No. 7　Recordare Jesu pie　慈悲耶穌，求你垂念　【拉】

（合唱）

仁慈的耶穌求你垂念，爲我之故你走過苦路，莫在那日
子讓我毀滅。

你找尋我，疲累不堪，爲救贖我十字架受難，如此勞瘁
可不能落空。

善惡有報的公正審判者，請賜恩典赦免我的罪愆，在那
清算日子來臨之前。

我歎息如被告，罪過使我臉紅，上帝饒我懇求。

你赦免了馬利亞，垂聽強盜的悔罪，也要給予我希望。

我的祈禱乃是不配，但求你能仁慈寬待，莫喪我於永火
焚燒。

置我於綿羊群中，使我與山羊分離，在你的右邊站立。

一旦惡人判決，投入熊熊烈火，請召我入聖徒。

我向你伏跪哀懇，內心悲痛如死灰，請關懷我的終局。

No. 8　Be slowly lifted up, thou long black arm
慢慢舉起，你黑而長的臂膀（男中音）

慢慢舉起，你黑而長的臂膀，

巨砲聳往天上，就要咒罵；

到達那樣的傲慢，它需要你的傷害，

把它打下來，趁它罪行愈發重大之前，

但是當你的符咒完全施放，

願上帝詛咒你，並把你從我們的心靈割離！

No. 9　Dies irae　震怒之日　【拉】（合唱）
那一日是震怒之日，世界瓦解燒成灰燼，大衛和西比拉有言。

將來何其惶恐，當審判者降臨，嚴格查察一切。

No. 10　Lacrimosa　悲傷流淚　【拉】（女高音與合唱）
那是悲傷流淚的日子，當人從塵土復活之時。

有罪之人即將受審，上主啊，請赦免我。

No. 11　Move him into the sun　把他抬到陽光下
（男高音）

把他抬到陽光下，

昔日它的撫觸溫和地使他醒來，

在家，未播種的田野低語。

它總喚醒他，即使是在法國，

直到今晨以及這場雪。

如果現在還有任何事情可鼓舞他，

仁慈的老太陽會知道。

（女高音與合唱）

那是悲傷流淚的日子…

（男高音）

想想它如何使種子醒來，

它從前如何使冷冷星球的塵土醒來。

四肢，付出如此高昂代價？

軀幹，全然強健—仍然溫暖，太難搖醒？

為此塵土長高了？

（女高音與合唱）

…當人從塵土復活之時…

（男高音）

為此塵土長高了？

（女高音與合唱）

…有罪之人即將受審…

（男高音）

哦，是什麼驅使愚蠢的陽光忙著

就是要打擾大地的睡眠？

（合唱）

慈悲的主耶穌，請賜他們安息。阿們。

　　第三章的奉獻曲比照 Palestrina 以來的習慣，分割為兩曲，Britten 將 Owen 的英詩 *So Abram rose, and clave the wood, and went*（「於是亞伯蘭起身，劈柴，出發」）置於後半，再將拉丁文奉獻曲的後半歌詞接上去。值得注意的是 Owen 的原詩 6. "*The Parable of the Old Men and the Young*" 雖是聖經舊約故事的改寫，但具有十足的諷刺意味，這可以從他將亞伯拉罕的名字改回先前的亞伯蘭清楚地看出來。第三章在形式上只有下列兩曲，但實質上 Owen 的英詩是插在前後兩半的拉丁文奉獻曲之間。

　　III. Offertory　奉獻曲

No. 12　Domine Jesu Christe, Rex gloriae
主耶穌基督，榮耀的君王【拉】

（男童合唱）

主耶穌基督，光榮的君王，請你拯救所有已故信徒的靈
魂脫離地獄與深淵的刑罰，解救他們脫離獅子之口，
不讓他們被地獄吞噬，不墜入黑暗。

（合唱）

但請聖米迦勒天使長帶領他們進入神聖的光明之境，
如同昔日你曾應許亞伯拉罕和他的子孫。

No. 13　So Abram rose, and clave the wood, and went
於是亞伯蘭 註4 起身，劈柴，出發

（男高音與男中音）

於是亞伯蘭起身，劈柴，出發，
帶著火種和一把刀。
當他們二人一塊兒行進，
頭胎出生的以撒說：爸爸，
你看預備的東西，火種和鐵器都有了，
但是做為燒化祭的羔羊在哪？

4　亞伯蘭是亞伯拉罕 (Abraham) 九十九歲之前的名字，據聖經創世記十
七章 1～5 節，他在那年奉上帝的指示改名為亞伯拉罕，這個名字跟希伯來
語「許多國家的祖宗」發音相近，上帝要他改名正是要立他做許多國家的祖
宗。後來上帝命令亞伯拉罕獻其獨子以撒，以考驗他，故事見創世記二十二
章。英詩作者 Owen 將此章故事改寫，故意使用他的舊名，因為這首詩的
結尾是「他殺掉了他的兒子，以及半個歐洲的子嗣，一個接著一個。」 如
果是這樣子，他怎能叫亞伯拉罕 (許多國家的祖宗)？ Owen 對歐洲各國的
當權者 (特別是老一輩) 的諷刺與責備之強烈於此可見。

亞伯蘭用皮帶和束條把孩子綁起來，

在那兒築了祭台和溝渠，

然後伸出刀來要殺他的兒子，

正當此時，看哪！有一位天使從天上叫住他，

說，不要對小男孩下手，

千萬不要傷害他。你看，

一隻公羊，牠的角被樹叢纏住，

拿這隻驕傲的公羊代替他獻祭吧。

但老人不願如此，他硬是殺掉了他的兒子，——

以及半個歐洲的子嗣，一個接著一個。

（男童合唱）

主啊我們向你獻上頌讚的祭品與祈禱，爲了我們今天悼念的亡靈，請你悅納；主啊，請讓他們超度死亡進入生命，

（合唱）

如同昔日你曾應許亞伯拉罕和他的子孫。

　　第四章的聖哉經在文字內容的結合上比較簡單，它只有兩曲：No.14 和 No.15。No.14 是彌撒固有的聖哉經，含降福經 (Benedictus) 在內。No.15 是 Owen 的英詩 *After the blast of lightning from the East*（「東邊的閃電風暴之後」），原詩為 7. "*The End*"。

IV. Sanctus　聖哉經

　　No. 14　Sanctus　聖哉　【拉】（女高音與合唱）

　　　聖哉，聖哉，聖哉！上主 — 萬軍的統帥是至聖的！他的榮耀充滿全世界。願上帝賜福給那位奉主的名而來的！

　　　頌讚歸於至高的上帝！

　　No. 15　After the blast of lightning from the East

東邊的閃電風暴之後（男中音）

　　東邊的閃電風暴之後，

　　響雲的吹奏、戰車的統治之後；

　　當時間之鼓已滾奏與停止，

　　青銅色的西邊吹起了長撤退信號之後，

　　生命要更新這些軀體嗎？

　　真的它將宣布所有的死亡無效，寬慰所有的眼淚？

　　將空洞的生命血管再度注入青春，

　　並且以不死之水清洗年紀？

　　當我問及白色的年紀，它說的不是這樣：

　　「我的頭重重地掛著白雪。」

　　當我傾聽大地，她說：

　　「我熾熱的心痛得萎縮。那是死亡。

　　我古老的傷痕將不再榮耀，

　　我巨大的眼淚，海洋，也不會乾掉。」

　　第五章是羔羊讚，表面上只有一曲，但實際上是由 Owen 的英詩 *One ever hangs where shelled roads part*（「在炸壞的道路分岔之處一直掛著一個人」，原詩 8. "*At a Calvary near the Ancre*"）和拉丁文的羔羊讚歌詞交互穿插構成的，研讀的時候應該要注意作曲家 Britten 在安排上的用意。

　V. Agnus Dei　　羔羊讚

　　No. 16　One ever hangs where shelled roads part

　　在炸壞的道路分岔之處一直掛著一個人 註5

5　這一個人應該是指耶穌，更正確地說，應該是分岔路口有一個耶穌被釘在十字架的紀念像豎立著。再者，Owen 詩中動詞絕大部分都使用過去式，但此句是用現在式，所以應該是「一直掛著」，不是「曾被掛在」。至於道

（男高音）

在炸壞的道路分岔之處一直掛著一個人，

在這一場戰爭中他也失去了一肢 註6；

但他的弟子四散躲藏；

而現在士兵們與他一起受苦。

（合唱）

神的羔羊，消除人世的罪者，請賜給他們安息。

（男高音）

髑髏山旁許多祭司漫步著，

在他們的臉上有驕傲，

他們帶著獸的印記，

溫和的基督拒絕了它。

（合唱）

神的羔羊，消除人世的罪者，請賜給他們安息。

（男高音）

經學教師們逼迫所有的人民，

大喊對國家要忠順，

（合唱）

神的羔羊，消除人世的罪者，…

（男高音）

但那些愛更大的愛者，

他們犧牲生命；他們不恨。

（合唱）

路狀況，shelled roads　　譯為「凹凸路面」固不算錯，但譯為「炸壞的道路」
更可以把道路遭到破壞的原因、方式和狀況表達出來。

6　應是指耶穌的像被炸掉一隻手或腳。

請賜給他們永遠的安息。

（男高音）

請賜給我們平安。註7

在羔羊讚之後，一般亡者彌撒或拉丁文安魂曲絕大部分是以領主曲 (Communio) "*Lux aeterna*"（永恆之光）結束，但 Britten 並未使用，而是採用有安所經之稱的答唱曲「主啊，求你救我」，所以第六章在全曲的架構中就成了最後一章。在這一章中，除拉丁文歌詞的部分之外，還有 Owen 英詩的最後一首 *It seemed that out of battle I escaped*（我好像逃脫了戰場，原詩 9. "*Strange meeting*")。再加注意的話，還會發現，全曲並不是以 Owen 的詩結束的，在 Owen 的英詩之後還有拉丁文，從這些拉丁文的內容看來，它是亡者彌撒或拉丁文安魂曲在答唱曲之外的加唱曲〈領進天國〉，雖然 Britten 沒有標出這首歌的標題，但實質上這首歌才是全曲真正的最後結束歌曲。最後在重複 Owen 的「現在讓我們睡吧」那一句之後出現的「願他們在平安中安息。阿們。」並非 Britten 所作，而是出自古代曾經用過的一首亡者答唱曲 "*Memento mei Deus*"（上帝啊，求你記得我）的最後一句，這整首歌葡萄牙的作曲家 Lôbo 的亡者彌撒 (1639 出版) 就曾使用過。Britten 的戰爭安魂曲的最後一章內容安排如下：

VI. Libera me　　答唱曲

　No. 17　　Libera me, Domine, de morte aeterna

　　主啊，求你救我脫離永死　【拉】

　　（合唱）

　　　主啊，請你從永遠的死亡中解救我，在那可怕的日子，

　　　當天搖地動時，你要用火來審判世界。

7　這一句來自一般彌撒的羔羊讚，Britten 自行加上去的。

（女高音與合唱）

我顫慄恐懼，面對即將來臨的審判與隨之而至的震怒。
主啊，請你從永遠的死亡中解救我，當天搖地動時。那
個日子是震怒的日子，是災難和不幸的日子，是事態重
大與非常哀苦的日子，主啊，請你解救我。

No. 18　It seemed that out of battle I escaped
我好像逃脫了戰場

（男高音）

我好像逃脫了戰場，
掉在一個已經挖掘很久的又深又暗的隧道中，
穿過花崗岩—巨大戰爭所造成的穹稜。
那裡也有背負重擔的躺臥者在呻吟，
由於太過陷入沉思或死亡，不便打擾。
我更近一點觀看他們，有一個人跳起來，
不動的雙眼帶著悲慘的神情凝視著，
他舉起苦難的雙手如同要祝福。
沒有槍砲射擊或透過通風孔傳來哀號。
「陌生的朋友，」我說，「這裡沒有理由悲傷。」

（男中音）

「沒有人」另一個說，「除去失落的年代，
無望。任何你有的希望，
也曾是我的生命；我出外胡亂打獵，
追逐世界上最野性的美女，
因為我的歡樂也許有許多人大笑，
而我的哭泣可能會留下些許東西，
它現在必死。我是指未說出來的真相，
戰爭的不幸，這不幸，是戰爭生出來的。

現在人們會滿意我們所破壞的，

或不滿，血腥地沸騰，噴滅出來。

他們將快速如母虎之敏捷，

沒有人會故步自封，即使各民族放棄進步。

讓我們抽身跳出這後退世界的行進

進入沒有築牆的空虛避難處。

然後，當很多血阻滯了他們戰車的輪子，

我願起身在清甜的井邊洗它們，

即使是從那些我們為了戰爭鑿得太深的水井，

甚至是最清甜的水井。

我是你所殺的敵人，朋友。

在這黑暗中我認得你，因你昨天皺著眉頭

穿透我，當時你又刺又殺。

我躲開，但我的手不情願也冷了。

現在讓我們睡吧…」

（男童合唱，然後合唱，然後女高音）

願天使領你進入天國，願殉道聖者接你前來，領你進入
聖城耶路撒冷。願天使歌隊歡迎你，願你與昔日窮苦的
拉撒路同享永遠的安息。

（男童合唱）

主啊，求你賜給他們永遠的安息，並以永恆之光照耀他
們。

（合唱）

願天使領你進入天國…

（女高音）

願天使歌隊歡迎你…

（男高音與男中音）

現在讓我們睡吧。

（合唱）

願他們在平安中安息。阿們。

第三節　Kabalevsky: 安魂曲 op.72 (1963)

　　同樣帶有一些反戰味道，但稍晚於 Britten 的《戰爭安魂曲》的作品是俄國作曲家 Dmitri Kabalevsky (1904～1987) 的《安魂曲》。Kabalevsky 在前蘇聯共黨體制之下曾經擔任蘇聯作曲家聯盟的總書記，在馬列思想主導之下的意識形態怎麼會有安魂曲這種基督教文化的音樂產物？所以，這一部完成於 1963 年的《安魂曲》在當時的時空環境之下不但只能在自選歌詞的領域之內發揮，而且不帶一點宗教味，細讀內容，其實它是在強烈的愛國主義之下對於二次世界大戰死於納粹德軍入侵的俄國陣亡士兵表達哀悼與致敬，所以它有個副標題—「為那些因對抗法西斯主義而陣亡者」。

　　這樣的一部安魂曲需要一份特別的歌詞，Kabalevsky 為此請託 Robert Rozhdestvensky 撰寫。Rozhdestvensky 洋洋灑灑寫了一大篇，Kabalevsky 花了兩年的時間才將全曲譜完。此曲在架構上分為三個部分，主要是做為文字內容大段落的區隔，三部分共有九章加一個序引和一個導奏。第一部分在序引之後包括永恒的榮耀 (第一章)、祖國 (第二章)、我不要死 (第三章)以及部隊的行進 (第四章)，第二部分包括黑石 (第五章)、一個母親的心 (第六章)、未來 (第七章)和我們的子孫 (第八章)，第三部分在管弦樂的導奏之後以連貫的 (attacca) 手法將最後三章聽 (第九章)、永恒的榮耀 (第十章) 和記念 (第十一章) 一氣呵成。

以下是全曲各章的文字內容：（中文翻譯係著者根據英文譯本轉譯）註8

Part I　　第一部分
Introduction：　"*Remember!*"　　序引：「記念！」
記念！年年不斷，世紀不斷，記念那些永不能來者！記念！別哭！你的喉嚨一陣壓抑的哀泣，痛苦的哀泣。記念陣亡者是有價值的！

No.1　Eternal Glory　永恆的榮耀
（合唱）
永恒的榮耀歸給英雄！永恒的榮耀！永恒的榮耀！永恒的榮耀歸給英雄！榮耀！
（次女高音獨唱與合唱）
為何他們不需要這份給陣亡者的榮耀？他們救了生存者，他們自己卻未獲救。他們得到的是什麼？這份給死者的榮耀？
　（合唱）
如果閃電照亮雲層，長空被雷聲震聾，如果眾人齊一，長嘯一聲，沒有一位陣亡者會動一下。我知道太陽不會使空的眼眶眩盲，我知道一首歌無法開啟深邃的墳墓！但發自我的內心，以生命之名，我重複：永恒的榮耀歸給英雄！永續的頌歌，告別的頌歌，莊嚴地飄在清醒的星球上面。

8　原文為俄文，俄文及英譯歌詞見 CD 隨片解說之小冊子（<u>Olympia OCD 290 A+B</u>）。

就算那些死去的並非全體都是英雄，以生者之名，以未來
之名，給陣亡者永恒的榮耀！永恒的榮耀！
（獨唱與合唱）
回想他們的名字，讓你的悲傷喚醒回憶…死者不需要，活
著的人才要！
記念那些驕傲無懼死於戰鬥的人…那是一大特權：忘掉你
自己！那是高貴的特權：渴望與勇敢！ …永恒的榮耀轉為
瞬間的死亡！

No.2　Homeland　祖國
（合唱）
祖國，你要他們去死嗎？祖國，你應允生命，你許諾愛情。
祖國，孩子們生來就是要去死的嗎？祖國，你要他們死嗎？
烈焰沖天！你可記得？祖國，安靜地說：「起來拯救」祖
國。沒有人向你乞求榮耀，祖國。就是這樣的抉擇：我自
己或我的祖國。最好與最珍愛的祖國。你的悲傷就是我們
的悲傷，祖國。你的真理就是我們的真理，祖國。你的榮
耀就是我們的榮耀，祖國！

No.3　I will not die　我不要死
（男中音獨唱與合唱）
我不能，我不要死…如果我死了，我將變成草，我將變成
葉，營火的煙，春天的泥，早晨的星。我將變成浪！我的
這顆心，我將帶它遠離。我將變成露水，第一聲雷，孩子
們的笑聲，林中的一聲回響…在大草原中，草會細語。浪
將在岸上撞碎…給我時間！及時完成！品嚐我的命運對全
體的意味！如果就在夜裡號聲響起，如果就在田裡隨著麥

子成熟！給我一條救生索，命運！給我一個驕傲的死，命運！

No.4　The March of divisions　部隊的行進
（合唱）

深紅色的旗幟飄蕩著，深紅色的星星明亮地閃耀著，一陣眩目的暴風雪遮蓋住血紅的日落。部隊行進，部隊的大行進，部隊的堅強行進，士兵們的遠距離行進！朝著雷聲隆隆的巨響，我們走向戰場，如此純真與堅定。我們的旗幟載著話語：勝利！勝利！以我們祖國之名，勝利！以生存者之名，勝利！以未來之名，勝利！我們必須摧毀戰爭。沒有更驕傲的命運，沒有更高的榮譽，因為除了存活的欲望，要有活下去的勇氣！朝著雷聲隆隆的巨響，我們走向戰場，如此純真與堅定。我們的旗幟載著話語：勝利！勝利！

Part II　第二部分
No.5　Black Stone　黑石
（合唱）

黑石，黑石，你為何沉默不語，黑石？你要這樣？你可曾夢想成為無名戰士墳上的一塊墓碑？黑石，為何你沉默不語，黑石？我們在山頭之間尋找你。我們敲碎堅固的岩塊，火車連夜回響。工匠通宵未眠，為了使用他們精巧的手，為了運用他們的元氣，將普通的石頭轉變成沉默的墓碑，該責備石頭？為了如何在某處深埋睡得太久的士兵？無名的士兵！當草兒在他們上面枯萎，當星星在他們上面消逝，當金鷹在他們上面盤旋而向日葵在搖擺。松樹站立在他們上面，雪開始下了。金色的陽光塗染天空，時間在他們上面流動。但是一度，但是一度這世界上有人記念無名士兵的名字！因為就在死前，他有這麼多的朋友。因為有一位非常年邁的母親還活著，也還有一位新娘，她現在哪兒？這位新娘？士兵面對死亡心裡明白，他卻死得身分不明！

No.6　A Mother's Heart　一個母親的心
（次女高音獨唱與合唱）

啊，為何從空幻的戰爭中，我兒，你沒有回來？我將救你脫離不幸，像鳥一樣快速飛去。回答我，我的血脈！我的囝仔，我唯一的…。全世界都沒意義，我痛苦。回來，我的希望！我的種子，我的黎明，我的憂傷，你在哪裡？我找不到路去你的墳上哭泣，我什麼都不要，只要我親愛的兒子。越過重重的森林是我的甜心！越過如此巨大的高山…，當淚水奔流而出，母親的心在哭泣。世界是淒涼的，我痛苦。回來，我的希望！我的種子，我的黎明，我的憂傷，你在哪裡？

No.7　The future　未來
（次女高音獨唱與合唱）

未來，你何時回應多痛苦？快了？你看，最驕傲者前來會你。我們的苦難將持續幾世生命，一千世生命。我們的憂傷將持續幾世生命，一千世生命。我們的力量、我們的意志、我們對未來的信心將持續一百萬世生命。我們對未來的信心明亮清楚。我們的未來將不會有戰爭，不會有恐懼。我們的未來將不會有苦難，不會有貧窮。上面的天空將清明、浩瀚又可愛。在我們的未來孩子們將忘卻眼淚而歡笑，歡笑，並在心中保持他們父親的榮耀。

No.8　Our Children　我們的子孫
(兒童合唱)

這首歌是關於陽光，這首歌是關於陽光在你的心中。這首歌是關於一個年輕的星球，它的未來在前頭！以太陽之名，母國之名，我們立誓。以生命之名我們莊嚴地承諾陣亡的英雄：我們將歌唱我們的父親未能完成的歌唱！我們將建設我們的父親未能完成的建設！幼苗伸展到內心，你將長大到天上。我們生於勝利的歌聲中，開始生活和夢想！以太陽之名，母國之名，我們立誓。以生命之名我們莊嚴地承諾陣亡的英雄：我們將歌唱我們的父親未能完成的歌唱！我們將建設我們的父親未能完成的建設！快，歡樂地跳躍！取代死者的地位，我們來了。遙遠的星辰，不要這麼驕傲，等待來自地球的追尋！以太陽之名，母國之名，我們立誓。以生命之名我們莊嚴地承諾陣亡的英雄：我們將歌唱我們的父親未能完成的歌唱！我們將建設我們的父親未能完成的建設！

Part III　第三部分
Introduction "*In Memory of the Dead*"　導奏　「記念死者」
(管弦樂)
No.9　Listen　聽
(合唱)

聽！是我們在說話。死者，我們。聽！是我們在說話。從那兒，從黑暗中。聽！打開你的眼睛，聽結局。是我們在說話，死者。我們正在敲你的心房。不要怕！我們會有一次打擾你的睡眠。在原野上面我們的聲音穿越寂靜。我們已忘記，花朵的氣味有多香甜，白楊如何低語。也忘了大地，我們的地球是什麼樣子？鳥兒好嗎？沒有我們而在地上歌唱？櫻桃樹好嗎？沒有我們而在地上開花？沒有我們，河流如何清澈流動而雲朵在我們頭上飄過？我們忘了草，我們忘了樹。我們不能在地上走。永遠不能走！我們將永遠不會衝著管弦樂團悲哀的銅管醒來。沒有我們，鳥兒在地上歌唱！沒有我們，櫻桃樹在地上開花！沒有我們，河流清澈流動而雲朵在我們頭上飄過。沒有我們，生命繼續著，一日又開始，生命繼續著。雨季將近，漸強的風擺動著成熟的穀物。這是你的命運，這是我們共同的命運。所以鳥兒沒有我們在地上歌唱，櫻桃樹沒有我們在地上開花，沒有我們，河流清澈流動而雲朵在我們頭上飄過。

No.10　Eternal Glory　永恒的榮耀
(合唱)

永恒的榮耀歸給英雄！永恒的榮耀！永恒的榮耀！永恒的榮耀歸給英雄！榮耀歸給英雄！榮耀！就算那些死去的並非全體都是英雄，以其祖國之名，歸給陣亡者，以生者之名，以未來之名，永恒的榮耀歸給陣亡者！歸給那些救了所有的生存者，卻未救他們自己的陣亡者，永恒的榮耀！永恒的榮耀！榮耀！榮耀！榮耀！

No.11　Rembember　記念
(獨唱、兒童合唱與混聲合唱)

記念！年年不斷，世紀不斷，記念那些永不能來者！記念！
別哭！你的喉嚨一陣壓抑的哀泣，痛苦的哀泣。記念陣亡
者是有價值的！永恒的價值！麵包和歌曲，在夢中和詩中，
生命如此盈滿。每一秒鐘，每一個呼吸要有價值！

(兒童合唱)

以太陽之名，祖國之名，我們立誓

(獨唱)

要有價值！

(兒童合唱)

以祖國之名我們立誓

(合唱)

要有價值！

(兒童合唱)

以生命之名我們莊嚴地承諾陣亡的英雄：　我們將歌唱我們
的父親未能完成的歌唱！我們將建設我們的父親未能完成
的建設！

(合唱)

世人！當我們的心還在跳動，記住！為快樂付出的是什麼
代價，記住！當飄送你的歌曲，記念！那些永不能歌唱的，
記念！告訴你的子孫關於他們的事，看他們記念！你子孫
的子孫應該知道他們，這樣他們也記念！在我們不朽的地
球上每一個時代記念！航向閃爍星辰的領導船隻，記念死
者！迎向活力的春天，年年實現你的夢想並充實你的人生！

(兒童合唱)

地上的人們，消滅戰爭！地上的人們，詛咒戰爭！

(合唱與獨唱)

但是那些永不能來者，我懇求你記念！

第四節　Tubin: 陣亡士兵安魂曲(1979)

　　Eduard Tubin (1905～1982) 是愛沙尼亞的作曲家，二次世界大戰之後波羅的海三小國被蘇聯併吞，他就流亡瑞典。他的《陣亡士兵安魂曲》(*Requiem for Fallen Soldiers*) 向追求獨立自由為國捐軀的愛沙尼亞戰士哀悼致敬，其熾熱的愛國意識是很可理解的。Tubin 此曲完成於 1979 年，雖與 Kabalevsky 的安魂曲性質相近，都是一種國殤，但是沒有那麼龐大，只有五章的架構，但第五章與第一章的詞是相同的（這種首尾一致的手法先前有 Weill 做過，Kabalevsky 的也有一點類似）。文字內容方面，每一章是一首詩，四首詩選自兩位詩人的作品。其中三首來自 Henrik Visnapuu，一首取自 Marie Under。這些詩的年代有 1919，1920，1942 和 1944，顯示其背景包含第一次世界大戰之後愛沙尼亞進行獨立戰爭和第二次世界大戰期間被強國兼併的掙扎。以下是各章的詩文內容（中文翻譯係著者依據英譯 ^註9 轉譯而來）：

1. Andante　行板
OLE TERVITET, TERVITET. (Be hailed, be hailed!) 敬禮致意
　　　人年輕的時候死去多好，就像落日要入睡。被朋友哀傷的合唱所圍繞，在他們心中永遠年輕，你快速地到達上帝的城市。

9　原文為愛沙尼亞文，英譯本係出自作曲者的親人 Eino Tubin 之手。

敬禮！敬禮！自由的國家！離去的人不能忘懷他年輕時所愛的國家。永留，永留在花叢之中！墳墓不能改變一個垂死之人的愛。

敬禮！敬禮！我的祖國！死亡不能擊散我們所有的人，留下來的人將會自由。願幸福永遠隨著你！為你而死多麼甜蜜！人年輕的時候死去多好⋯

Henrik Visnapuu 1920

2.　Allegro 快板

SÖDURI MATUS (A Soldier's funeral)　一個士兵的葬禮

士兵死了，不知致命子彈的來處。一陣嘲笑的風吹過肉體，他倒地不醒。

單位在前頭衝鋒，戰鬥如此之熱。一個倒了，另一個，誰知何時。誰能在暴風雪中瞧見。

夜晚來臨，無言的葬禮，平靜無風的時刻。雪從樅樹上滑落，天空有星星閃爍。

辛苦做好了一個土墩，一個雪堆中的墳墓。輓歌的一半留在嘴裡，祈禱毀於齊射裡。

敵人再度進行猛攻，戰鬥更為激烈。一片熾熱的射擊落在跪著的哀悼者身上。

十多人如跪地般在雪中離開，他們的同伴發現他們，臉上白得像凍蠟。

直到早晨的窗子震動，英勇的小隊打完了，他們的最終獎賞是勝利，堅硬的冰雹帶他們去墳墓。

Henrik Visnapuu 1944

3. Molto lento　甚慢板

SÖDURIEMA　(The Soldier's Mother)　士兵的母親

　　把你的雙手放進我的手中，我握住你，我勇敢的戰士，我再合上我的雙手為你和你的夥伴祈禱。

　　你的臉如此男子氣概，當你離開時你還只是個男孩。來，走進一點…被森林和沼澤弄悲傷。

　　孩子們的眼光…似乎他們知道憂傷與不祥之事，似乎他們懂得超過他們該懂的，似乎他們知曉，他們完全知曉。

　　別只默默地站在那兒！你的凝視後面是什麼？為何舌頭打結？生或死，那一樣標示你？那一個給預兆？

　　你的雙手再度從我的手中抽開，仍被我的淚水沾濕。我再合上我的手掌為你和你的夥伴祈禱。

　　我不能離開我的心思，我如在睡夢中被扯下來，我剛觸及你棕色的頭髮，現在暴風雪擦去了你的腳步。

　　你走向那些雪地，一位守護天使陪伴你走。我靜候你帶著勝利、自由和麵包歸來。

　　即使死亡要編織它巨大白雪般的屍布罩住你，我們仍要彼此緊緊在一起，在我心裡你有溫暖。

　　　　　　　　　　　　　　　　　　　　　　Marie Under 1942

4.　Lento marciale　行進般的慢板

SIRELI　（Lilac）　丁香 註10

丁香放進槍管裡，丁香，丁香，許多朋友陣亡了，丁香。
丁香藏身，注意敵人，丁香，丁香。丁香從春之肩膀散落，
丁香。

10　CD 隨片解說原註：在愛沙尼亞獨立戰爭中學生們將丁香枝插在他們的墨水池中以表示其同學們之死。（著者譯自：BIS CD-297）

丁香在家的窗戶後面，丁香，丁香。丁香呵！打盹，睡覺！
丁香時節的戰爭，想丁香。丁香，丁香。丁香取代鋼鐵，
丁香。
丁香放進槍管裡，丁香，丁香，許多朋友陣亡了，丁香。
丁香在家，丁香枝！丁香，丁香！丁香家—士兵的避難所！
丁香。
丁香給好運！數算葉子。丁香，丁香。丁香給敵人和朋友。
丁香。

Henrik Visnapuu 1919

5. Largo　　廣板
OLE TERVITET, TERVITET. (Be hailed, be hailed!)　敬禮
致意
(歌詞內容同 1).

第七章

自選歌詞安魂曲的內容與架構（四）

安魂曲做為一種

時代與文化的省思

　　安魂曲的創作不僅可以視為信仰的告白、正視死亡與慰靈的詩情、社會關懷或反戰與國殤的表達，也可以利用各種不同的創作理念和技巧，將作曲家對於時代與文化的省思透過自選歌詞、自由譜曲的方式，以音樂會安魂曲的類型予與實現。屬於這個主題群的作品有 Bernd Alois Zimmermann (1918～1970) 的《一個年輕詩人的安魂曲》(*Requiem für einen jungen Dichter*, 1969)、Klaus Huber (1924～) 的《循環之歌》(*Cantiones de Circulo Gyrante*, 1985) 和 Róbert Wittinger (1945～) 的《馬多羅安魂曲》(*Maldoror-Requiem*, 1986)。

　　這三部安魂曲彼此在風格、手法和內容方面迥然不同，但都相當的新 (1969, 1985, 1986)，而且可以說都屬「德國系統」，符合德國音樂創作一向注重理念的特質。三人之中，Zimmermann 是道地的德國人。Huber 雖是瑞士人，但瑞士也有德語區，而他採用的歌詞，拉丁文和德文都是古今德國人寫的，音樂也是特為德國的一個古老城市—科隆 (Köln) 而作。Wittinger 雖是匈牙利人，但他定居德國，譜曲所用的歌詞也是德文。

　　Zimmermann 的《一個年輕詩人的安魂曲》並不像 Kabalevsky 的《安魂曲》或 Tubin 的《陣亡士兵的安魂曲》那樣真有明確具體的悼念對象,「一個年輕詩人」只是一種假託,「安魂曲」則是對過去五十年的回顧。這五十年,從第一次世界大戰結束到作品完成之時,幾乎是作曲者的一生。他所經歷的西方世界在政治、思想、人文、藝術等各方面之重要性的、代表性的及抽樣性的事件之組合與編織構成了本作品龐雜的內容,藉由作曲家獨創的音樂形式表現出一個高密度的時代與文化的省思。

　　Huber 的《循環之歌》以古代的預言指出未來的希望,以現代詩見證沉淪與毀滅。古代的預言特別選自音樂史上知名的中世紀德國女詩人 Hildegard von Bingen (1098～1179) 的《預言之書》(*Wisse die Wege*),Hildegard 也是位女作曲家,同時還是一位本篤會的女修士 (Benediktinerin)。現代詩則是特別委請 Heinrich Böll (1917～1985) 撰寫,他從一個城市的廢墟之毀壞看到了時代的變易與文化的沒落,明示人文精神亟待覺醒。

　　Wittinger 的《馬多羅安魂曲》在人文精神的境界中有一番大膽的剖示,這首安魂曲雖然也是一個十九世紀文學結合二十世紀音樂的作品,但與 Hindemith 的 《當去年的丁香在庭前綻放…》截然不同,它用許多奇異怪誕的措辭控訴我們這個時代的災難和人性的墮落,文字主要取自 Martin Grzimek 摘譯 Comté de Lautréamont 的 "*Chants de Maldoror*" (馬多羅之歌) 以及 Grzimek 自行添加的詩句。Wittinger 寫作此曲的態度和 Britten 處理《戰爭安魂曲》的態度有些類似,就是不再像大多數安魂曲那樣宣示基督教的信仰與安慰。他表現的也是當代許多人的感受:宗教無法撫慰人心,面對死亡與敗壞,人是無助與絕望的。上帝該打耳光,因為祂顯然以憤世嫉俗的心情創造了一個受苦的、錯誤的世界;而人類該受懲罰,因為他們竟墜入靈魂與道德的深淵。死亡既是受苦的結束，那麼死亡就是安慰。

第一節　Zimmermann:
一個年輕詩人的安魂曲 (1969)

　　Bernd Alois Zimmermann (l918～1970) 在德國現代作曲家之中是一位典型的對於文、史、哲、藝等各大領域涉獵極為豐富的人物，他也有一套個人獨特的作曲理念和方法來發揮在創作上，曾經以一部名為《士兵》(*Die Soldaten*) 的歌劇知名於世。在安魂曲的創作方面，在他辭世之前所完成的《一個年輕詩人的安魂曲》可說是一部大作，這部作品的完整標題是：　*Requiem für einen jungen Dichter*, Lingual für Sprecher, Sopran- und Baritonsolo, drei Chöre, elektronische Klänge, Orchester, Jazz-Combo und Orgel nach Texten verschiedener Dichter, Berichte und Reportagen (一個年輕詩人的安魂曲，根據不同詩人的文字，各種報告和報導，為朗誦者、女高音與男中音獨唱、三個合唱團、電子音響、管弦樂團、爵士樂器組與管風琴所作之言語)。此曲在風格、手法和創作理念上不僅對安魂曲這個樂種而言非常特殊，對於其他各類音樂亦然。

　　從作品內容來看，作品中所採用的詩其實不只來自一位詩人，所謂「一個年輕詩人」，並非針對某一位特定的詩人，而只是作曲者的一種設想，一種表達上的付託。Zimmermann 將他一生大約半世紀所經歷的這個時代 (剛好是第一次世界大戰結束那年起算的五十年) 通過這部作品做了一個回顧，包含精神的、文化的、歷史的、語言的各個層面。半世紀的事物雖然經過篩選，內容還是極為龐雜。為了組織材料內容，建立一個合理的表達邏輯，Zimmermann 以其所謂「球形」(Kugelgestalt) 時間的觀點，結合音響多元主義 (Klang-Pluralismus) 的手法及「言語」(Lingual) 的概念，成功地將大量的材料融入作品中，並使用多種語言來表現。

　　所謂「球形」時間的看法，和「線形」時間的想法是不同的。一般對於時間的感覺或認知，可以「線形」來比喻，也就是把時間想像成一條兩端無限延伸的軸線或帶子，一端通往無盡的過去，一端通往無盡的未來，現在只是過去和未來相切的一個移動的點。而「球形」則是 Zimmermann 看待時間本質的一種哲學觀點，以球形來想像時間的構成，此即德文 "Kugelgestalt der Zeit" (時間之球形構成) 一語之基本意思，Zimmermann 曾作如下的解釋：註1

Die Betrachtung von Vergangenheit, Gegenwart und Zukunft ist eine Frage des Aspecktes. Der Zuschauer sitzt im Zentrum einer Kugel, rund um ihn herum die Zeit, ein Kontinuum, was er gerade betrachtet, ist von seinem Blickwinkel abhängig. Denn: was jetzt sich ereignet, ist bereits im Augenblick des Geschehens Vergangenheit, was immer wir tun — wir determinieren die Zukunft, und die Zukunft hat bereits die Vergangenheit bestimmt— die Tempora sind austauschbar.

對於過去、現在及未來的觀察是看法問題。觀者坐在一個球體的中心，時間在他的上下四方團團圍繞，一種延續狀態。他之所見如何，決定於他的視角。因為，現在正進行之事，從已發生的眼光來看已成過去。我們一直在做的是：

1　德文引自 CD 隨片解說小冊子 WER 60180-50 頁 2。中文為著者自譯。

我們設定未來，而未來決定了過去。時間的各種模式是可互換的。

Zimmermann 的「球形」時間說法可能無法讓人完全理解，但是，這種看待時間的哲學觀也許是為了創作而發明的，因為基於「球形時間」之觀點，創作者可以合理地將不同時間的事情予以同步並陳並列 (Simultaneität der Zeit)，這就可以用上「音響多元主義」 (Klang-Pluralismus) 的手法。所謂音響多元主義，以 Zimmermann 的表現而言，應是經過設計的有組織的多音源、多方向、多訊息的同時傳遞和交集，這首安魂曲正是我們理解上所要面對的例子。Zimmermann 在作品中使用了二位朗誦者 (Sprecher)，二位獨唱歌手 (女高音與男中音)，三個合唱團，電子音響設備，管弦樂團，一組爵士樂器，以及管風琴，這些都是擔任或提供發音的音源。其中，電子音響設備的主要目的是在提供播出預錄的兩卷四音軌的錄音帶，第一卷錄音帶的四個音軌依序是後左、前左、前右、後右，第二卷錄音帶則是中左、中前、中右、中後，這八個音軌的錄音內容並不相同，透過音樂會現場周圍的揚聲器從四面八方向坐在裡面的聽眾傳來，正是以聽眾為中心的球形原理的設計及多元音響的安排。此外，兩個朗誦者也不時各自傳達不同的訊息，而三個合唱團所唱的安魂曲似乎成了背景和段落指標。

至於「言語」(Lingual) 的概念，本作品中也提供很好的實例說明。言語和語言 (Language) 的意思很接近，但兩者並不相同。雖然 Zimmermann 並未定義他說的「言語」是什麼，但是透過對本作品的了解，言語應該是指各種語言所傳遞的訊息，而各種語言似乎也應該包括音樂在內，也就是說，音樂也可以視為一種語言，所有語言發出的訊息則都是言語。

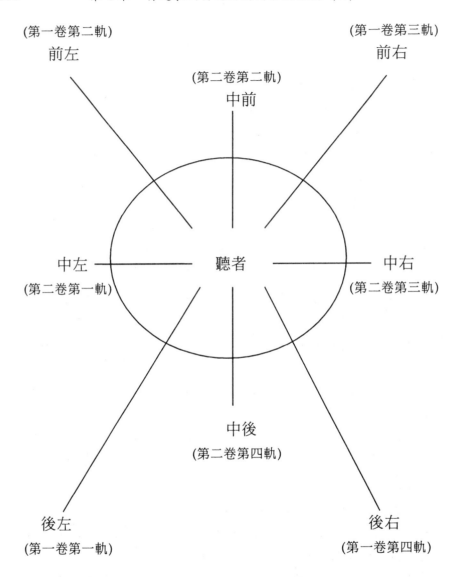

圖一　Zimmermann 的球形時間概念與多元音響主義的結合表現在兩卷預錄錄音帶各音軌的空間關係示意圖（本書著者繪製）

Zimmermann 把《一個年輕詩人的安魂曲》說成是一種「為…之言語」(*Lingual für* …)，也按照他的理念完成了創作並將之發表，言語一詞因此已是新音樂的一種作品形態。觀察《一個年輕詩人的安魂曲》，在這部作品中，作曲家使用朗誦和歷史錄音剪輯的手法把過去五十年來發生過的大量訊息透過好幾種不同的語言傳遞出來，再加上音樂 (音樂也是一種語言，音樂的內容也是一種訊息)，整個作品就是一部「言語」，這是言語的概念。

認識了上面幾個比較重要的觀念或想法，就可以進一步來看看 Zimmermann 這首安魂曲的架構與內容。《一個年輕詩人的安魂曲》根據出版的 CD [註]2 顯示，全長 65 分 27 秒無間斷一氣呵成，並未像傳統作品那樣分成數章，但是順著內容的進展仍標示出九個段落，每個段落的長短差異很大，其中十分鐘以上的長段落有三個，一分多鐘的短段落也有三個，其他三個段落約六至九分鐘。各段的名稱與長短依序排列如下：

Prolog	序言	13:05
Requiem 1	安息一	14:40
Requiem 2	安息二	1:17
Ricercar	搜尋	10:35
Rappresentazione	表演	5:58
Elegia	悲歌	1:51
Tratto	（無言的）一刻	1:11
Lamento	哀歌	7:38
Dona Nobis Pacem	請賜給我們平安	9:09

2　WER 60180-50

　　從這樣的段落名稱可以看出，此曲雖然不分章，部分段落名稱與拉丁文安魂曲仍有些淵源，但實際上拉丁文的部分不多，也並非主要內容，只是當做一種框架，重點在於各式各樣的訊息，這些訊息的量非常大，完全不是傳統的「歌詞」觀念，為了安排這些訊息在作品結構上出現的位置，作曲家以秒為單位，精心計算每一個細節，整體堪稱複雜而精密。下面是全曲各個發音體或音源部位所發出的音樂內容及訊息名稱之時間流程，完全不同於一般之架構概念：

序言 (Prolog) (0′00″〜13′05″) 註3

00 (單位時間：分)　音樂開始

01

02

- (2′00″) 第一卷錄音帶第一軌 (後左)：開始播出奧國哲學家維特根斯坦 (Ludwig Wittgenstein, 1889〜1951) 的《哲學研究》(*Philosophische Untersuchungen*, 1953) 的開頭 (至 12′47″ 結束)
- (2′35″) 合唱團：開始唱亡者彌撒的後領主曲 (Postcommunio)

03

- (3′04″) 第一卷錄音帶第四軌 (後右)：開始播放前捷克改革

3　關於各段分秒之標示，CD 隨片解說小冊子中 "Textsynopse" (內容綱要) (頁 24-61)和 "Textstruktur von B. A. Zimmermann *Requiem für einem jungen Dichter*" (頁 63-104) 在細節上略有不同，此外，和 CD 播放的時間也不一致 (尤其是最後一段「請賜給我們平安」)，本文所標示的時間全依 CD 播放之時間測量計算而得。

派共產黨領袖杜布切克 (Alexander Dubcek, 1921～1992)
1968 年 8 月 27 日對捷克人民演講的歷史錄音 (至 10'39'' 結
束)

04

- (4'39") 第一卷錄音帶第二軌 (前左)：開始播放教宗約翰第
  二十三 (Papst Johanne, XXIII, 1881～1963，在位 1958～1963)
  在第二屆梵諦岡會議 (天主教第二十一次普世會議，1962～
  1965) 致詞的歷史錄音的片斷 (至 10'54" 結束)
- (4'57") 第一卷錄音帶第三軌 (前右)：開始播放愛爾蘭作家
  喬伊斯 (James Joyce, 1882～1941) 的代表作《尤利西斯》
  (*Ulysses*, 1922) 一書中 Molly Bloom 的獨白 (至 12'53" 結
  束)

05

06

07

08

- 合唱團：開始唱 Oratio

09

10

11

- 合唱團：開始唱 Lectio (至 13'00" 合唱結束)

12

13

安息一 (Requiem I) (13'06"～27'45")

- (13'20") 合唱團一、二、三：開始唱 *Requiem* (安息) (至 13'43"
  結束)
- (13'43") 第二卷錄音帶 (四軌先同時播出再保留於第三、四

軌)：報導一：希臘首相帕潘德里歐(Georgios A. Papandreou, 1882～1968) 在 1967 年一場國會演講的結束錄音(至 14′03″ 結束)

- (13′48″) 第二卷錄音帶第二軌 (中前) 與第四軌 (中後)：引文一：古希臘戲劇作家 Aischylos (紀元前 525～456) 的《*Prometheus*》(V.88-92, 561-565) (至 14′03″ 結束)

14

- (14′27″) 朗誦者一：開始宣讀德國聯邦憲法第一條第一款
- (14′40″) 第二卷錄音帶第一軌(中左)：開始播出俄國詩人 Wladimir Majakowskij (1893～1930)：《敬愛的後生同志…》(V.1-4)

15

- (15′04″) 朗誦者二：開始宣讀毛澤東 (1893～1976) 主席有關社會主義體制的論點
- (15′28″) 第二卷錄音帶第三軌(中右)：報導二：匈牙利總理 Imre Nagy (1896～1958) 1956. 10. 31. 的講話錄音

16

- (16′19″) 第一卷錄音帶第一、二、三、四軌：開始同步播出 Comp. I，包含下列聲音與音樂的組合：
  匈牙利詩人 Sándor Weöres (1913～1989): *dob és tánc* (V.1-35) (至 19′19″ 結束)
  Vulgata: *Liber Ecclesiastes* 3.10-11 (拉丁文聖經：〈傳道書〉第三章，10-11 節) (至 17′04″ 結束)

法國作曲家米堯 (Darius Milhaud, 1892～1974): *La création du monde* (世界的創造，第一樂章)

大眾示威遊行的噪音

17

- (17'41") 第一卷錄音帶第一、二、三、四軌：開始同步播出 Comp. II，包含下列聲音與音樂的組合：

  喬伊斯:《分尼根的守靈》(*Finnegans Wake*)（結尾）（至 20'19" 結束）

  S. Weöres: *dob és tánc* (V.1-14) (至 19'19" 結束)

  德國歌劇作曲家華格納 (Richard Wagner, 1813～1883): *Tristan und Isolde* (愛之死)

  大眾示威遊行的噪音/海浪聲

18

- 第二卷錄音帶第一、二、三、四軌：開始同步播出 Comp. III，包含下列聲音與音樂的組合：

  S. Weöres: *dob és tánc* (V.35-53) (至 19'19" 結束)

  法國作曲家梅湘(Olivier Messiaen, 1908～1992): *L'ascension* (耶穌升天)

  人群的噪音/戰爭的噪音

19

20

- (20'41") 第一卷錄音帶第二、三軌：引文二：Aischylos：《波斯人》(V.402-405)

- (20'55") 第二卷錄音帶第二軌：W. Majakowskij：《呼喚 *Sergej Jessenin*》(至 23'17")

21

- (21'22") 第一卷錄音帶第一、二、三、四軌： 開始同步播出 Comp. IV： 德國詩人 Kurt Schwitters (1887~1948)：《*An Anna Blume*》(至 22'58")

- 第一卷錄音帶第一、二、三、四軌： Comp. IVb (與 Comp. IV 同時) 向 Comp. IVc 進行電子的 、 環狀調制的 (ringmoduliert) 與變頻的 (transponiert) 對立運作 (Contrafact)

22

- (22'00") 第一卷錄音帶第一、二、三、四軌：Comp. IVc：(與 Comp. IV 及 Comp. IVb 同時)：電子音響
- 第一卷錄音帶第一、二、三、四軌：(結束 Comp. IVb 與 Comp. IVc)

23

- 第一卷錄音帶第一、二、三、四軌：(結束 Comp. IV)
- (23'25") 朗誦者一： 宣讀憲法第一條第二款
- (23'43") 第一卷錄音帶第一軌：報導三： 德國入侵捷克/希特勒 (Adolf Hitler, 1889~1945) 1939. 3. 16. 的講話之歷史錄音

24

- (24'20") 朗誦者一：宣讀憲法第二條
- (24'29") 朗誦者二：毛澤東 (頁 14)
- (24'37") 第一卷錄音帶第三軌：報導四：英國首相張伯倫 (Neville Chamberlain, 1896~1940) 1938 年在一次與希特勒的會談之前的講話錄音

25

- (25'00") 第一卷錄音帶第一、二、三、四軌：開始 Comp. V，包含下列內容：
  美國詩人龐德 (Ezra Pound, 1885~1972): *Canto LXXIX*

(V.166-171) (德文與英文混合)

法國存在主義作家卡繆(Albert Camus, 1913～1960) 的戲劇:
《*Caligula*》(第一幕,第八場) (法文原文)

- (25'43") 第二卷錄音帶第一、二、三、四軌：開始播放 Comp. VI,包含下列內容：

 W. Majakowskij:《大聲疾呼》("*Aus vollem Halse*", V.1-12,德文譯本) 註4 (至 26'42"),《呼喚 *Sergej Jessenin*》 (V.67-72, 俄文原文) (至 26'14")

 梅湘 (Messiaen): *L'ascension*/白色噪音,海浪聲

26

- 第二卷錄音帶第一、二、三、四軌：開始播放 Comp. VII,包含下列內容；

 Bernd Alois Zimmermann: *Sinfonie in einem Satz* (單樂章交響曲) (環狀調制)/正弦波的混合,彩色噪音

27

- (27'14") 第一卷錄音帶第三軌：杜布切克 (Dubcek) 1968 年 8 月 27 日的演講錄音
- (27'20") 朗誦者一：宣讀憲法第二條,第三條
- (27'35") 朗誦者二：毛澤東 (頁 14) (至 27'45" 結束)

安息二 (Requiem II) (27'46"～29'02")

27 分 46 秒

- (27'51") 合唱團二：開始唱 "*Requiem aeternam*" (永恒的安

---

4 在 CD 隨片解說小冊子中 "Textsynopse" (內容綱要) 頁 43 的圖解中標示為 "*Aus vollem Halse*" (大聲疾呼) (V.1-12),依 "Textstruktur von B. A. Zimmermann *Requiem für einem jungen Dichter*" (Mainz, 1989; CD 隨片解說小冊子頁 63-104) 頁 82 之詳細內文為《敬愛的後生同志…》(德文譯本)。

息) (至 28'37")

28

29

搜尋 (Ricercar) (29'03"～39'37")

- (29'03") 第一卷錄音帶第一軌：開始播放奧國詩人 Konrad Bayer (1932～1964):《第六感》(*Der sechste Sinn*) (頁 104)
- (29'23") 第一卷錄音帶第二軌：開始播放 K. Bayer:《第六感》(頁 104)

30

- (30'50") 第一卷錄音帶第三軌：開始播放 K. Bayer:《第六感》(頁 104)

31

- (31'35") 第一卷錄音帶第四軌：開始播放 K. Bayer:《第六感》(頁 104)

32

33

- (33'13") 第一卷錄音帶第一、二、三、四軌：開始播放披頭四 (The Beatles) 註5：*Hey Jude*
- (33'24") 第一卷錄音帶第一、二、三、四軌：開始播放 Comp. VIII，包含下列內容：
  W. Majakowskij:《大聲疾呼》(*Aus vollem Halse*) (V.1-40, 46-65, 78-80, 105-112，俄文原文)，《敬愛的後生同志》(V.1-37, 德文譯本) (至 37'55 結束)

5　1960 年代世界知名的英國流行音樂四重唱組合，成員有 Paul McCartney (低音吉他)、Ringo Starr (打擊樂器)、John Lennon (節奏吉他) 和 George Harrison (旋律吉他)。

34

35

36

37

- (37'59") 第一卷錄音帶第一、二、三、四軌：開始播放 Comp. IX，內容：

  德國詩人兼音樂學者與管風琴建造師 Hans Henny Jahnn (1894～1959): *Die Niederschrift des Gustav Anias Horn* (G. A. Horn 的手稿) (第一冊，頁 401-403, 510) (至 39'35" 結束)

38

39

表演 (Rappresentazione) (39'38"～45'35")

39 分 38 秒

- (39'38") 合唱團一、二：開始唱亡者彌撒的進堂曲
- (39'47") 獨唱歌手女高音與男低音：開始唱龐德 (E. Pound): *Canto LXXIX* (V.229-235, 248-249, 252-260, 262) (德文譯本) (至 45'17")

40

41

42

43

44

45　(至 45'33" 進堂曲的合唱結束)

悲歌 (Elegia) (45'36"～47'26")

- (45'36") 女高音開始唱 Sándor Weöres: *dob és tánc* (V.1-9，匈牙利文) (至 47'25" 結束)

46

47

（無言的）一刻 (Tratto) (47'27"～48'37"，純器樂)

48

哀歌 (Lamento) (48'38"～56'15")

- (48'38") 男低音：開始唱 W. Majakowskij:《呼喚 *Sergej Jessenin*》(V.5-10) (德文譯本)

49

- (49'25") 合唱團一、二：開始唱 W. Majakowskij:《呼喚 *Sergej Jessenin*》(V.5-10)

50

- (50'01") 朗誦者：開始朗誦 W. Majakowskij:《呼喚 *Sergej Jessenin*》(V.5-10，德文譯本) (至 51'33")
- (50'12") 合唱團一、二：開始唱亡者彌撒的垂憐曲(Kyrie)

51

- (51'33") 女高音與男低音：一同唱 W. Majakowskij:《呼喚 *Sergej Jessenin*》(V.5-10)

52

(52'36") (合唱團唱「天主垂憐」，男低音轉唱「基督垂憐」，女高音轉唱「天主垂憐」)

53

- (53'10") 女高音與男低音：開始唱亡者彌撒的 Lectio (*in diebus illis*⋯)

54

55

- (55'29") 合唱團三：*Brüder, über'm Sternenzelt muß ein lieber Vater wohnen* (弟兄們，星穹之上必然住著一位親愛的天父) (至 56'13")

56

請賜給我們平安 (Dona Nobis Pacem) (56'16"～65'24")

56 分 16 秒：

- (56'16") 合唱團三：開始唱彌撒的請賜給我們平安 (*Dona Nobis Pacem*)
- (56'19") 第一卷錄音帶第二軌：開始播出貝多芬 (Beethoven)：第九交響曲第四樂章的開頭
- (56'29") 第一卷錄音帶第四軌：開始播出披頭四：*Hey Jude*
- (56'44") 第一卷錄音帶第一軌：開始播出給蘇聯政府的照會，由第三帝國當時的外交部長 Joachim von Ribbentrop (1893～1946) 宣讀的歷史錄音
- 第一卷錄音帶第三軌：繼續播出披頭四：*Hey Jude*

57

- (57'01") 第一卷錄音帶第四軌：先播出德語的報導，接著 (57'10") 開始播出史達林 (Jossif W. Stalin, 1879～1953) 在 1941. 7. 3. 任命為國防委員會主席當日向俄國軍民講話的歷史錄音
- (57'09") 第一卷錄音帶第二軌：開始播出 1943. 2. 18. 納粹德國的宣傳部長戈培爾 (Josph Goebbels, 1897～1945) 在柏林體育館 (Berliner Sportpalast) 講話的歷史錄音
- (57'32") 第一卷錄音帶第三軌：開始播出英國首相邱吉爾 (Winston Churchill, 1874～1965) 在英國廣播公司 (BBC) 講話的歷史錄音
- (57'38") 第一卷錄音帶第一軌：開始播出德國第一高砲師的新聞報導
- (57'44") 第一卷錄音帶第二軌：開始播出 Remer 少校 1944. 7.

20. 行刺希特勒失敗之後在「人民法庭」(Volksgerichtshof)
的錄音

- 第一卷錄音帶第四軌：開始播出納粹「人民法庭」庭長 Roland
Freisler (1893～1945) 在 1944. 7. 20. 之後在「人民法庭」
的錄音

58

- 合唱團二、三：開始與合唱團一合唱彌撒的請賜給我們平安
(*Dona Nobis Pacem*)

59

- 女高音與男低音：開始唱彌撒的請賜給我們平安(*Dona Nobis
Pacem*)

60

61

62

- (62'47″) 第一卷錄音帶第一、二、三、四軌：開始播出不同
國家、不同方式之政治示威遊行的錄音剪接 (至 64'20″)

63

64

- (64'21″) 第一卷錄音帶第一、二、三、四軌：開始朗誦 K. Bayer:
《第六感》(頁 109-110) (至 65'02″)

65

- (65'03″) 合唱團一、二、三：同時唱出請賜給我們平安(*Dona
Nobis Pacem*) (至 65'20″ 音樂的聲音完全終止，65'25″ CD 停
止)

　　想要仔細欣賞此作品，得需要一本歌詞手冊 (Textstruktur
von Bernd Alois Zimmermann: *Requiem für einen jungen*

Dichter, B. Schott & Söhne, Mainz, 1989)，本作品的 CD 隨片解說手冊裡面也有（頁 63～104 ），厚達數十頁的內容混合使用了九種不同語文的材料 註6，包括拉丁文、德文、英文、法文、希臘文、捷克文、匈牙利文、俄文，要真正全部瞭解可不容易。

第二節 Huber: 循環之歌 (1985)

　　瑞士作曲家 Klaus Huber (1924～) 的《循環之歌》，使用了一個獨特的拉丁文標題 "*Cantiones de Circulo Gyrante*"，意思就是「循環之歌」，光看這樣的標題，並不像是一首安魂曲，再看內容文字，也找不到安魂曲的痕跡，音樂形式與安魂曲也沒有關聯。然而作曲家說它是一首安魂曲，他用德文在副標題上寫著："*Ein Requiem auf Texte von Hildegard von Bingen und Heinrich Böll für Soli, gemischten Chor und Instrumentalensemble*"，意思是「一首以 Hildegard von Bingen 與 Heinrich Böll 的文字所譜的給獨唱、混聲合唱與器樂合奏團的安魂曲」。作曲者自認為此曲是安魂曲，那麼它就有一番道理。

　　此一作品是 Huber 應科隆巴哈協會 (Kölner Bachverein) 的委託，為紀念 1985 年科隆市內十二個在二次世界大戰期間毀壞的羅馬式教堂重建完成而作。作曲家一方面選了德國十二世紀著名的女詩人、女作曲家、本篤會女修士 Hildegard von Bingen (1098～1179) 的《預言之書》(*Wisse die Wege*) 中的一些異象的描述，另一方面也請德國當代詩人 Heinrich Böll (1917～1985) 特

6　毛澤東的講話原本是中文材料，使用德文譯本後就少了一種，但可以避去在歐洲做中文排版的不便和演出時朗誦者不會中文的困擾。

別為此一作品撰詞，不料，Böll 於 1985 年 7 月去世，作曲家便有強烈的意思將這個作品當做安魂曲來完成，於是它就成了 Böll 的、也是為他而作的安魂曲 (*Ein Requiem von und für Heinrich Böll*)。所以，作曲家宣稱此曲為安魂曲，應該是精神上的。

　　這首安魂曲在歌詞方面有兩大部分，一為拉丁文部分，一為德文部分。拉丁文部分與傳統亡者彌撒所用的拉丁文歌詞毫無關係，而是摘自 Hildegard 的《預言之書》，德文部分則是 Böll 的現代詩。在處理上，雖然拉丁文和德文的語言與內容截然不同，作曲家卻讓它們同步進行。Huber 把拉丁文的部分譜成合唱與獨唱，德文的部分則作成朗誦，但並非呆板地按照 I, II, III 段的詩文平舖直敍，而是有靈活的局部材料的反覆運用。整體架構雖有段落上的設計卻不分章，大約四十分鐘長的作品一氣完成。現將兩部分的歌詞內容分別介紹如下：

拉丁文部分：

　　Hildegard 的詩是拉丁文，內容是類似新約聖經啟示錄的一些異象的口述，記在 "*Scivias*"【拉】一書中，德文譯為 "*Wisse die Wege*"，Huber 從中挑選了一些段落，分成兩個部分，一共九段 (Hildegard 之一至之九)，並以第二部分開始的標題 "*De Circulo Gyrante*" 為基礎稍加修改，成為 "*Cantiones de Circulo Gyrante*" 做為整首作品的標題。使用這個標題有雙重含義，按照 Hildegard 的意思，是上帝的大能在異象中以光的運行來象徵，由東至北，而西而南，再回到東，像圓一樣循環不已，這也就是像日月星辰般從升起到新的升起，不斷運轉，直到永恆，而 Huber 再將其引申為毀滅與希望的一種無法解開的交替與交織，所以這個標題不僅包含對上帝偉大能力的頌讚，也是對於生命的未來與希望之信念。

Hildegard von Bingen 的預言之書

第一部分

Hildegard 之一

看哪，我看到一個很大的光亮，一個天上的聲音從裡面出來，他對我說：「脆弱的人，灰燼中的灰燼，污泥中的污泥，說出來並寫下來你所看到和所聽到的。」

第一書，第一異象

歌曲　一

我一看，我看到有些像一座大的、鐵色的山。那上面有一位如此光明華麗者坐在寶座上，他的明亮使我雙眼為之目眩。從他的兩肩伸展出肢膀一般的一片暗影。在他前面，在山腳下，站著一個活物，全身長滿了眼睛。

Hildegard 之二

再看，那在山上坐著的，用強力的、穿透的聲音呼喊並且說：「脆弱的人，大地塵埃中的塵埃，灰燼中的灰燼，嚷出來，說出來，人是如何得到拯救的。」

第二書，第二異象

歌曲　二

然後我看到一道超乎明亮的光，裡面有一個藍寶石藍色的人形，它在閃爍著柔和紅光的火焰中通透地燃燒。那道明亮的光充滿著整個火焰而閃爍的火焰也瀰漫著那明亮的光。那明亮的光和閃爍的火焰充溢著整個人形，（三者）基本上是力量與能力的一道光。

Hildegard 之三

我又聽見，如這一道活光對我說的：「這是上帝的神秘之意義，可被清楚的覺察和辨識，而神秘之內容是沒有源頭的。」

第二書，第五異象　神秘的軀體
歌曲　三

之後我看到，如一道雪白水晶透明的光亮將女人從頭頂到喉嚨環照一周。另一道，略呈紅色的閃爍光亮環繞她的形體，從喉嚨到肚子。直到胸部以下這道光發亮如同朝霞，向下則在紫色與風信子的顏色中變化。從那個部位起，在朝霞映照之處，這形體散發出它的美麗，向上直到天空的最裡面。因其間這道光的軌跡顯現一位高貴的少女，我聽見天上有一個聲音說道：「這將是天上錫安母親的一朵花，卻是山谷中的一朵玫瑰花和一朵百合花。」

Hildegard　之四

在這一看之際我是如此顫抖，我的力氣消失了。我跌坐地上無法言語。有一道明亮的亮光靠過來，如一隻手般地觸摸我，所以我就有了力氣也找回了語言。現在我聽到，一個如同光亮中發出來的聲音說道：「這是大祕密，觀看太陽、月亮和星星，我造了太陽，藉著它白天得以照明，我造了月亮和星星，藉著它們夜晚有了光亮。」

第三書，第一異象　上帝能力的光之圓環
歌曲　四

我向東看，那邊我看到有些像一塊無法量測寬度與高度的石頭，一塊獨一無二的鐵色的物質。那上面有一片發亮的白色的雲，雲上有一個做成圓形的王座。王座上坐著一位永生的、閃耀著奇特的美妙和光亮，那是如此的耀眼，以至於我無法有完全清晰的狀態觀看他。同樣在心臟的部位他有一塊有些像黑色的骯髒的粘土，大小如同一個成人的心。

Hildegard　之五

　　我請求你，我主，請讓我瞭解，讓我能夠以言語領會這個秘密。請勿離棄我，請從你的公義之朝霞中賜予我力量，你的兒子已在這公正中作了啟示。請你灌輸我並讓我認識，我該如何宣告上帝的、永遠的旨意。

　　如同灰燼與灰泥，我在我靈魂的深處，一如吹散的灰塵。我顫抖地待在陰影中如同在保護的翅膀之下。不要將我從永生的國度消除，因為我很辛苦地在努力。

　　但在永生者的心中你看到有些像黑色的、骯髒的粘土，像人的心一般大。那就是人，脆弱的、衰弱的、不幸的粘土。

第二部分
天父之圓形迴轉能力
Hildegard 之六
這光從東轉到北，從北到西，從西到南，然後回到東，回到發光者，那坐在寶座上者。他的循環沒有終了，所以上帝的能力和每一個上帝創造的傑作皆循環運行與環繞運轉。

朗誦 一
當此一最高能力的循環，上帝的傑作，在上帝於一定的時間內在人和在世界完成時，這世界將停止運轉。然後就是時間的終了，世界末日。然後上帝的一切傑作在他挑選之內的皆要發光（喜形於色）。一切都完成了。那坐在寶座上的，沒有終了。

第三書，第十一異象　時間的終結
Hildegard 之七

現在我聽到天上有一個聲音，它對我說：「一切在地上的，走向其盡頭，這世界也是如此，在它的力量崩潰時走向毀滅。」

第三書，第十二異象

朗誦　二

我繼續觀看，看到一切（世界構成）要素和每一樣創造物被一種穿透性的運動所震撼。火、空氣和水突然爆開來，以至於大地搖晃。閃電與雷鳴轟隆作響，山與樹林倒塌，而一切會死的，都斷了氣。

Hildegard 之八

經由一場突然的、無法預期的震撼，維繫（世界構成）要素的紐帶鬆脫了。所有創造物陷入大動亂，火爆開，空氣消散，水泛濫，大地搖動，電打閃，雷猛劈，山分裂，林倒塌，一向會死於空氣中、水中、土中的全部喪命，因為火帶動全部的空氣，而水灌滿所有的大地。

朗誦　三

如此當審判完畢，（世界構成）要素、雷電和風暴的可怕憤怒停止了。一切失效的、過去的，全消失了。此後再也不會發生了，就像雪，當它被太陽的熾熱融化時，就不再是雪。

第三書，第十三(最後)異象　　仁慈之頌歌

Hildegard 之九

之後我看到一片完全被光照亮的空氣，從空氣中對我發出奇妙的、按照目前為止我所看到的一切象徵來配合對應的各種音響。每個聲音，如同一大堆協合的和聲宣告天上居民的頌讚，就那麼唱了起來：

馬利亞的頌讚 ^註7 (對唱歌)：

Hildegard 的歌唱

哦，最燦爛的寶石

太陽明朗的榮耀

它沐浴你，

從天父的心湧出之泉。

從這個字創造了你。天父造人，

在這之前你是那光亮的物質，

經由這個字本身發出一切德行

並從原始物質產生所有的創造物。

愛充滿宇宙 (對唱歌)

歌曲　五

從深淵到高至星辰，

7　德文譯文的標題及歌詞內容與拉丁文原文略有不同，這一首歌的中文標
題及歌詞完全從拉丁文直譯而來。按照拉丁文的文意，這是馬利亞 (對天父
創造太陽、創造人、創造萬物) 的頌讚，德文譯文則轉變為對馬利亞的讚美，
已有相當程度的改寫，著者將德文譯文轉譯中文如下：

哦，寶石，你迸發出亮光，

太陽透明的光亮，

它洋溢在你身上，

太陽，它從天父的心湧出，

這個字，天父，從你造了人。

所以你是，哦，童貞少女，光明的存在，

從這個字出來，散發著神的、上帝的力量，

如同自原始的懷抱導入存在，

所有的創造物。

愛充滿了宇宙。

它親愛萬物，

它給國王，給最高者，

和平之吻。

德文部分

　　Böll 出生於科隆，對於這個羅馬時代就已經開墾了的城市，他有非常恰當的市民身分來吐露他的心聲，他為作曲家所寫的詩文有三大段，絕少使用標點符號，讀者必須細細品味，詩人的心思很細膩、很敏銳，也相當尖刻，他的主題是關於他的城市在瓦礫、灰燼和塵埃之中的淪亡。看到這樣的情境之後，相形之下，不免令人思索未來的希望在哪裡？而 Hildegard 預言末日審判和世界毀滅之後的新世界，在人類祈求上帝的慈愛之下，提供了信仰者生命的終極希望。

Heinrich Böll　的詩

　　I.

被遺忘的城市

在殘破的尖塔之下，

噴霧的拱頂

打碎它的

羅馬式的心室，

灰色之嚴肅的與昔日的

繽紛

減少了它教區的人口。

城市

僅餘少數的住處

從它們的洞穴爬出
逃兵也是
從瓦礫與灰燼出來
進入瓦礫與灰燼
沒有安寧的墳場

沒有掩護
在風中雨中
在無遮攔的天空下掛著
被釘十字架者
在聖喬治廢墟

唯一挺住的
巨大的雙指
威廉二世時代的假象
在萊茵河邊徒勞的守衛
它還一直指向遠處
越過羅馬式的心室

毀壞的地板
血淋淋
城市的無產階級的心空了
對悲傷和飢餓漠不關心
簡陋的蠟燭在被掩埋的聖母像前
也在死者身上的瓦礫堆上面

隱藏在他們陰險的肥肉中

千年福祉的
宣告者
秤著被謀殺者鑲在牙齒上的金子的重量
金子
比地板易於搬動
比血更持久
在那些交易所
今日是以何等盎斯價格
買賣

II.
灰塵
毀壞的粉末
侵入每一裂縫
在麵包上，也在湯裡頭
在書籍、手稿和尿布上面
灰塵
它與空氣結婚
它們是一個身體與一個靈魂

多年
對抗一切理智
對抗所有希望
扮演西西弗斯和黑拉克雷斯
與灰塵的無限量
鬥爭
（如同將他帶進一個科隆大小的毀壞城市）

多年
對抗無法量度的
大量灰漿與石頭的
原子化
灰塵
它黏在睫毛與眉毛上
在顎上面，在傷口中
在牙齒間
在所有黏膜上

另一個：寂靜
如灰塵一樣無法量度
只因打破才能忍受
任何地方的小碎塊
在夜裡石頭掉下來
打到山牆
完成破壞
依照相反的靜力定律
以動力
擊中結構之核心

緩慢而莊嚴
一塊山牆落下
灰漿嵌縫脫開
擴大成網
石塊劈啪響

一個大城的破壞
不是封閉的過程
如癱瘓之惡化
處處碎裂
倒塌

無法忘記的景象
一片山牆的倒塌
無法預見的
那一秒
美妙處理的
以信心接合的構成物
被擊中的核心完了
幾乎可聽到抽搐
沙沙作響
從它形成的時間
倒數計時到零與無
完了

在火箭發射之際
也倒數計時到零與無
而當然
總是
每日每時的
飢餓，飢餓

III.
從瓦礫變成廢墟
野生的野玫瑰樹芽
常春藤與蓼屬
我們毀壞的家鄉變成
對我們的孩子們而言
家鄉的毀滅
他們的第一個
不是新造的
冒險的遊戲場
未曾計劃的
歷史
送給他們的
夢想與危險的迷宮
我們的一個兒子
從可愛的考察回家時所呼叫的：
終於，終於又是瓦礫

拆毀廢墟
銀行、辦公室、行政機關
百貨公司、停車場
汽車—汽車—汽車公路
絕不再開始
打擊人口銳減的心
清除
那還膽怯地吹噓的地方
在挖土機之鄉

地板變地皮
聖母像成為路過者的偷窺
急速的平靜給急速的人

羅馬式的心室
手術成功
以觀看
它昔日的美麗之嚴肅
灰色之繽紛

還一直撐著
巨大的雙指
威廉二世時代的假象
在萊茵河邊守衛
對抗誰？對抗誰？

火箭
不承認任何一種協訂
留下的留下：萊茵河
它一直冷漠地流過
總是拒絕
自己足夠
無動於衷地吞噬
瓦礫、灰塵、廢船、炸彈
坍下來的橋
全部的庸俗藝術作品
千年的詐騙

從未停下來察看
有時非常冒火
當它上漲起來
它就憤怒地闖入他們裡面
灰塵表演它的幽默。

　　將拉丁文和德文的部分分開來介紹，也許會給人一種印象，
以為這首安魂曲在結構上分為兩大部分，前面一半是 Hildegard
的拉丁文預言詩，後面一半是 Böll 的德文現代詩，這是錯的。
在聲部結構上兩者是互相結合同時呈現的，Huber 使用了一種
獨特的方法來同步表現兩種不同的文字內容，就是將拉丁文譜成
歌曲而德文作成朗誦，歌曲和朗誦垂直重疊水平並進。這個原則
Wittinger 也用在他的《馬多羅安魂曲》(詳下一節)。在效果上，
由於朗誦只使用一個人，雖只佔一個聲部，但咬字十分清楚，音
調充滿各種感情變化，成為最容易理解與凸顯的部分，而歌唱的
內容因係拉丁文，又不是一般所熟悉的亡者彌撒的內容，其實是
不易聽懂的，相形之下反到有點像是朗誦時的「背景音樂」。器
樂合奏團的運用畢竟和管弦樂團的不同，作曲家相當強調撥弦的
效果。章法架構上，此曲雖有內在段落，但形式上並未分章，也
不是很鮮明的按照選自 Hildegard 的九段文字或 Böll 的三段文
字分割，而是連續貫穿、一氣呵成的。從安魂曲的傳統來看，這
個作品無論文字內容、章法架構、形式與風格，都和過去的安魂
曲毫無一絲淵源，這種與傳統安魂曲毫無淵源的情況大概只有
Weill 的《柏林安魂曲》可以相提並論，而兩者又是迥然不同。

第三節　Wittinger: 馬多羅安魂曲(1986)

　　Róbert Wittinger 雖是匈牙利作曲家，1945 年 4 月 10 日出生於奧地利的 Knittelfeld，可說一出世就先與德語環境接觸。他在布達佩斯成長，1963～65 年在巴爾托克音樂院受教，1965～72 年移居德國，又回到了德語環境。他在年輕時代讀過法國前超現實主義者 (pre-surrealist【英】Präsurrealist【德】) 散文詩人 Comté de Lautréamont (Isidore Ducasse, 1846～1870) 的 "*Chants de Maldoror*" (馬多羅之歌，1869) 之後即深受其吸引，後來於 1986 年先完成《馬多羅安魂曲》("*Maldoror-Requiem*")，又於 1989 年完成四幕歌劇《馬多羅》("*Maldoror*")，可見他對「馬多羅」的題材興趣濃厚。《馬多羅安魂曲》的歌詞是請 Martin Grzimek 從 Lautréamont 的一些詩節譯成德文，有些部分則是依 Lautréamont 的精神由 Grzimek 自行添加，另外還混用了少部分拉丁文。

　　內容方面，"*Maldoror-Requiem*" 雖然混用了一小部分傳統拉丁文安魂曲的歌詞，但並不帶有任何的安慰，反而像是一連串惡夢情境的寫照，以德文為主的歌詞文字讀起來是相當觸目驚心的，那種感覺不是恐懼，但是由一大堆離奇古怪的敘述所堆積起來的意識或意象，乍看似是語無倫次，其實是經過細心安排的，歌詞作者善用單字來表現個別的畫面，有如幻燈片一張一張地打出來，不過這些單字中有不少是作者編造的，例如 Wanzenpanzerfinsternisse (臭蟲甲殼黑暗)、Kältevögel (冷鳥)，Fieberfenster (發燒窗)、Bettenbäume (床樹)、Milchtrauben (奶葡萄) 等等，有些字則很明顯的帶有類似「接尾令」之類的意味，例如：Schleusen<u>lippen</u> (閘唇)，<u>Lippen</u>berge (唇山)，

Bergschenkel (山股)，或類似「接頭令」如：*Hummer*trompeten (螯蝦小號)，**Trommel***hummer* (鼓螯蝦)，　Hammer**trommel** (錘鼓)，還有些字在組字學上看起來雖是很正常，如 Hervortreibende, Zerlieben, Zergären, Zereifen 等等，但是這些字連收羅二十八萬字之多的 Mackensen 德文字典 [註8] 都查不到，足見作者在用字與造境上刻意表現的程度。除了單字之外，加上形容詞修飾語的一些短語或概念詞也一樣有不少很不尋常的，例如：「裝滿汗水的葡萄」、「紫色的蛆」、「長蝨子的肛門」…等，又如：「想咬住魚的空氣」、「爬行的血冠」、「受意志附加的幻覺」、「不強迫的吃人肉」…等。相形之下，作者較少使用完整而正常的句型，有些較長的句子語意也很奇特，例如第三章「邪惡的續抒詠」中朗誦者所說的：「誰最後做為一個叫哮的犧牲者在顫抖的草地的終端坐著，他在石頭落下前使它繞射進入一個水圈。」之類的敘述句並不是很容易理解，事實上，全部德文歌詞中有很多語意是無法完全了解的。不過，撰詞者 Grzimek 並非單是在語意上下功夫，也在語音上細心安排，這在德文歌詞上可以很明顯地看出來，但是譯成中文之後由於文字不同也就無法保留了。

　　在架構的設計上，**馬多羅安魂曲**分成四章：一、　**進堂曲**，二、**垂憐曲**，三、**邪惡的續抒詠**，四、**悲傷流淚與散文**。這四章的架構，從標題文字的表面看來，似乎多少保留一點傳統安魂曲的痕跡，但若仔細地去感受它的形式，其實，是以古典交響曲四樂章的架構為基礎而作的。第一章的**進堂曲**雖沒有使用奏鳴曲形式，但是仍十分明顯的分為三部分，仍與奏鳴曲形式的三部分有

8　*Lutz Mackensen Deutsches Wörterbuch* in 3 Bänden. München (Südwest Verlag), 1977. Hamburg (Rowohlt Taschenbuch Verlag), 1979.

著精神上的契合。第二章的**垂憐曲**是個慢板，與交響曲第二樂章的慣用速度也是配合的。第三章的**邪惡的續抒詠**則可視為一個諧謔曲 (Scherzo)，而第四章則是終曲 (Finale)。歌詞文字除**垂憐曲**與一般彌撒無異之外，其他各首僅使用部分拉丁文安魂曲的歌詞，主文則為德文的散文詩，形成一種混合語言的現象。

　　第一章雖名為**進堂曲**，作曲者的意圖其實是在揭露一宗宇宙的意外事故：一個有病的創造。首先，以拉丁文**進堂曲**的歌詞開始合唱，之後的中間部分穿插著德文詩的朗誦與歌唱的交替，歌唱包含合唱與獨唱，末尾的合唱從德文詩再回到拉丁文，結構上呈現清楚的三部分安排。在 Wittinger 音樂手法的描繪中，如《聖經》〈啟示錄〉所言般的煉獄景象似已存在，沸騰的邪惡與墮落，氣氛悚然。透過合唱與獨唱段落充滿訴苦的、無限緊繃的強烈誘導，以及受苦的、陰森的音響，似可看到無數像女妖狂歡之夜般的 (walpurgisnächtlich) 超現實主義的畫面形成一個苦惱的、張著鬼臉的世界。

I. Introitus　　進堂曲
Requiem aeternam et prosa　　永恆的安息與散文
(合唱)
主啊，請你賜給他們永遠的安息，並以永恆之光照耀他們。上帝啊，你在錫安當受頌讚，亦當在耶路撒冷接受還願。求你垂聽我的祈禱，凡有血肉的都到你的跟前 (原詞為拉丁文)。混亂，害怕，荒廢，死亡，例外，秩序，精神，否定，遲鈍，意志，幻覺，折磨！破壞，錯亂，眼淚，吃不飽，奴役，想像，小說，特異，兀鷹，幻想，嘗試，臭蟲甲殼黑暗，偏執狂！(原詞為德文)
永遠的安息⋯ (原詞為拉丁文)
(朗誦者)

一切就緒：
一個冰凍的圓球。
前驅的形式。
一個暴力的群體。
規律的運動。
一棵樹。
滿滿的果子。
懸吊的豬耳朵。
擺。
斷裂。
鋸齒狀的獠牙。
一個掀開的下身。
美麗的畫。
裝滿汗水的葡萄。
紫色的蛆。
有些圓滾滾的。
一隻正在啃的狗。
長虱子的肛門。
傾瀉的吻。
發癢的抓痕。
藍色的芳香音符。
田鼠夫人。
鋸掉的腿。
暢快喝完的傷口。
膿。
羊水。
大腿。

小溪。

三分其一的蚊群。

螯刺的形成。

隆起的唇。

冷鳥。

（合唱［獨唱］）

遲鈍，死亡，

（朗誦者）

最潛伏的空氣。颶風樂園。

騎行的腦。意圖。

吐口水的貓頭鷹眼。貝殼螺紋。

一對消化的刺兒。

快速爬行的蛋。

發亮的沙。頭。

（合唱［獨唱］）

尖刻，鬼臉，

（朗誦者）

過剩。鞭打的劈啪聲。珍珠的陣風。溪畔翻耕的鱗片。羽毛質的鰻鉤。發笑的血。肩。一個窒息的玻璃罩。眼睛。愉快。牙瞼。一塊化為硬皮的地毯。冰雪融化後變軟的薊草。在黑鬍子者之下。耳語者回答得多麼聾。想咬住魚的空氣。腫脹的肚子。不作聲的、被打死的水岸。頭臂形者。

（合唱［獨唱］）

臭蟲甲殼黑暗，嫉妒，信仰！

（朗誦者）

通風。駱駝。擊斃。結婚洞。一隻腐爛的、生鏽的、劈開的、泥濘的、打結的、腫脹的、鋸得很漂亮的腿；吹、吸泡泡，像肚臍的；吸入，扭傷，葷狀的。一隻新娘床的床腳。

(合唱[獨唱])

無神，欺騙，誘拐，苦痛，出賣，

(朗誦者)

一片山壁。挖空的山壁。一個真正的、明朗的洞。石頭裂紋的圓。爬行的血冠。泡脹的胡桃。黃色的綠寶石。無花果木指。鈕扣眼大的三角形結子。

螺旋鬈髮。(原詞為德文)

(合唱[全體])

永遠的安息…(原詞為拉丁文)

混亂，遲鈍，想像，擾亂，吃不飽，眼淚，荒廢；一棵樹，空氣，沙子；夜間的、黏滑的、發霉的死亡；頭，果實，破壞，出賣，折磨！(原詞為德文)

永遠的安息…(原詞為拉丁文)

　　第二章的垂憐曲是一個合唱的慢板樂章，文字內容與一般彌撒的垂憐曲並無不同，但是在整體架構上的作用其實相當於古典交響曲的慢板樂章。痛苦摩擦的音程所呈現的景象是自相矛盾的，究竟這是一首正直的曲調 (Tonus rectus)，還是一首希望與受苦之欺騙的連禱 (Litanei)？

II. Kyrie　垂憐曲

(合唱)

上主垂憐，基督垂憐，上主垂憐。(原詞為拉丁文化的希臘文)

　　第三章題為邪惡的續抒詠，由散文與詩構成，這一章的文字相當多，但大部分是德文，少部分是拉丁文。在音樂處理上，德文部分雖多，但以朗誦為主，拉丁文部分雖少，但都譜成歌曲，兩者還是有著某種狀態的平衡。從整體架構和本章在一定的節奏上令人屏息與具攻擊性之音樂特色來看，本章可與交響曲中的諧謔曲樂章相比擬。

　　至於內容方面，本章接續第一章所揭露的世界，將靈魂的地獄狀態更加擴大，描述這個世界的各種奇異怪誕的用辭一一拋了出來，仿如從一個惡魔的廚房製造出來一大堆恐怖又令人作噁的莫名其妙的東西，它們肆無忌憚地散佈在你的眼睛看得到的四周。這種景象比傳統的拉丁文續抒詠的內容所描寫的更可怕，因此冗長的**續抒詠**作者取用的部分只有「那一日是震怒之日，世界瓦解燒成灰燼，大衛和西比拉有言。將來何其惶恐，當審判者降臨，嚴格查察一切。號角神奇的響聲，傳遍各地的墳墓，催眾生來寶座前。死與自然同感顫慄，當所有被造者復活，答覆審判者的詢問。一旦惡人判決，投入熊熊烈火，請召我入聖徒。」以及「我向你伏跪哀懇，內心悲痛如死灰，請關懷我的終局。」其餘有關末日的各種可怕描述都因不需要而一概略去。在傳統的**續抒詠**中罪人還有向上主乞憐的機會，而在本作品中並沒有信仰的盼望，人所面臨的只有墮落、絕望、死亡和敗壞，完全無可奈何，所以本章題為「邪惡的續抒詠」。

III. Sequentia diabolica　　邪惡的續抒詠

Prosa et poesis　　散文與詩

（合唱）

混亂，害怕，荒廢，死亡，身體的或道德的秩序中之例外，否定的精神，遲鈍—受意志附加的幻覺，折磨，破壞，眼淚，吃不飽，奴役，鑽刺的想像，小說，意想不到的是，人們所不許做的事，化學的奇怪現象，如一隻秘密的兀鷹，它窺伺任何一個倒斃的幻覺之腐屍。

（朗誦者）

倉促且失敗的嘗試，臭蟲甲殼黑暗，高傲之可怕的偏執狂，
深深震驚之灌輸，死亡招呼，妒忌，出賣，專制，無神，
刺激，尖刻，好鬥的失足，空想，人間痛苦，很有根據的
撤消，罕見的變質，服藥者寧願不要得之而感受到，鬼臉，
異常的經歷反應；考試之流血的螺紋，經由它人們運作最
催迫的邏輯，膨脹，缺乏正直；
(合唱)
頭，身體，精神！肉！血！泥漿！蒸汽！死亡！街頭小調，
平淡，昏暗，恐怖。
(朗誦者)
生育比謀殺還糟；
(合唱)
激情
(朗誦者)
刑事法庭記錄員的圈子；
(合唱)
悲劇，頌歌，配樂詩朗誦，
(朗誦者)
無盡的服務的極限，無罰的被吹口哨的理智，懦夫的謠言；
(合唱)
沒格調，青蛙，章魚，鯊魚，沙漠的熱風，一切月亮的，
曙光的，夜間的，麻醉的，夢遊的，黏滑的，說話的海豹，
模稜兩可的，患肺結核的，顫動的，令人陶醉的，貧血的，
單眼的，雙性的，混血兒，白化病患者，雞姦者，
(朗誦者)
水族館奇觀與有鬍子的女人，緘默的膽怯之陶醉的時刻；
感覺，苦痛，怪物，非道德化的三段論法，下流，未深思

熟慮之事，像個小孩，沒有安慰。這一棵精神的 Manzanilla
註9 樹，薄霧似的下疳，山茶腿，筆者的過失，他展開虛無
的偏好而以愉快的喊叫輕視自己，

（合唱）

混亂，荒廢，不正當。

害怕，眼淚，愛不成。

震怒之日，這一日！

內疚，虛偽，

（朗誦者）

不明確的展望，它們在其不起眼的齒輪傳動裝置搗毀你們，

神聖公理之嚴肅的唾棄，有害的小動物及其靈活的書法；

（合唱）

衰弱，陽痿，褻瀆神明，瘀血，窒息。

頭！身體！精神！肉！血！泥漿！蒸汽！女子！煤氣！果
實！害怕！死亡！

（朗誦者）

咽喉裂開的鳥兒們，有很多歌唱的，有很多問候的，有很
多鞠躬的，有很多理解的，有很多見識的，有很多謝謝的，
有很多抱怨的，有很多統治的，有很多治理的，有很多判
決的，有很多恥辱的，有很多強大的，有很多否認的，有
很多不願看見的，有很多不願知道的，有很多必先批判的；
一顆黑色的檸檬。一個非洲的軟木塞口，平面圓板。

舔名字的一窩幼鳥。

9　這個單字來自西班牙產的一種白酒 (Sherry) 的名稱。

閘唇。唇山。山股。對比。碎蛋。橡皮盔。稈管。折痕尖
端。光亮哀傷。螯蝦小號。鼓螯蝦。錘鼓。發燒窗。床樹。
奶葡萄。沒有眼光者。
誰在腦中增長見識，他拉住一個繩子並分開繩結。誰在大
地做為第三者他的鉛靈魂沉得太深，他如一口嚼汁跳進脂
肪的熱心中。誰最後做為一個叫哮的犧牲者在顫抖的草地
的終端坐著，他在石頭落下前使它繞射進入一個水圈。他
看到風將金字塔一再地向西方推。
(朗誦者)
為了談失明：只留下開口，為了說話。
(合唱)
臉，層，光，不，破，鬥，層，桿，夜，力，裂，醒，蹲，
停，嚇，
(朗誦者)
為了在開口留下和說話。
為了盲目在開口留下。
為了進入肚臍說話。
(合唱)
它喚醒，插入，延伸，刺入，打破，笑，叫，自從，層，
打破，裝入袋子，打包，
(朗誦者)
為了進入開口說話，為了留下。為了盲目進入開口說話，
為了留下。
(合唱)
身體，磨，女子，密髮，圓片，身體。
(朗誦者)
為了在開口留下，為了說話。為了在落腳的地方盲目說話。

為了打開。(原詞為德文)

(合唱[獨唱])

那一日是震怒之日，世界瓦解燒成灰燼，大衛和西比拉有言。將來何其惶恐，當審判者降臨，嚴格查察一切。

(全體)

號角神奇的響聲，傳遍各地的墳墓，催眾生來寶座前。死與自然同感顫慄，當所有被造者復活，答覆審判者的詢問。一旦惡人判決，投入熊熊烈火，請召我入聖徒。(原詞為拉丁文)

(朗誦者)

為了常在開口盲目留下。

為了在開口使其失明。

為了存在和說話。

(合唱)

你不！你是。你到這兒來。你走開。震驚。過失。木柴。死亡！你是，你不。你到這兒來。你去！你也！射擊！光亮！過失！死亡！拿去！關上！完了！走開！你！你們！

(朗誦者)

為了在過失中留下且使其失明。

為了在落腳的地方盲目留下。

為了變盲目。

為了留下。

為了存在。

(合唱)

他們是，他們有，他們說話，他們成為。他們搶劫！他們打擊。他們去。他們說。他們不！絕不！安靜！站住！走開！他們不！走開！站住！去！腳步！死亡！

(朗誦者)

為了盲目打開落腳的地方。

為了說話和為了留下。

為了成為。(原詞為德文)

(合唱)

我向你伏跪哀懇，內心悲痛如死灰，請關懷我的終局。(原

詞為拉丁文)

(朗誦者)

如浮動。如壓擠。唉聲嘆氣。呻吟。譏諷。發笑。剝削。

動搖。

殺死。驅逐。禁止。忘記。拒絕。

為了要在開口的談話中保持盲目。為了要在談話中保持開

啟。為了使其失明。為了剝削。為了在開啟中結束盲目為

了說話。那在結束中要談話的要使其失明。那要失明的要

使其解釋不清。

(合唱)

撕碎！咬壞！踐踏！

砍碎！驅散！撕咬！

愛不成！壓碎！破壞！

(朗誦者)

他閉上眼睛。給予印象。表達。再也沒有東西表達。為了

讓沒有的存在。為了留下。沒有東西。也沒有人。

(合唱)

害怕與眼淚！(原詞為德文)

　　第四章題為悲傷流淚與散文，「悲傷流淚」是續抒詠的最

後一節：「那是悲傷流淚的日子，當人從塵土復活之時。慈悲的

主耶穌，請賜他們永遠安息。」「**散文**」是德文的部分。在文字

的安排上，首先是一大段沒有標點的德文散文，然後插入拉丁文，
而後是又是沒有標點的德文散文，再插入拉丁文的末句「慈悲的
主耶穌，請賜他們永遠安息。」最後以德文散文結束。在音樂處
理上，德文散文全是朗誦，拉丁文則用合唱，兩者形成彼此交替。
本章在風格上和第三章形成極為明顯的對比，在整體的架構上本
章算是終曲 (Finale)，它也給全曲下了結論：死亡是暗藏安慰的，
不是基督教信仰的那種安慰，而是它結束了受苦，死亡帶來的唯
一安慰就是解脫。合唱在這一章的表現出奇的美，而管弦樂在這
一章的份量特別重，尤其本章的後半在人聲全部歇息之後全靠管
弦樂收尾，此處可以看出作曲者寫交響曲的功力，而本作品採用
交響曲標準四樂章架構的原則也因為結尾的管弦樂而更能體察出
來。

IV.　Lacrymosa et prosa　悲傷流淚與散文

（朗誦者）

所有這些我看到而我看到的我喝而我沒喝的我吞而我不能
拔掉的我撞開；我所沒撞開的我淹死而我沒淹死的我聽而
我沒聽的我切開而我沒切開的我剔出；而我沒剔出的我打
碎而我沒打碎的自行碎掉而沒有自行碎掉的；使其乾枯或
當做黃色的窒息發作流入腐爛的含羞草叢中。觀看之卑鄙
當做在一個分為四份的新鮮加鹽燒壞的肩膀的平滑上面之
所見者被畫上條紋。（原詞為德文）

（合唱）

那是悲傷流淚的日子，

當人從塵土復活之時。慈悲的主耶穌，請賜他們永遠安息。

（原詞為拉丁文）

（朗誦者）

雙唇夾壞的嘴如向上翻滾的難民思想與遇難的眼光投入夜裡與大地的接縫當做有些整體的、聯合的，對於它冷漠的力量當做破壞之疚自額頭長出如同對睡眠者一個未完成的作品當做身體和黃色的斑點，它對其自身絕望尋找的不過是黑暗而不能找到他們。(原詞為德文)

(合唱)

慈悲的主耶穌，

請賜他們永遠安息。(原詞為拉丁文)

(朗誦者)

軟心的怪物；誤解與發酵不良的生物；宿命論與廢墟。

誘惑人的日夜戀情，鉗制，欺騙，訓練有素的無拘無束。

享受與長不成熟；義不容辭的感情衝動與接納儀式。

玷污的理想與閃亮的敬意；突出的暴露狂。宮殿與認證，裝飾的無知者與文明人，不成熟的內疚，不強迫的吃人肉。

混亂，害怕，遲頓，折磨，破壞，錯亂，眼淚，奴役，專制與死亡。(原詞為德文)

第八章
安魂曲音樂分析

　　安魂曲從古至今一直不斷地在發展，類型也有不同，從中世紀單聲部葛瑞果聖歌的安魂曲到 1995 年瑞典作曲家 Ragnar Grippe (1951～) 用電子合成器與女高音獨唱混音而成的安魂曲，這中間作品的數量已多到超乎想像 (詳下一章起的十二個章)，要將所有已知的安魂曲作品全部做一番音樂分析是不可能的，本書只能從不同時代的創作中各取一二作品進行大體上的分析，以做為理解安魂曲音樂之實例。

　　西方音樂自九世紀起即已進入多聲部時代，但是根據史料研究，第一部多聲部安魂曲一直要到大約 1470 年之後才有一位尼德蘭大師 Guillaume Dufay (約 1400～1474) 因為要為自己的喪禮預先準備而有創作問世，可惜此一作品已不復尋。但是從這個時間來看，1470 年以前的好幾百年，安魂曲都是單聲部的，其所用的音樂都是葛瑞果聖歌中的相關歌曲，時間至少可以上溯至最早有聖禮手冊可資證明的年代，也就是第七世紀 (詳第二章第三節之二)，估算起來約有九百至一千年之久。所以單聲部葛瑞果聖歌型態的安魂曲對安魂曲而言曾經是非常重要的，它未曾中斷過，在歐洲一直傳唱至今。基於上述的歷史價值和文化傳承的關聯，首先應該來看看葛瑞果聖歌安魂曲。

壹、　單聲部安魂曲

　　單聲部的安魂曲全是葛瑞果聖歌，歐洲各地有不同的手抄本，各抄本的選曲略有不同。值得注意的是，第二章第三節已有提及，續抒詠進入亡者彌撒的時間是在十四世紀，但在十七世紀之前並未普遍地成為亡者彌撒的一首必備歌曲。雖然 1570 年教廷頒佈的《彌撒經書》(*Missale*) 正式將它納入亡者彌撒之中，但在此後的一百多年之間大部分的安魂曲仍然是沒有續抒詠的。然後在多聲部的安魂曲架構中續抒詠雖廣受大部分作曲家的歡迎，在古典、浪漫和現代這三個時期相當盛行，但此期間它在單聲部葛瑞果聖歌的傳唱情況如何則未受注意，特別值得一提的是，在 1979 年出版的《三重聖歌集》(*Graduale triplex*) 中它又不再存在於亡者彌撒中了。

　　葛瑞果聖歌的安魂曲應該包含那些歌曲？也許可以參考 Jean Claire 主教指揮 Solesmes 聖彼得修道院的修士合唱團 (Choeur des moines de l'abbaye saint-Pierre de Solesmes) 灌錄的一張 CD。這張 1987 年出版的 CD 內容包括亡者彌撒與亡者日課兩部分，全是用葛瑞果聖歌唱的。眾所皆知，Solemis 的修士們在葛瑞果聖歌方面的研究成果素來為音樂學術界所敬重，梵蒂崗版(Editio Vaticana) 的《常用聖歌集》(*Liber Usualis*, 1964) 就是他們的知名貢獻，考證嚴謹的《三重聖歌集》 (1979) 更是他們的代表作。因此，葛瑞果聖歌安魂曲的音樂分析就以 Solesmes 聖彼得修道院的修士合唱團所錄唱的 CD 內容為參考，全套架構共有下列十首歌曲，樂譜則以《三重聖歌集》為主，並參看其他的葛瑞果聖歌版本。

第一節　葛瑞果聖歌安魂曲

1. 進堂曲〈永遠的安息〉

此曲用的是第六教會調式 (f 調式的副調)，主要的樂句在開頭的 *"Requiem aeternam dona eis Domine: et lux perpetua lucet eis"* (主啊，請你賜給他們永遠的安息，並以永恆之光照耀他們)，在此句中每一個分句 (Phrase) 都結束在主音 f 音上面，句尾的 *"eis"* 亦完整的結束在 f 音，曲式上可看成是一個簡單的 A 段。接下來引自詩篇的句子 *"Te decet humnus Deus in Sion…"* (上帝啊，你在錫安當受頌讚…) 等形成第二段，也就是 B 段，在這一段中雖然句子比較多，但這些句子在音樂上完全套用相同的旋律模式，並呈現古人所謂的 Accentus 的風格，為因應各句不同的字數，f 音和 a 音配合各句音節數的多寡，各自作成不同數目的同音反覆，形成所謂的 Tuba 的部位，最後的結束音亦落在 f 音上面。然而這 B 段通常只唱 *"Te decet humnus…"* 一句，後面的詩句就省略了，上面所提的 CD 內容即是如此，而按照一般進堂曲的演唱規範，唱完 B 段之後還要回頭再唱 A 段，全曲於是形成一個 ABA 的三段形式，本張 CD 的示範也是如此。

2. 垂憐曲

垂憐曲的詞只有 *"Kyrie elesion, Christe eleison, Kyrie eleison"* (上主，求你垂憐；基督，求你垂憐；上主，求你垂憐)，由於文字很少，所以三個短語都各唱三遍，而最後一遍唱 *Kyrie eleison* 時會有些變化。安魂曲所用的垂憐曲也是第六教會調式，但此曲和另外的十九首葛瑞果聖歌的垂憐曲相比，可說是最沒有變化的一首了，全曲幾乎僅由一個簡短的旋律反覆九次所構成。

I. MISSÆ IN EXSEQUIIS IN ANNIVERSARIO ET IN DIVERSIS COMMEMORATIONIBUS

ANTIPHONÆ AD INTROITUM

譜例二　《三重聖歌集》中亡者彌撒的進堂曲曲譜首頁

在 *Kyrie eleison* 的旋律唱完三遍之後，套上 *Christe eleison* 的詞
再唱三遍，接著再套上 *Kyrie eleison* 的詞唱兩遍，最後一遍才在
*Kyrie*e 一詞上面做出不同的變化，而最後的 *eleison* 一詞與前面
的 *eleison* 卻仍是一樣的，這的確是最簡短的垂憐曲。

3. 階台經

　　階台經用的是第二教會調式（d 調式的副調），此曲雖與進
堂曲同是副調，但並不像進堂曲那樣以主音結束，而是以主音的
下四度音（a）結束。第一句的文字和進堂曲的第一句完全一樣，
旋律卻相當豐富而有變化，大致可以看做是由 a, b, c 三個樂句
串成的 A 段，這三個樂句分別結束在 a, f 和 a。接下來的詩句 *"In
memoria aeterna …"*（永遠不被遺忘）則構成 B 段，B 段亦包含
三個樂句，分別結束在 d, a, a，這三個樂句的旋律亦各有不同。
安魂曲的階台經和一般的階台經一樣，都有很富於旋律美感的
Conceutus 風格。

4. 連唱詠

　　以 *"Absolve Domine, …"*（主啊，求你解放）開始的連唱詠
是建立在第八教會調式（g 調式的副調）上，並以正調的終止音
g 結束。這首歌表面上看起來有三段，大部分是由相同的旋律材
料所構成。首句從頭唱到 *"delictorum"*（罪惡）處自成一段，接
下來的兩段都是詩句。第一個詩句 *"Et gratia tua …"*（你的恩
典…）其旋律與首句唱完 *"Absolve Domine"* 之後（即 *"animas
omnium fidelium defunctorum ab omni vinculo delictorum"*「所有
亡故信徒之靈魂，脫離罪惡的束縛」）的旋律完全相同，第二個
詩句的前半句（*"Et lucis aeternae"*「永恆之光」）對應起來也是
相同的，僅後半句不同。

5. 奉獻曲

奉獻曲是以第二教會調式 (d 調式的副調) 作成的，結構上有 AB 兩段。A 段稍長，結束在正調的終止音 d 上面。B 段是引自詩篇的一個詩句，比較短，原則上也是結束在 d 音。但最後附加的尾聲 "*Quam olim*"(如同昔日) 雖在 d 音上加強終止感，末尾的音節 "*lim*" 卻從 c 向下滑落到 a，正是 d 的下四度音，稍顯做為 d 調副調的一個特色。在旋律材料上，A 段雖有四句，B 段也有三句，並未有完全相似的反覆和再現，也沒有變奏的現象，僅有少部分的音群彼此相似或是具有主題發展上的關聯。此曲雖是 d 調的副調，d 音在曲中的份量仍然是最重的，其同音反覆之處並略具 Tuba 的特色和 Accentus 的風格。

6. 聖哉經

這首聖哉經並非安魂曲中固有的歌曲，而是取自第十八套供周日彌撒所用的不變部分 (Ordinarium)。此曲成於十三世紀，是相當晚期的素歌創作，在《三重聖歌集》(*Graduale triplex*, 1973) 中屬於極少數沒有標明調式的歌曲，其所使用的音很少，只有 e, g, a, b, c 五個不同的音。其中 b 是構成 Tuba 的音，份量很重，而 e 僅是在結束之前的幾個音之中唯一出現過一次，全曲的旋律基本上是由 g, a, b, c 四音所構成，最後結束在 a，然而光憑上述這些狀況並不足以判定它是什麼調式 (教會調式都是七聲音階)。在旋律風格方面，由於此曲的文字音節與旋律音符的對應關係幾乎全以一對一的 syllabic 的方式結合，屬於古人所謂的 Accentus，不同音的變化只在四音至頂多五音之間，樂句的材料也有一半以上相同，所以全曲是一個宣敘調味道濃厚的一段體歌曲。

7. 羔羊讚

羔羊讚的來源和上面的聖哉經相同，所以歌詞內容完全是一般彌撒所用的羔羊讚歌詞，並未專為安魂曲而有所改變，此曲也沒有標明所屬的調式，但是成於十二世紀，較上面的聖哉經約早一個世紀。形式上，這首歌很明顯的是由同一樂句加兩次反覆所構成，是很簡單的一段體。旋律風格則與上面的聖哉經一樣，也是以 syllabic 方式構成 Accentus。觀察此曲只有 f, g, a, b 四音，暗藏了增四度的音程，但在旋律中卻未碰上，b 亦未降半音，這是因為旋律進行的巧妙而避開了。根據推論，此曲應該和上面的聖哉經一樣，其原型應是以五聲音階作成的 註1。此曲最後的結束音是 g。

8. 領主曲

領主曲是一段式的歌曲，建立在第八教會調式（g 調式的副調）上，而結束在正調的的終止音 g。音樂構成方面，文字上一個完整句子，在樂句上則作成兩個短句，雖然每個短句又有兩個分句，但全曲幾乎是以 syllabic 方式譜曲，所用的音符並不多，顯得整個曲子仍是一個很短的一段式。不過，由於後面的文句還有九句之多，如果全部都要唱完，這個簡短的一段式旋律連唱十遍之後所佔的時間也就不短了。

9. 歡讚歌 (Alleluia) 帶詩句〈自絕望中〉(*"De profundis"*)

每一首歡讚歌在唱完 *Alleluia* 之後都會有一段引自詩篇的詩句，這一首帶有詩篇一二九 註2 第一、二節詩句的歡讚歌

1　見 CD <u>SM12 14.73 *Messe des Morts* Solesmes S 823</u> 隨片解說。

2　中文聖經為詩篇一三〇。

(Alleluia) 並不是專為亡者彌撒作的，但是因為這兩節詩句的內容對安魂曲而言並無不妥，所以這首歡讚歌也就被選用了。此曲一開始的 *Alleluia* 拖著典型的長長的 Melisma，自成一段，可以視為 A 段。後面的兩節詩句 *"De profundis clamavi ad te, Domine"* (上主啊，我在絕望中求告你) 和 *"Domine exaudi vocem meam"* (主啊，求你聽我求助的呼聲) 各為一個樂句，兩句合成一段，可以視為 B 段。在教會調式的屬性上，此曲為第七教會調式 (g 調式)，葛瑞果聖歌安魂曲的各首歌曲有偏用副調的情形，這一首正調的歌曲因而顯得有些特別，各樂句和各段的結束音都停留在終止音 g 上面。

10. 歡讚歌 (Alleluia) 帶詩句〈離開〉("*in exitu*")

這首歡讚歌原本也不是安排在安魂曲中的。*Alleluia* 之後所引用的詩句出自詩篇一一三 [註]3 第一節 *"In exitu Israel ex Aegypto, domus Jacob de populo babaro."* (以色列人離開埃及，雅各的子孫離開異族的土地)，其意義也可以用來象徵人死後離開受苦受難的塵世，回歸上帝的國度，所以也可借來放在安魂曲中。此曲屬第二教會調式 (d 調式的副調)，曲式構造與上一首歡讚歌一樣，也是 AB 兩段式，B 段也分為兩個樂句，A 段及 B 段的兩個樂句都以正調的終止音 d 結束。

貳、 多聲部安魂曲

3　中文聖經為詩篇一一四。

現存最早的多聲部安魂曲是 Johannes Ockeghem (約 1425
～1496) 在將近 1493 年左右所作，採四聲部無伴奏合唱，只有
五章的架構。進入十六世紀後雖已有一些創作，但數量還不算豐
富，一般仍採無伴奏四或五聲部的編制。從十七世紀起進入巴羅
克時期，安魂曲才漸有增加的趨勢，編制上加入部分樂器的伴奏，
在音響感上和文藝復興時期的無伴奏風格已有明顯的不同。然而
和文藝復興時期一樣，人聲的美感和抒情的旋律性是作曲家表現
的重點，例如法國 Jean Gilles (1668～1705) 的安魂曲。此後雖
然在 1636 年出現過 Schütz 所作的第一部自選歌詞的安魂曲，但
是一直到古典時期，整個安魂曲的世界仍是拉丁文安魂曲的領
域。在編制方面，古典時期的合唱聲部並未有太大的變革，倒是
伴奏的樂團有相當的擴充，安魂曲的樂章數目也有明顯的增加。
此一時期 Mozart 的安魂曲不僅是代表作，也是有史以來最多人
知曉、最多人聽過的安魂曲。到了浪漫時期，為了展現作曲家對
於歌詞內容的想像力，大型編制甚至超大型編制的管弦樂團紛紛
在安魂曲作品中出現，整體架構方面也分成更多的樂章，音樂風
格更走上了交響化和歌劇化的道路，例如 Berlioz (1837) 和 Verdi
(1874) 的安魂曲。另一方面受到歷史主義 (Historismus) 與聖
樂復興運動 (Caecialianismus) 的影響，安魂曲也有復古或擬古
的風格出現，例如 Liszt (1868) 的安魂曲。至於在自選歌詞、自
由譜曲的安魂曲方面，1868 年 Brahms 的《德文安魂曲》則有
不可忽視的影響力。進入二十世紀之後，自選歌詞、自由譜曲的
安魂曲總算也開闢出一片不同的領域。不過和過去數百年累積下
來的拉丁文安魂曲相比，短暫的一百年內作品的數量算是相當
少。若以音樂所呈現的形態而言，自選歌詞自由譜曲的安魂曲的
表現最為多樣化，其中也有不少頗能反映出現代音樂的作曲理
念，例如 B. A. Zimmermann (1968) 的《一個年輕詩人的安魂

曲》。以下的音樂分析，篇幅關係，巴羅克和古典各有一例，浪漫有兩例。

第二節　巴羅克風格實例：Gilles 的安魂曲

Jean Gilles (1668～1705) 是法國作曲家，他的亡者彌撒完成的確切年代不詳，推測應該是十七世紀末。在法國，他的亡者彌撒比起同時代更有名氣的作曲家 André Campra (1660～1744) 的同類作品更受歡迎，更多人選用，因為 Gilles 的亡者彌撒有著很高的歌唱方面的抒情性，全曲分為下面七個樂章：

I.　Introitus　　　　進堂曲
II.　Kyrie　　　　　垂憐曲
III.　Graduale　　　階台經
IV.　Offertorium　　奉獻曲
V.　Sanctus　　　　聖哉經
VI.　Agnus Dei　　　羔羊讚
VII. Post Communio　後領主曲

在編制上，Gilles 使用五聲部的人聲合唱，伴奏樂器則有小提琴、長笛、中提琴 (分為兩個聲部)，再加上通奏低音樂器 (數字低音)，算是相當樸素的搭配。五聲部的人聲是以兩部女高音、一部女低音、兩部男高音及一部男低音的六聲部為底，將兩部女高音併為一個高音聲部 (原譜標示為 "Dessus") 而得，也就是女高音、女低音、男高音一、男高音二，男低音共五個聲部。

第一樂章進堂曲。在三十四小節喪禮進行曲的節奏中展開 F 大調慢速四拍子的導奏，獨唱男高音唱出 "*Requiem aeternam,* dona eis Domine"（主啊，請賜給他們永遠的安息）的段落，然後音樂隨即轉入帶有喜悅之情的 2/2 拍子，在十四小節的間奏之後，女高音和男低音的二重唱以對位的方式唱著後續的句子 "et lux perpetua lucet eis"（並以永恒之光照耀他們），二重唱進行了一段之後，在 107 小節處全體合唱才引進來，一直唱到 127 小節，再經過一段間奏，插入男低音的獨唱，然後合唱以主音結構和複音結構混合的風格將這個欣喜的樂段推向高潮並在 161 小節處作一終結。這之後是引自詩篇的句子 "Te decet hymnus Deus,…"（上帝啊，你…當受頌讚），結構上是整個進堂曲的中間部分，音樂轉為 3/4 拍子，由女高音獨唱展開，間奏之後交給男低音獨唱，男低音反覆唱著 "Et tibi redetur votum in Jerusalem"（亦當在耶路撒冷接受還願），之後又是一段間奏，進入女高音與男低音的二重唱，然後在短暫的間奏之後全體合唱把這個中間部分推到了頂點。音樂進入 303 小節，而 303～310 小節實際上等於 31 小節第二拍起至 38 小節，於是很順利的進入第一部分的再現，全曲因此形成一個大三段的 ABA 形式，與單聲部葛瑞果聖果的進堂曲的基本曲式是一樣的。

　　第二樂章是垂憐曲，與第一樂章的進堂曲比起來，相形之下顯得非常簡短。在沒有任何前奏之下，一開始便是獨唱男高音在 F 大調 3/4 拍子上反覆唱著 "Kyrie eleison"，伴奏樂器僅有通奏低音，然後在十一小節長笛與中提琴的間奏之後進入了女低音與男高音的二重唱，唱詞是 "Christe eleison"，至 40 小節處音樂轉為慢速的四拍子，全體合唱加入，唱詞是 "Kyrie eleison"，再至 51 小節處全曲即告結束，整個曲式不脫一段式的結構。

圖二　刊於 R-A Editions 的 Gilles 亡者彌撒總譜中，顯示進堂曲結尾與垂憐曲開頭的一頁手稿影本 (巴黎國家圖書館 Ms. Vm¹. 1345, 手稿 fol. 20r)。

　　第三樂章是階台經。這一樂章的譜表上雖有一個降記號的調號，卻不是 F 大調，從和聲與旋律的轉換手法來看，它有些像終止音在 g 音的多利 (dorisch【德】Dorian【英】) 調式 (即第一教會調式移調至 g 音)，然而臨時出現的降 e 音和升高半音的導音又使它的終止感接近 g 小調。此曲以 3/4 拍子開始導奏，獨唱男低音在 30 小節之處切入，唱出與進堂曲相同的第一句歌詞 "*Requiem aeternam*…"，長笛的連續三度音在前後和中間做著短暫的裝飾奏，效果獨特，至 89 小節第一拍，獨唱結束在半具 g 小調半具 G 調多利調式的調感上，到此算是一大段落。但音樂並未稍停，緊接著全體合唱以欣喜的氣氛唱著 "*In memoria aeterna erit justus*…" (義人永遠不被遺忘…)，中間穿插兩次男低音獨唱 "*ab auditione mala non timebit.*" (他永不失敗)，最後的高潮也同樣結束在 g 調上。

　　第四樂章的奏獻曲繼續前一樂章所用的調子，音樂在莊嚴的 2/2 拍子的導奏之下，獨唱男低音在 27 小節處切入，從 "*Domine Jesu Christe,*…" (主耶穌基督) 一直唱到 "*et de profundo lacu*" (與深淵的…)，在 67 小節處進入了對位風格的四重唱，由男高音獨唱先行發動，73 小節女低音切入，76 小節女高音跟進，80 小節男低音也切入之後音樂漸轉為主音風格，四位獨唱者從 "*Domine Jesu Christe,*…" 一直唱到 "*ne cadant in obscum*" (不墜入黑暗)，在 g 調主音上結束了奉獻曲前段。而從包含 g 音在內的 127 小節開始，音樂轉為帶有欣喜之情的 3/4 拍子，短暫的間奏之後女高音與女低音的二重唱展開了奉獻曲後段的歌詞 "*Sed signifer sanctus Michael*…" (但請聖米迦勒天使長…)，經過短暫的間奏之後全體合唱在 158 小節處加入，中間有第一女高音、第二女高音與女低音的三重唱和男低音的獨唱穿插，全體合唱推著 "*Quam olin Abrahae*…" (如同昔日亞伯拉罕…) 這個句子一直唱到 200 小節，音樂在 g 調主音上又告一段落。從 201 小節開始回復原先的 2/2 拍子，各聲部樂器減為獨奏，男高音獨唱以虔敬的心情唱出 "*Hostias et preces tibi Domine laudis offerimus⋯*"（主啊我們向你獻上頌讚的祭品與祈禱⋯），231～239 小節之間有短暫的二拍與三拍的交替，240 小節確定轉為三拍子，音樂呈現獨唱男低音與全體合唱的交替進行，最後 267～281 小節合唱將全曲推到了第三段的結束，也是全章的終止，同樣是在 g 調主音上。

　　第五樂章是聖哉經。在調性上與前兩首不同的是，這首歌曲記在 G 大調的譜上，音樂也是十分明確的 G 大調。在六小節的導奏之後，獨唱男低音在三拍子的旋律中唱出 "*Sanctus, Sanctus, Sanctus,⋯*"（聖哉！聖哉！聖哉！），在 29 小節處加入獨唱的第二男高音，形成二重唱，一直進行到 46 小節。接著全體合唱在男低音獨唱及女聲三重唱（第一女高音、第二女高音和女低音）各自穿插一次之後，在 70 小節處終止了第一段。音樂轉入 2/2 拍子，"*Benedictus venit in nomine Domine⋯*"（願上帝賜福給那位奉主的名而來的⋯）這句降福經的主句，先是由男高音獨唱，繼而加入女低音獨唱，接著又加入男低音的獨唱，這三重唱進行到 103 小節即告一段落，在 G 大調主音上結束了聖哉經的中段。而 103 小節又轉回三拍子，其第三拍則回頭從 46 小節的第三拍銜接，像進堂曲一樣，聖哉經也以再現第一段的音樂來完成 ABA 的曲式。

　　第六樂章是羔羊讚，此曲和聖哉經一樣都是明確的 G 大調。音樂以慢速的四拍子開始了十二小節的導奏之後，獨唱男低音開始唱出 "*Agnus Dei⋯*"（神的羔羊⋯），然後從 49 小節起由全體合唱以複音結構的手法接續，一直唱到 90 小節結束。此曲和垂憐曲類似，都是屬於對上主和基督的呼求與祈禱，也都明顯的比較短，同樣是單一樂段的形式。

　　第七樂章是後領主曲 (Post-Communion)，這和亡者彌撒通常使用的是領主曲 (Communion) 似有不同，其實這首題為「後領主曲」的歌曲，其歌詞文字與領主曲是完全一樣的。此曲在調性上又回到了兼具 g 調多利調式與 g 小調的調感表現上，與第三章的階台經及第四章的奉獻曲一樣，然而記譜卻是先用一個升記號 (G 大調) 的譜表開始，至 22 小節才改成一個降記號的譜表，並一直用到全曲結束。音樂在 2/2 拍子的導奏進行到 8 小節時獨唱男低音切入，唱著 *"Lux aeterna…"*（永恒之光…），到了 37 小節第一男高音聲部齊唱一段新的主題，42 小節第二男高音聲部齊唱跟進，做出低五度的聲部模仿，46 小節女高音聲部齊唱也跟進做出聲部模仿，而後 51 小節男低音齊唱的聲部模仿也切入，最後女低音齊唱在 54 小節也跟進模仿，五聲部賦格式的複音結構就如此展開來，一直進行到 75 小節，以 D 音上的大三和弦暫時終止。76 小節音樂轉為活潑的 3/4 拍子，獨唱男低音唱了一句 *"Et lux perpetua luceat eis"*（並以永恒之光照耀他們）之後，立即由女高音的齊唱快速引入全體合唱，中間穿插一次女高音與女低音的二重唱，全體合唱以主音結構的風格將此曲推進了結尾，在 115 小節處音樂轉回原先的 2/2 拍子，而在 119 小節處終止了後領主曲，也結束了整首亡者彌撒。

第三節　古典風格實例：Mozart 的安魂曲

　　Mozart 的安魂曲是音樂史上最知名的作品，此曲問世發表的內情也是最撲朔迷離的 (詳見第十四章第二節全)，事實上由於 Mozart 生前未能完成此曲，死後由其弟子 Franz Xaver

Süßmayr (1766〜1803) 將之補完，此曲應該視為兩人的共同創作。就 Süßmayr 補完的安魂曲面貌來看，此曲在編制上採用 S. A. T. B. 混聲四部合唱與 S. A. T. B. 四位獨唱者，伴奏的樂團包含 2 支 Corni di Bassetto【意】(Bassetthorn【德】巴塞特單簧管，F 調)，2 支低音管，2 支小號 (D 調與 B 調)，3 支長號 (Alto, Tenor 與 Bass)，兩支定音鼓 (D 與 A)，完整的五聲部弦樂器群以及管風琴。在章法架構上共有下列十二章：

No.1	Introitus & Kyrie	進堂曲與垂憐曲
No.2	Dies irae	震怒之日
No.3	Tuba mirum	神奇號角
No.4	Rex tremendae	威震之君
No.5	Recordare	求你垂念
No.6	Confutatis	判決惡人
No.7	Lacrimosa	悲傷流淚
No.8	Domine Jesu	主耶穌
No.9	Hostias	獻祭祈禱
No.10	Sanctus	聖哉經
No.11	Benedictus	降福經
No.12	Agnus Dei & Communio	羔羊讚與領主曲

　　第一樂章是進堂曲與垂憐曲的合併，d 小調。進堂曲的速度是柔板 (Adagio)，標著 C 拍號的慢速四四拍子 註4，垂憐曲的速度則是快板 (Allegro)。兩者雖緊貼，但區隔明顯。進堂曲一開始由木管與弦樂群奏出七小節的導奏，氣氛哀傷，第八小節三支長號吹出下行的四度音令人從哀戚的氣氛中猛然為之儆醒，緊接著四部合唱以對位手法由下而上一一切入，"*Requiem aeternam,*

4　在 Mozart 的安魂曲中，所有的四拍子都使用 C 拍號。

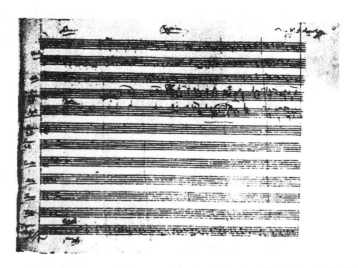

圖三　Mozart 安魂曲親筆手稿第一張正面 (Blatt 1r)，進堂曲。原件藏於奧
地利國家圖書館音樂典藏部 (Mus. Hs. 17561a)。縮圖取自 C. Wolff: *Mozarts
Requiem.* (1991), S.59

dona eis Domine"（主啊，請賜給他們永遠的安息）的聲音從此起
彼落走向節奏一致，音樂風格也從複音結構轉為主音結構，此時
獨唱女高音唱出引自詩篇的句子 "*Te decet hymnus, Deus in Sion,
et tibi redetur votum in Jerusalem*"（上帝啊，你在錫安當受頌讚，
亦當在耶路撒冷接受還願），曲調之美令人動容，跟著合唱又以
對位的手法由下而上一一切入，唱著 "*Exaudi orationem meam, ad
te omnis caro veniet*"（求你垂聽我的祈禱，凡有血肉的都到你的
跟前）以及後續的句子 "*Requiem aeternam dona eis Domine; et
lux perpetua luceat eis.*"（主啊，求你賜給他們永遠的安息，並以
永恒之光照耀他們），沒有反覆或再現，結束了進堂曲。緊接著
速度轉快，Mozart 以雙主題賦格的手法展開垂憐曲，*Kyrie eleison*
的第一主題和構成其對位的 *Christe eleison* 的第二主題僅以一小

節之隔同時展現，兩個主題的答題也依次各自在四個聲部中一一切入，手法堪稱高妙。這首垂憐曲在賦格的曲式構造上完完整整，*Kyrie eleison* 的第一主題乃借自 Händel 的《彌賽亞》中的合唱 (No.22) *"And with his stripes we are healed!"* (因祂的鞭痕，我們得以痊瘉) 的相關主題，顯示 Mozart 對後期巴羅克的兩位大師 J. S. Bach 和 Händel 皆有深入的研究。

　　第二樂章至第七樂章是續抒詠，Mozart 將此曲分割為六章。第二樂章是續抒詠的開頭 *"Dies irae"* (震怒之日)，歌詞從 *"Dies irae, dies illa …"* (那一日是震怒之日 …) 到 *"cuncta stricte, discussurus"* (嚴格查察一切)，也就是續抒詠的頭兩節詩。這一樂章是 a 小調，氣勢驚人，為了要表現世界將毀，末日來臨，所有世人將面對上帝審判的恐懼。這一章是 d 小調，完全由合唱發揮，音樂在恣意的快板 (Allegro assai) 中全體合唱與管弦樂以極大的力度將末日來臨的驚恐氣氛營造出來，到了 42 小節又小聲來表現害怕，隨後在大聲與小聲的交替進行中結束此章。

　　第三樂章是 "Tuba mirum" (神奇號角)，歌詞從 *"Tuba mirum spargens sonum"* (號角神奇的響聲) 到 *"cum vix justus sit securus"* (就連義人也差堪自保)，共有五節。這一章 Mozart 以行板 (Andante) 的速度用四位獨唱者一一述說審判即將開始的情境。首先 Tenor 長號在降 B 大調上吹出了一串分散和音做為前奏，象徵「號角神奇的響聲」，接著獨唱男低音反覆這個主題唱出 *"Tuba mirum spargens sonum, Per sepulcra regionum, Coget omnes ante thronum."* (號角神奇的響聲，傳遍各地的墳墓，催眾生來寶座前)。獨唱男高音接著唱下兩節詩句，從 *"Mors stupebit et natura …"* (死與自然同感顫慄 …) 一直到 *"Unde mundus judicetur"* (世界要依此受審)。再下去的一節 *"Judex ergo cum sedebit, …"* (於是當審判者就座 …) 交給女低音獨唱，而 *"Quid*

sum miser tunc dicturus…" (可憐我屆時將說什麼…) 這一節則由
女高音獨唱。最後四位獨唱者再把本節末句 "*Cum vix justus sit
securus*" (就連義人也差堪自保) 合唱兩次，在不安的心情中結
束了本章。

　　第四樂章是 "Rex tremendae" (威震之君)，歌詞從 "*Rex
tremendae majestatis,…*" (威嚴震懾的君王…) 到 "*Salva me, fons
pietatis*" (慈悲之泉請救我)，只有一節。這一節全用合唱表現，
與上一樂章五節用四個獨唱的手法形成明顯的對比。在 g 小調
慢速的四拍子上，合唱把 "*Rex*" 一詞唱得極為有力，中間以對
位的手法展開，末句則以微弱的音量唱出 "*Salva me, fons
pietatis*"，象徵罪人卑微的心聲，最後終止在 d 音的小三和弦上。

　　第五樂章是 "Recordare" (求你垂念)，歌詞從 "*Recordare
Jesu pie,…*" (仁慈的耶穌求你垂念) 一直到 "*Statuens in parte
dextra*" (在你的右邊站立)，共有七節。這一樂章是 F 大調，音
樂在慢速的 3/4 拍子上平穩地進行，歌詞的表現由四位獨唱者
共同承擔，風格是複音結構的，不同於第三樂章的處理方式，本
樂章的聲部模仿是相當密接的，幾無個別獨唱的段落。

　　第六樂章是 "Confutatis" (判決惡人)，歌詞從 "*Confutatis
maledictis,…*" (一旦惡人判決…) 到 "*Gere curam mei finis*" (請關
懷我的終局) 共有兩節。這一樂章從 a 小調開始，仍是由全體合
唱來表現，第一節詞由男低音與男高音聲部以對位的手法在沸騰
的伴奏音型中大聲唱著 "*Confutatis maledictis, Flammis acribus
addictis*" (一旦惡人判決，投入熊熊烈火)，後面的 "*Voca me cum
benedictis*" (請召我入聖徒) 則以女高音與女低音聲部的輕聲唱
(sotto voce) 來形成強烈的對比，如此交替兩次，四聲部再同時
以弱音唱出下一節的文字 "*Oro supplex et acclinis,…*" (我向你伏
跪哀懇…)，一直到 "*Gere curam mei finis*"，這一節在結構上是

偏向節奏一致的主音風格，但在和聲與調性上則較多半音轉換的手法，最後終止在 F 大三和弦上，延伸至最後一小節，在休止符之後輕輕奏出的最後一個八分音符和弦，是一個 a, #c, e, g 的四三和弦 (d 小調的屬七和弦)，為轉入下一章的調子做準備。

第七樂章是 "Lacrimosa" (悲傷流淚)，這一樂章包括續抒詠的最後三節，從 *"Lacrimosa dies illa…"* (那是悲傷流淚的日子) 到 *"Dona eis requiem. Amen."* (請賜他們安息,阿們)。這三節的續抒詠文字是後人加上去的，所以每節兩句的構造明顯地不同於原本的每節三句的構造。事實上，Mozart 親筆所作的部分只寫到這一樂章開頭的八個小節，本章後續的部分因大師病逝未能完成，由 Süßmayr 補完 (包括管弦樂配器)。這一樂章是 d 小調，最後終止在大三和弦上，全體合唱在 12/8 拍子的慢速進行中以弱聲開始，中間也有強音和漸強的變化，結構上呈現清晰的主音風格。

圖四　Mozart 安魂曲親筆手稿第 33 張正面 (Blatt 33r)，*"Lacrymosa"* 前五小節。(縮圖取自 C. Wolff: *Mozarts Requiem*, S.61)

圖五　Mozart 安魂曲親筆手稿第 33 張背面 (Blatt 33v)，"*Lacrymosa*" 的第六至第八小節為 Mozart 所作 (Mozart 絕筆之處)，第九、十兩小節為 Joseph Eybler 嘗試補作時所加。(縮圖取自 C. Wolff: *Mozarts Requiem*, S.62)

　　第八樂章和第九樂章是奉獻曲，這是 Mozart 已完成的部分，分割為兩章。第八樂章從 "*Domine Jesu Christe…*" (主耶穌基督…) 到 "*Quam olim Abrahae promisisti, et semini ejus*" (如同昔日你曾應許亞伯拉罕和他的子孫)。第九樂章從 "*Hostias et preces…*" (…祭品與祈禱) 到 "*Quam olim… et semini ejus*" (如同昔日…和他的子孫)。第八樂章是 g 小調，在四拍子有精神的行板 (Andante con moto) 中展開一段以複音結構為主的合唱，中間穿插著力度的對比和交替，進行至 32 小節轉為四個獨唱者的聲部模仿，女高音、女低音、男高音、男低音由上往下依序一一切入，到了 44 小節則變為四個合唱聲部的模仿進行，由男低音、男高音、女低音、女高音由下往上一一展開，在接近結尾時才以比較一致的節奏進入終止，終止和弦作了升高三音的處理，成為 G 大三和弦。

譜例三　Bärenreiter 出版社將 Mozart 安魂曲手稿全部轉換為清楚的印刷版，並註明那些地方為 Süßmayr 所補所作，本頁為 Mozart "*Lacrymosa*" 親自作曲的最後八小節。

 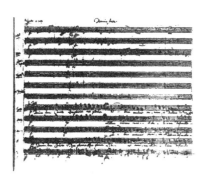

圖六 (Mozart)　　　　　　　　　圖七 (Süßmayr)

圖六與圖七　兩份奉獻曲 "Domine Jesu" 的手稿。左圖為 Mozart 親筆手稿，第 35 張正面 (Blatt 35r)，右圖為 Süßmayr 的手跡，第 24 張正面 (Blatt 24r)。原件藏於奧地利國家圖書館音樂典藏部 (Mus. Hs. 17561 a)。(縮圖取自 C. Wolff: *Mozarts Requiem*, S.63, 66)

第九樂章的 "Hostias" 在音樂處理上分為兩部分，第一部分從 *"Hostias et preces tibi Domine laudis offerimus"* (主啊我們向你獻上頌讚的祭品與祈禱) 到 *"de morte transire ad vitam"* (超度死亡進入生命)，合唱以主音結構的風格進行，降 E 大調，3/4 拍子的行板。至 55 小節轉為四拍子，g 小調，有精神的行板 (Andante con moto)，進入了第二部分，歌詞只有一句，就是 *"Quam olim Abrahae promisisti, et semini ejus"* (如同昔日你曾應許亞伯拉罕和他的子孫)，這一句和奉獻曲前半最後一句的文字一樣，此處合唱以複音結構的風格進行，和第一部分的結構風格形成明顯的對比，最後以 G 大三和弦終止。

第十樂章和第十一樂章是 Süßmayr 作的，這兩章是原本的聖哉經經過分割，前面從 *"Sanctus, Sanctus, Sanctus,…"* (聖哉，聖哉，聖哉) 到 *"Hosanna in excelsis"* (頌讚歸於至高的上帝) 為分離後的聖哉經，而剩下的一句 *"Benedictus qui venit in nomine Domini, Hosanna in excelsis"*（願上帝賜福給那位奉主的名而來的！頌讚歸於至高的上帝）則為降福經。聖哉經在 D 大調慢速四拍子下全體合唱先以主音風格莊嚴地唱出上帝的神聖和榮耀，然後從 11 小節起轉為 3/4 拍子的快板，以聲部模仿手法從男低音、男高音、女低音、女高音一一展開複音結構的旋律，唱著 *"Osanna in excelsis"*，風格和前段形成明顯的對比。

　　第十一樂章的降福經，Süßmayr 在重點句子 *"Benedictus qui venit in nomine Domini"* 上面作了主要的表現，四位獨唱者在降 B 大調行板的三小節導奏之後，女低音先唱出一個三小節的優美主題，而後轉至女高音，接著展開四個獨唱聲部複音風格的四重唱，經過四小節間奏之後呈現短暫的主音風格，然後輪由男低音唱出原先女高音所唱的主題，再由男高音接手，音樂又進入了一段較長的複音結構的段落，一直到 50 小節的第一拍，人聲暫時休止，樂團奏了四小節的間奏之後，音樂轉為 3/4 拍子的快板，這時各聲部的合唱依男高音、女低音、女高音、男低音的順序一一展開和前一章快板所唱的 *"Osanna in excelsis"* 相同的主題，但是在降 B 大調上，這一段快板不久就結束了降福經。

　　第十二章是羔羊讚與領主曲。羔羊讚也是 Süßmayr 作的，d 小調轉 F 大調，在慢速 3/4 拍子之下，由四部合唱以主音風格展開，各分句的力度有十分明顯而強烈的對比，並且唱足了三次呼求的歌詞，而在 51 小節處結束。緊接著從 52 小節起進入領主曲，領主曲從降 B 大調開始，其材料是 Süßmayr 根據第一樂章 Mozart 所作的進堂曲和垂憐曲的音樂再度使用，只不過套換了領主曲的歌詞，其中從 *"Lux aeterna luceat eis, Domine…"*（主啊，請以永恆之光照耀他們）到 *"et lux perpetua luceat eis"*（並以永恆之光照耀他們）是對應在柔板（Adagio）的段落，而最後

一句 "*Cum sanctis tuis in aeternum, quia pius es*" (與你的聖徒永遠同在，因為你是正義善良的) 則對應在快板的雙主題賦格上，最後全曲結束在 d 小調的主和弦上。

第四節　浪漫風格實例(一)：Berlioz 的安魂曲

H. Berlioz (1803～1869) 在 1837 年發表的安魂曲算是這位浪漫主義大師個人極為滿意的作品 (相關文字參看第十章第三節)，他是配器法的高手，即使是安魂曲，他在管弦樂的運用方面也極力發揮，編制非常龐大。人聲方面，他用了一個大型的混聲合唱團和一位獨唱男高音。樂團方面除了一個超大型的主樂團之外，另外還有四個小樂團。主樂團有完整的弦樂群 (小提琴、中提琴、大提琴和低音提琴)，木管部分則有 4 支長笛，2 支雙簧管，2 支英國管，4 支豎笛和 8 支低音管，銅管部分則有 4 支短號，12 支法國號，4 支低音號，而打擊樂器竟用了 16 支定音鼓，1 支降 B 音大鼓，1 支普通大鼓，4 支鑼和 10 支鈸。小型樂團全是由銅管組所構成，第一個安排在北邊的，有 4 支短號，4 支長號和 2 支低音號；第二個安排在東邊的，有 4 支小號和 4 支長號；第三個安排在西邊的，也有 4 支小號和 4 支長號；第四個安排在南邊的，有 4 支小號，4 支長號和 4 支低音號。

在章法架構方面，Berlioz 的安魂曲共分下列十章：

No.1　Requiem et Kyrie　安息經與垂憐曲
No.2　Dies irae　　　　 震怒之日
No.3　Quid sum miser　　可憐的我
No.4　Rex tremendae　　 威震之君
No.5　Quaerens me　　　 你找尋我

No.6　　Lacrymosa　　　　悲傷流淚

No.7　　Domine Jesu　　　主耶穌

No.8　　Hostias　　　　　　獻祭祈禱

No.9　　Sanctus　　　　　　聖哉經 (不含降福經)

No.10　Agnus Dei　　　　　羔羊讚

第一樂章，與 Mozart 的安魂曲一樣，將進堂曲與垂憐曲併為一章，不過，Berlioz 將這兩曲處理成一個真正統一的結合，讓人感覺它是一體的樂章，兩者之間沒有風格上的差異，整體氣氛是很有統一感的。而氣氛的掌握和描寫也正是 Berlioz 整個安魂曲的表現重心，管弦樂色彩的運用和音響的營造是 Berlioz 最關心的，這些在第一樂章裡都已十足明顯地透露出來，所以樂團的部分已非傳統的單純為人聲伴奏的角色，反而具有相當主導性的地位，相形之下承載歌詞的人聲似乎成為表達與描寫眾多靈魂心聲的工具。但在處理上，樂團的部分固然極具交響氣氛之表現，而合唱的聲部結構也還是很有技巧地發揮主音風格、複音風格等不同手法的混合和交替。全曲的力度分得非常精細，第一樂章的最弱音已經用到了 *pppp*。這一樂章以 g 小調 3/4 拍子有點慢板的行板速度 (Andante un poco lento) 開始，主體的部分放在進堂曲的內容上，它是以 G 大調結束的，末尾較短的部分是垂憐曲，它是以 g 小調終止的。

第二樂章至第六樂章是續抒詠，Berlioz 分割的章數和 Mozart 的相近，只少一章，但是作曲手法則大大不同。第二樂章 "Dies irae" (震怒之日) 的歌詞從 *"Dies irae, dies illa…"* (那一日是震怒之日) 一直到 *"Nil inultum remanebit"* (沒有倖免不受懲罰) 共六節，包括 "Tuba mirum" (神奇號角) 那一節在內。音樂內容上，Berlioz 將前兩節的文字處理成一大段，後四節的文字則另成一大段，兩段的音樂有極大的不同。但是在合唱聲部

的處理上，Berlioz 在這一個樂章裡將女高音與女低音併為一個
聲部，男聲則先保持男高音與男低音各一個聲部，成為一個女聲
聲部與兩個男聲聲部的三聲部狀態，到後來又將男高音分成兩
部，變成一部女聲與三部男聲的四聲部合唱。

　　這一章的前段以 a 小調四拍子開始，雖然歌詞的內容是「那
一日是震怒之日，世界瓦解燒成灰燼⋯」，但 Berlioz 並未像
Mozart 那樣讓樂團和合唱發出驟然而來的驚人氣勢，而是先由
大提琴和低音提琴齊奏一段十二小節的主題，這個主題在第一大
段中由男低音聲部多次反覆唱出來，成為前段的主軸旋律，有些
像 Passacaglia 中的頑固音型，女高音和男高音在這個主題的上
方各自進行不同節奏的對位旋律，三聲部唱著頭兩節的歌詞。在
男低音第六度唱完主軸旋律之後，音樂進入了第三節、第四節所
描述的內容。Berlioz 對 *"Tuba mirum spargens sonum, Per
sepulcra regionum,⋯"* (號角神奇的響聲，傳遍各地的墳墓⋯)) 的
豐富想像力和音響設計在此很精彩地表現出來，主樂團的銅管部
分和預置的東、西、南、北四個角落的銅管樂團同時響起片刻之
久的喇叭聲，很立體地營造出這一節歌詞的氣氛，接著震撼的鼓
聲響起，在金鼓齊鳴中，男低音聲部大聲高唱，一直唱到 *"Coget
omnes ante thronum"* (催眾生來寶座前)，為了要發出驚天動地的
氣勢而設計的超大編制的樂團與合唱團在這一段音樂中發揮了史
無前例的效果。接下來的句子 *"Mors stupebit et natura⋯"* (死與
自然同感顫慄⋯) 用弱音表現，女聲與男高音聲部先後加入，當
男低音二度唱完 *"Judicanti responsura"* (答覆審判者的詢問)，第
五節 *"Liber scriptus proferetur⋯Unde mundus judicetur"* (攤開書
寫的案卷⋯世界要依此受審) 在男低音齊唱之際號角聲再度響
起，象徵威嚴震懾的天上君王要開庭審判。第六節 *"Judex ergo
cum sedebit⋯"* (於是當審判者就座) 在隆隆的鼓聲中由男女三聲

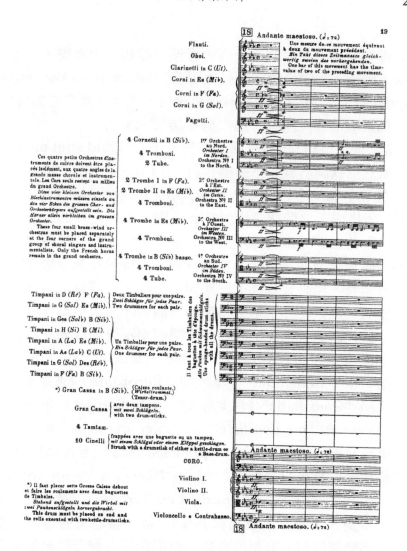

EE 6495

譜例四　Berlioz 安魂曲的第二樂章的第二樂段 "Tuba mirum" 的總譜開頭，譜上用三國語言詳細指示配器與樂團的安置，四個小樂團要放在四個角落，十六支定音鼓要八個人控制。(Edition Eulenburg No. 8003)

部大聲地合唱，接著銅管大作，音樂又掀起一次沸騰，到了頂點
之後，最後十小節合唱回頭輕聲唱著 *"Judicanti responsura, Mors
stupebit et natura"*（答覆審判者的詢問，死與自然同感顫慄），再
兩小節更弱的伴奏尾聲，第二樂章結束。

　　第三樂章很短，標題是第七節的文字："Quid sum miser"（可
憐的我），但歌詞內容並不連續，而是由本節、第九節 "Recordare"
（求你垂念）和第十七節 "Oro supplex et acclinis"（我向你伏跪
哀懇）所構成。這個樂章使用升 g 小調，有點慢板的行板，C 拍
子，伴奏的主題非常清楚地來自前一章第一段的主軸旋律。伴奏
的樂器僅有 2 支英國管、8 支低音管、大提琴和低音提琴，合唱
也只有男聲，男高音分為第一部與第二部，大部分是由男高音第
一部齊唱，倒數第五至第三小節的五個音才加入男高音第二部的
齊唱，最後四個音則交給男低音齊唱而很小聲地以 *ppp* 終止。

　　第四樂章題為 "Rex tremendae"（威震之君），歌詞則包括
第八節 "Rex tremendae"、第九節 "Recordare"（求你垂念）和
第十六節 "Confutatis"（判決惡人），但是 Berlioz 將第十六節的
末句 *"Voca me cum benedictis"* 的 *"cum benedictis"* 略去，另行
接上來自奉獻曲的句子 *"et de profundo lacu"*（自深淵），並加上
稍作修改的同樣來自奉獻曲的句子 *"Libera me de ore leonis, ne
cadam* [註5] *in obscurum! Ne absorbeat me Tartarus!"*（救我脫離獅子
之口，不墜入黑暗，不被地獄吞噬）。這一樂章又回復到主樂團
加四個小樂團的超大編制的音響，合唱仍用女聲一部男聲兩部的
三部混聲的組合，主體的內容置於 *"Rex tremendae majestatis"*（威

5　這個拉丁文字在樂譜上印為 "cadam"，按照《三重聖歌集》，正確的拼
　　法應該是 cadant。

嚴震懾的君王）的場面和氣氛的刻劃上，其次與之形成對比的是
"*Salva me* …"（請救我…）的卑微呼求。音樂以 E 大調莊嚴的行
板（Andante maestoso）的四拍子展開，合唱則展現了主音結構
與複音結構交替並用的手法。

　　第五樂章題為 "Quaerens me"（你找尋我），歌詞則包括第
十節 "*Quaerens me* …"、第十一節 "Juste judex…"（公正審判
者…）、第十二節 "*Ingemisco* …"（我歎息…）、第十四節 "*Preces
meae* …"（我的祈禱…）、第十三節 "*Qui Mariam absolvisti* …"（你
赦免了馬利亞…）和第十五節 "*Inter oves* …"（置我於綿羊群中…）
註6 的內容。這一樂章完全不用管弦樂，是一首無伴奏的合唱。
音樂先以女聲一部男聲兩部的配置，透過聲部模仿的手法展開，
但是從第十二節的歌詞開始則變為六聲部的合唱，這時女聲分為
女高音與女低音，而男高音則再分為第一男高音與第二男高音，
男低音也分為第一男低音與第二男低音。音樂是採 A 大調、持
續的行板（Andante sostenuto）與 C 拍號的四四拍子譜成，全
曲充滿了富於流動感的複音風格，表達對上主與耶穌赦罪的誠懇
祈求。

　　第六樂章為 "Lacrymosa"（悲傷流淚），歌詞內容包括從
"*Lacrymosa*" 起的最後三節，但是最後一節的 "*Pie Jesu Domine,
Dona eis requiem*"（慈悲的主耶穌，請賜他們安息）僅在中間唱
了一小段，其餘大部分都在反覆唱著 "*Lacrymosa dies illa,* …"（那
是悲傷流淚的日子…）與 "*Judicandus homo reus* …"（有罪之人即
將受審…），雖然文字不多，但因不斷反覆這兩節歌詞，使得本
章也成為比較長的一章。在編制上，本章又回復為超大管弦樂與
三聲部混聲合唱的搭配，音樂以 a 小調開始，最後一小段則以

6　Berlioz 故意按照這樣的順序安排。

A 大調終止，從頭至尾使用少見的 9/8 拍子。和 Mozart 安魂曲的 "Lacrymosa" 相比，這一樂章的整體氣氛並沒有顯示悲傷流淚的心情或求神赦免的祈禱，而是客觀的對末日審判來臨的宣示。

第七樂章是奉獻曲，但只是前半，後半分割為第八樂章。分割的情況與巴羅克時代以來部分作曲家們（如 Mozart 等）所做的相仿，也就是前半從 "Domine Jesu Christe…"（主耶穌基督…）到 "Quam olim Abrahae promisisti, et semini ejus"（如同昔日你曾應許亞伯拉罕和他的子孫），後半從 "Hostias et preces …"（…祭品與祈禱）到 "Quam olim… et semini ejus"（如同昔日…和他的子孫）。第七樂章在編制上不再加入四支外圍的小樂團，僅使用主樂團，震憾的鼓聲也暫歇了，音樂在 d 小調四拍子中庸速度下以弦樂為主導，首先由第一小提琴展開一段帶有教堂歌詠般的旋律，這個旋律除了第四次是出現在木管聲部外，其他各次都在不同的弦樂聲部中輪流前進，使得弦樂部分因為表現這個主軸旋律而成為整個樂章的表現重心，相形之下管樂和人聲都是裝飾性的運用。管樂常奏出間歇的個別強音和一些間奏段落的音型，而合唱雖有三個聲部，卻幾乎從頭到尾齊唱，只有在結束前的 21 小節才分成六聲部，並進一步唱出和弦的結構來，而這之前所唱的簡短音型皆一成不變，僅由 a 和降 b 兩音所構成，它以間歇的方式不斷出現，構成一種應和主題的裝飾，使得整個樂章的氣氛有如教堂場景的交響素描。

第八樂章題為 "Hostias"（獻祭祈禱），這個樂章是奉獻曲的後半。為表現歌詞的內容 "Hostias et preces tibi Domine laudis offerimus…"（主啊我們向你獻上頌讚的祭品與祈禱…），祈禱的氣氛終於出現，Berlioz 保留主樂團的 3 支長笛和弦樂群，加上第三和第四小樂團各四支的長號，並將第一樂章以來一直使用的混聲三部合唱改為混聲四部合唱，用 g 小調有點慢板的行板速度在 C 拍子下，以教堂聖詠的主音結構風格營造了一個虔誠祈禱的場景，連合唱的旋律線條都像祈禱的宣敘調那樣平直而少變化，效果很好。

　　第九樂章是聖哉經，Berlioz 在歌詞處理上將後面的 "*Benedictus…*" 捨去，所以不含降福經，也沒有將這個部分另立一章，這樣在內容與形式的結合上也許比較單純。在這個樂章中伴奏僅用主樂團，人聲則首次使用一位獨唱男高音，以及女高音兩部，女中音一部，男高音與男低音各兩部的混聲五部的合唱，但在實際運用上五部合唱的段落並不多。首先，音樂以降 d 小調有點持續與莊嚴的行板 (Andante un poco sostenuto e maestoso) 在四拍子下奏出五小節的導奏之後，獨唱男高音以中強 (*mf*) 的音量唱出具有歌唱美感的旋律，接著女聲三部以甚弱 (*pp*) 的力度在獨唱間歇時做出有和聲的反覆，兩者以這種方式交替進行，一直唱到 "*…gloria tua*"(你的榮耀)，完成了第一個樂段。後面的 "*Hosanna…*" 轉入不過份的快板 (Allegro non troppo)，在弦樂的伴奏之下，合唱以賦格式的聲部模仿手法由全體女聲以同度唱出 "*Hosanna in excelsis*" 的主題，這個主題再依序由男低音和男高音一一跟進，在各自聲部展開與收束之後結束第二個樂段。接著回復先前的速度與編制，音樂進入第三個樂段，再度出現男高音獨唱與女聲三部的應和，這一樂段大致上是第一樂段的再現，只是伴奏略有變化，最後以女聲三部的合唱結束。接著的第四樂段在歌詞文字與音樂主題上則是第二樂段的再現，速度再度進入不過份的快板，女聲三部以同度齊唱的方式率先展開 "*Hosanna in excelsis*" 的主題，同樣按照男低音、男高音的順序一一跟進模仿，在一段複音手法的展現之後，最後數小節以主音風格將此樂章推到高潮而結束。

　　第十樂章題為羔羊讚，但內容不只有羔羊讚，實際上和 Mozart 的做法一樣，Berlioz 也是將羔羊讚和領主曲結合為一個樂章，這樣在內容上才有一個圓滿的收尾。在這最後一章，Berlioz 再度將全部編制用上，除了主樂團之外，四個置於外圍的小樂團也再度投入，連十六支定音鼓都再度登場，不過，這最後一個樂章在氣氛上是一個為亡者祈福禱告的樂章，沒有先前第二樂章那種驚天動地的音響感。羔羊讚以 a 小調 3/4 拍子有點慢板的行板速度開始，由樂團輕輕奏出十二小節的導奏之後男聲四部合唱以主音風格輕聲唱出 "*Agnus Dei…*"(神的羔羊…)，此處 Berlioz 將原來三句的歌詞改成兩句相同的 "*Agnus Dei, qui tollis peccata mundi, dona eis requiem, requiem sempiternam!*" 由於他只譜了這兩整句，並未有所反覆，所以合唱團唱完這兩整句之後也就結束了羔羊讚。接下去音樂轉入 g 小調，回到與第一樂章相同的調性，使最後的領主曲能夠與開頭的進堂曲首尾一致。Berlioz 甚至將進堂曲從 "*Te decet hymnus…*"(你當受頌讚…) 直到 "*…et lux perpetua luceat eis*"(…並以永恒之光照耀他們) 的部分再引進來，而進堂曲的最後一句 "*Requiem aeternam…et lux perpetua luceat eis*" 和領主曲的第二句完全一樣，所以 Berlioz 只在這後面加上一句 "*Cum sanctis tuis in aeternum, Domine, quia pius es.*" (與你的聖徒永遠同在，主啊，因為你是正義善良的)，它就轉成領主曲了，這手法有如使用共同和弦轉調，兩者頗有異曲同工之妙。而音樂方面，Berlioz 直接將第一樂章 "*Te decet hymnus…*" 那一段進堂曲至接上垂憐曲之前的樂譜完全搬過來接在羔羊讚之後，一音未改，連 "*Cum sanctis…*" 和 "*Kyrie eleison…*" 基本上也是相近的。最後 Berlioz 再加一段 "*Amen*"(阿們)，整個樂章就結束，全部的安魂曲也跟著結束。就實質內容而言，這最後的樂章包含了不只羔羊讚和領主曲，中間還夾著進堂曲的再現，而就重複使用先前材料的做法而言，不能說沒有受到 Mozart 安魂曲的影響。

第五節　浪漫風格實例(二)：Liszt 的安魂曲

在浪漫現實主義 (Romantischer Realismus) 中，F. Liszt (1811~1886) 與 R. Wagner (1813~1883) 及 H. Berlioz 都是重要的主導人物，然而 Wagner 從未寫過安魂曲，同屬新德意志路線 (Neue Deutsche Richtung) 的 Liszt 則是唯一有安魂曲作品的人，只是 Liszt 的安魂曲知名度甚小，許多人根本不知道 Liszt 寫過安魂曲，使得此一作品的研究甚少受到注意。造成這種情況並非作品不好，而是因為它的特殊性使它少有演出，以致很少人知道它的存在和價值，再加上某些既存的偏見，Liszt 的安魂曲可說並未得到應有的重視。

從作品發表的時機來講，Liszt 的安魂曲的手稿完成於 1867/68 年，印刷譜可能是 1871 年問世，而 1868 年有 J. Brahms (1833~1897) 的《德文安魂曲》,1874 年有 G. Verdi (1813~1901) 的安魂曲，都是表現後期浪漫派崇尚大型編制的時代潮流的作品，Liszt 在此期間的安魂曲卻是四位男聲獨唱、男聲四部和管風琴的基本編制，另外只在作品的少數地方彈性增加 (ad libitum) 2 支小號、2 支長號和定音鼓，這樣的搭配似乎不合人們自 Berlioz 的安魂曲發表以來所習慣的音響口味，甚至到了 1990 年代張己任還用「這個媒體組合奇特的《安魂曲》」[7] 這樣的措辭來陳

---

[7]　張己任：〈安魂曲─從古到今(十七)，浪漫時期之二，李斯特與威爾第/上〉，刊於：《古典音樂》月刊，台北市。第 25 期 (1994/3)，頁 101。張

述它,也就可以想像一般是如何看待這個作品。

其實,以今日音樂史研究的成果來看,Liszt 的安魂曲在歷史的定位方面應該有其特殊的成就和意義。雖然在宗教音樂方面,Liszt 個人的音樂觀不無爭議,但晚年的他在閱歷更為豐富之後,寫作安魂曲時未必願意貫徹早年的想法。而浪漫時期的歷史主義、聖樂復興運動 (Caecilianismus【德】) 也是塑造時代精神與風格的重要影響力之一,Liszt 的安魂曲明顯的復古或擬古的手法,就是他對歷史主義與聖樂復興運動的具體反應。他的精簡編制,僅以管風琴為必要的伴奏樂器,當然是比較古式的,而純男聲的合唱與重唱是十九世紀極為蓬勃的合唱型態,並非奇特的「媒體組合」,只是這種編制較少用在安魂曲上。前輩作曲家 L. Cherubini (1760～1842) 的 d 小調安魂曲 (1836) 是個先例。純男聲的重唱與合唱用在像安魂曲這種長大篇幅、多樂章的作品中,由於缺乏弦樂、木管的音色調和,在整體音響感上必然容易令人感覺過於陽剛,但是這也考驗作曲者的技巧和才華。另外,在和聲上,由於 Liszt 意圖結合文藝復興後期的半音手法與後期浪漫派擴張調性的半音手法,在演唱技巧上也有相當高的難度。以上的情況再加上聽眾的品味也許可以解釋為什麼 Liszt 的安魂曲極少演出。至於章法架構方面,Liszt 的安魂曲只有下列的六章,數目上就類似文藝術復興末期的狀況:

I.   Introitus   進堂曲
II. Sequenz   續抒詠
III. Offertorium   奉獻曲
IV. Sanctus   聖哉經
V.   Agnus Dei   羔羊讚

已任:《安魂曲綜論》,台北市 (大呂出版社),1995。頁 166。

VI. Libera me　　答唱曲

　　第一樂章題為進堂曲，實際上是進堂曲與垂憐曲的合併，這是自 Mozart 以來常見的情況。管風琴在降 A 大調 2/2 拍子柔板 (Adagio) 的速度下奏了兩次 c¹ 音提示音高之後，第一獨唱男低音便從這個音出發，唱出 "*Requiem aeternam…*" (永遠的安息)，接著加入第一獨唱男高音與第二獨唱男低音，短暫的無伴奏三重唱之後又加入第二獨唱男高音，形成男聲四重唱，這一段四重唱以主音風格結束。接下去 "*Te decet hymnus…*" (你當受頌讚…) 這段詩篇的句子由男聲四部合唱來表現，唱至 "*…orationem meam*" (…我的祈禱) 轉入 A 大調。再接下去的 "*ad te omnis caro venit*" (凡有血肉的都到你的跟前) 又回到四重唱

REQUIEM

Requiem aeternam

譜例五　　Liszt 安魂曲總譜進堂曲開頭 (Edition Eulenburg No.947)

的手法，然後調子再度轉回降 A 大調，最後一句 “*Requiem
aeternam…luceat eis*”（永遠的安息…照耀他們）輪回合唱，在降
A 大調中結束進堂曲。接著從 143 小節起進入垂憐曲，這一段
由四重唱主唱，最後五小節才加入合唱。在這一樂章中，管風琴
的伴奏類似通奏低音，著墨不多，襯托出非常清晰的人聲，獨唱
與合唱的交替進行在表演方式上也避免了流於單調的效果。而從
和聲的音響感可以聽出，Liszt 並非單純地以文藝復興時期
Gesualdo (ca. 1560～1613) 等人半音手法的和聲做為模擬，實
際上還融合後期浪漫調性擴張的半音和聲，其不協和感是超過文
藝復興時期的，但這也使得 Lizst 的作品能夠具有時代風格，而
不至於淪為全然的復古或擬古。

　　第二樂章是續抒詠，Liszt 一反潮流，不但未將續抒詠分割
為許多章，反而將它以一個樂章處理完畢，其在形式上的復古於
此強烈顯現。這種情況，回顧音樂史，意大利的 Giulio Belli (1560
～1621 或 1621 之後) 1599 年出版的四聲部安魂曲可以做為時代
的借鏡（詳第十一章第一節）。由於續抒詠的文字相當冗長，不
分章也得分段，Liszt 將此曲分成幾個樂段。第一段從 “*Dies
irae…*”（震怒之日）到 “*Nil inultum remanebit*”（沒有倖免不受懲
罰），包括第一節至第六節的文字，四部合唱在無需前奏的情況
下，一開始即以甚強 (*ff*) 的音量，在 c 小調 Alla breve (2/2 拍
子) 很有動力 (molto mosso) 的速度下，以簡單有力同一節奏
的主音風格唱出 “*Dies irae, dies illa…*”（那一日乃震怒之日…），
唱到 “*Tuba mirum spargens sonum…*”（號角神奇的響聲…）這一
節，小號、長號和定音鼓首次加入，合唱唱完 “*Coget omnes ante
thronum*”（催眾生來寶座前），交由第二男低音聲部輕聲 (sotto
voce) 齊唱 “*Mors stupebit…*”（死與自然同感顫慄）的第四節文
字，再下去的 “*Liber scriptus…*”（攤開書寫的案卷）和 “*Judex*

ergo…"（於是當審判者就座）這兩節又是主音風格的四聲部合唱，而在 "Judex ergo…" 這一節，小號、長號和定音鼓二次響起。再接下去進入第二樂段，速度轉為慢板 (lento)，第一獨唱男低音以新的旋律唱出第七節的文句 "Quid sum miser…"（可憐的我…），第八節由四部合唱唱完前兩句 "Rex tremendae majestatis, Quid salvandos salvas gratis"（威嚴震懾的君王，你義務施行拯救）之後第一男低音優雅地齊唱 "Salva me, fons pietatis"（慈悲之泉請救我）。接下去的第九節和第十節是合唱、獨唱與重唱的變換，合唱以最輕柔的聲音唱完 "Recordare"（求你垂念）的第九節，獨唱與重唱則接著後續的第十節 "Quaerens me"（你找尋我）。然後合唱大聲地唱出第十一節 "Juste judex"（公正審判者），音樂在力度方面和前兩節形成強烈的對比，管風琴的尾奏結束了這個樂段。第十二節開始之處可以視為進入第三樂段，從 "Ingemisco…"（我歎息）一直到 "Statuens in parte dextra"（在你的右邊站立），包括了第十二至第十五節的文字，在音樂處理上都是以重唱的方式譜曲，這是第二樂章中最長的一段男聲四重唱。接下來從第十五節的 "Confutatis"（判決惡人）到最後第二十節的 "Pie Jesu"（慈悲耶穌），這一段可以看做是第四樂段。這一樂段只有在 "Oro supplex et acclinis, Cor contritum quasi cinis"（我向你伏跪哀懇，內心悲痛如死灰）出現一次第一男低音的獨唱之外，其餘全是合唱，而除了 "Judicandus homo reus"（有罪之人即將受審）這一句再度有小號、長號和定音鼓的加入之外，大部分都是管風琴伴奏，最後的 "Amen"（阿們）從 a 小三和弦進入 C 大三和弦，平靜地終止了續抒詠這個樂章。

第三樂章是奉獻曲，它以 a 小調 2/2 拍子有精神的行板 (Andante con moto) 開始，先由第一男低音獨唱一句 "Domine Jesu Christe"，接著四部合唱唱下一句 "Rex gloriae"，頗有一點巴羅克時代先引一句葛瑞果聖歌的開頭再合唱彌撒曲的信經 (Credo) 之類的演唱方式，接下去的 "*libera animas*…"（拯救靈魂）是以四重唱的方式處理的，其後的 "*libera eas*…"（解救他們…）則換成四部合唱，當合唱唱完 "*sed signifer sanctus Michael repraesentet eas*"（但請聖米迦勒天使長帶領他們），四重唱從 "*repraesentet eas*" 一詞接過來，一直唱到 "*Quam olim Abrahae promisisti, et semini ejus*"（如同昔日你曾應許亞伯拉罕和他的子孫）。接下去的 "*Hostias et preces tibi Domine laudis offerimus*" 是四重唱與合唱的交替，但是這一段的合唱是男高音與男低音的八度齊唱，在四重唱唱完 "*laudis offerimus*" 之後，合唱重複這兩個字時才從八度齊唱變為四部合唱。跟著從 "*tu suscipe*…"（請你悅納…）一直唱到完都是四重唱的結構，最後由四部合唱重複尾句 "*Quam olim*…*et semini ejus*"（如同昔日…和他的子孫），在漸慢之後終止在 A 大調上。

　　第四樂章是聖哉經。這是一個相當莊嚴明朗的樂章，在本作品中首次出現 3/2 拍子，四部合唱一開始即以頗為莊嚴的慢板 (lento maestoso assai) 在 F 大三和弦轉入 d 小三和弦的和聲之中連著三聲 "*Sanctus*"（聖哉），把聖哉經的神聖莊嚴氣氛宣揚開來，緊接著在管風琴以每小節三個三連音的音型象徵「三位一體」的伴奏之下，合唱繼續唱著 "*Pleni sunt caeli et terra gloria tua*"（你的榮耀充滿天地），到了 "*Hosanna in excelsis*"（頌讚歸於至高的上帝），小號、長號與定音鼓跟著加入，將氣氛推到前段的頂點。後段 "*Benedictis qui venit in nomine Domini*"（願上帝賜福給那位奉主的名而來的）由第一男低音獨唱，而後加入第一男高音、第二男高音與第二男低音形成四重唱，唱了一小段之後又加入四聲部的合唱，不過合唱只是輕聲的伴唱，主導的角色仍在重唱，最後再度唱到 "*Hosanna in excelsis*"，小號、長號與定音鼓再次加入，到達高潮之後，最後再以弱音唱一次 "*Hosanna in excelsis*" 而輕輕地在 F 大調上結束。

第五樂章是羔羊讚，但實際上是羔羊讚與領主曲合併為一個樂章。這個樂章又回到了 2/2 拍子，慢板 (lento)。首先由第一男低音在完全無伴奏的情況下獨唱 "*Agnus Dei, qui tollis peccata mundi*" (神的羔羊，消除人世的罪者)，下半句 "*dona eis requiem*" (請賜給他們安息) 再加入另外三位獨唱者。第二句是第一句的模進，演唱的形式相同。第三句則是四聲部一體的重唱，但在反覆 "*requiem sempiternam*" (永遠的安息) 之後，在毫無段落的區隔之下就繼續進入領主曲。領主曲在四重唱唱到 "*(in) aeternum*" 時，四部合唱加入，兩者以平衡而相互彰顯的方式進行，最後的 "*Amen*" (阿們) 重唱與合唱很一致地輕輕在降 A 大調的主和弦上結束了這一個樂章。

按照安魂曲章法架構處理的通例，領主曲完，安魂曲也就可以結束了，尤其領主曲的歌詞內容和音樂氣氛也很適合做為結束的樂章，特別是最後的 "*Amen*" (阿們)，所有對亡者的祈禱與祝福就從這個字發送出去吧，因此這是很好的結束的地方，Liszt 的安魂曲原本也就寫到這裡結束，並不覺得有何不妥。但是這首安魂曲在 1868 年完稿，1869 年首演之後，Liszt 又於 1871 年作了一首亡者答唱曲 "Libera me" (求你救我) 當做第六樂章添加上去，由於亡者答唱曲本來就是自由添加的歌曲，作曲者有此一舉，旁人當然無從置喙。不過，由於添加的樂章和原來的作品相隔三年，新舊部分合在一起的整體感似乎不是那麼完美。

1871 年添加的第六樂章是答唱曲 "Libera me"。音樂在 a 小調 (不是第一樂章和第五樂章所用的降 A 大調！) 2/2 拍子慢板 (lento) 的速度之下合唱先以弱音唱出 "*Libera me, Domine*" (主啊，求你救我)，再一次以漸強漸弱表現這個短句之後，"*de*

morte aeterna…"（從永遠的死亡中）是以 *f* 的強音唱出來的，而
"*Quando coeli movendi sunt et terra*"（當天搖地動時）則是 *ff* 的力
度，已經是譜上所用到的最強的等級了，此時管風琴也以較為活
躍的連續八分音符的節奏來象徵天搖地動。然後由第一男低音獨
唱 "*Tremens factus sum ego, et timeo*"（我顫慄恐懼），再由第一男
高音獨唱一次，接著在管風琴滾動的音型伴奏之下合唱以弱音唱
出 "*dum discussio venerit, atque ventura ira*"（面對即將來臨的審
判與隨之而至的震怒），接下去的 "*Quando coeli movendi sunt et
terra*" 又是強音的力度。而後面的 "*Dies illa, dies irae, calamitatis
et miseriae, dies magna et amara valde. Dum veneris judicare
saeculum per ignem*"（那個日子是震怒的日子，是災難和不幸的
日子，是事態重大與非常哀苦的日子，你要用火來審判世界）則
用更大的音量將氣氛推到了高潮。管風琴的間奏之後，第一獨唱
男低音以弱聲唱出 "*Requiem aeternam dona eis Domine*"（主啊，
請賜給他們永遠的安息），合唱重複這句話，並把後半的句子 "*et
lux perpetua luceat eis*"（並以永恆之光照耀他們）接下去唱完。
Liszt 並沒有讓音樂這樣終止，他把開頭 "*Libera me*…"（求你救
我）一直到 "…*per ignem*"（用火來…）的文字又發揮了一次，使
得本已稍覺平息的心境最後陷入了末日災難的意象中，在管風琴
和緩的尾奏之後，一時還不能自已。(相關文字見本書第十七章)

第六節　現代風格

　　二十世紀以來的現代音樂在風格上是非常多樣化的，它不
像過去的時代如文藝復興、巴羅克、古典和浪漫那樣有著普遍而
明顯的主流風格。現代音樂有很多的流派或主義，沒有一個流派

或主義是全面而持久的，甚至作曲家個人也不斷在變換嘗試各種不同主義，在這種情況下很難單從某一個人的某一作品就能看出現代音樂的完整風貌，這種情形亦同樣反映在安魂曲的創作上。

　　現代音樂的安魂曲比較重要的特點之一，就是自選歌詞、自由譜曲的安魂曲數量遠較過去要多很多。除了 Schütz 和 Brahms 的作品之外，絕大部分自選歌詞、自由譜曲的安魂曲都是現代音樂。另一方面，現代音樂作品中也不乏按照傳統亡者彌撒的章法架構寫作的安魂曲，例如 Franck Martin (1890～1974) 的 安 魂 曲 (1972) 、 Jonas Kokkonen (1921 ～) 的 安 魂 曲 (1981)、Lloyd Webber (1948～) 的安魂曲 (1984) 等。所以，要了解現代的安魂曲音樂，不能單以一兩個作品為例，而應該多接觸不同內容、不同形式、不同創作理念、不同音樂語法的作品。本書曾在前一章對 B. A. Zimmermann (1918～1970) 的《一個年輕詩人的安魂曲》(1969) 作較詳細的介紹，或許可以當作現代風格實例之一吧！

第九章

安魂曲的創作與發展 （一）

尼德蘭（荷蘭）與 比利時

尼德蘭

　　古代的尼德蘭，在音樂的文藝復興時代 (1430～1600) 大略包含今日的荷蘭、比利時和法國的一部分。當時建立在這塊土地上的布根第 (Burgundy) 公國由於經濟繁榮物阜民豐，促進了人文藝術方面的高度發展，也吸引了歐洲第一流的音樂家前來就業和工作，所以成為當時歐洲音樂發展的主導地區。而此一時期的西方音樂經歷了第九世紀以來大約五、六百年之久的多聲部音樂的摸索與嘗試，正走上了第一個開花成熟的階段。尤其文藝復興後期 (十六世紀)，在歌樂方面的發展已經達到了音樂史上複音風格的頂點。創造這項成果的音樂家以尼德蘭大師為主要代表，他們的成就首先是在教堂音樂方面，尤其是彌撒，而安魂曲在彌撒中雖僅佔極少的份量，但也是跟著彌撒的創作一同發展的，所以在這一方面自然也就領先歐洲其他地區。

　　尼德蘭大師在安魂曲上的創作可以上溯到第一代的 Guillaume Dufay (約 1400～1474)。Dufay 之前的作曲家迄今尚未發現曾經寫過多聲部安魂曲者，所以 Dufay 應是寫作多聲部安魂曲的第一人。他的安魂曲是為他自己的葬禮而作的，可惜這個作品失落了。但是 Dufay 曾經寫作安魂曲的事實仍然可以從他的遺囑中得到見證，在他遺囑交代的事項中，他提到了要將他自己的安魂曲贈給為他舉行葬禮的教堂，也提到在他葬禮的次日要唱他的安魂曲：註1

Item　lego capelle sancti Stephani una cum libro in quo continetur missa sancti Anthonii de Padua in pergameno unum alium librum papireum magni voluminis continetem issma sancti Anthonii Viennensis et missam meam de Requiem.

. . . .

Item volo quod XII de sufficientioribus, sive sint magni sive parvi vicarii, in crastinum exequiarum de cantent missam meam de Requiem in capella sancti Stephani et in fine misse post requiescant in pace dicant unam de sequentiis aliis quam voluerint deinde de profundis cum collecta Inclina et fidelium, et pro hoc lego IIII libras parisienses. 【拉】

1　見Franz X. Haberl: *Bausteine für Musikgeschichte*. Vol. I, *Wilhelm Dufay*. Leipzig (Breitkopf & Härtel), 1885. S.120f. 英文翻譯見Harold T. Luce: *The Requiem Mass from its Plainsong Beginnings to 1600*. Diss. Florida State University, 1958. p.68

項目：我贈予聖史第芬教堂，連同一本寫在羊皮紙上內含帕
都瓦的聖安東尼彌撒的書，另一本大尺寸紙質的書，內含維
也納的聖安東尼彌撒和我的安魂彌撒。

. . . .

項目：我希望十二位更有能力的人，不論他們是大的或小的
教區神父，在我的葬禮的次日在聖史第芬教堂唱我的安魂彌
撒，在彌撒的末了於 *requiescant in pace*（在平靜中安息）之
後，說出他們希望的另一首續抒詠，然後是 *de profundis*（在
絕望中）帶短祈禱文 *Inclina et fidelium*（嚮往與忠誠），我為
此贈予四鎊巴黎幣。註2

由於 Dufay 的安魂曲已不復尋，我們無從得知這首安魂曲
的章法架構。Dufay 之後，現存最早的多聲部安魂曲是第二代
的尼德蘭大師 Johannes Ockeghem 所作。Ockeghem 約生於 1425
年（一說 1410 年），歿於 1496 年（一說 1497 年），他的安魂曲可
能作於 1493 年。此曲使用四聲部合唱，架構並不複雜，一共只
有五章，依序如下：

I.   Introitus 進堂曲
II.   Kyrie   垂憐曲
III. Graduale   階台經
IV.   Tractus   連唱詠
V.   Offertorium   奉獻曲

這首安魂曲的階台經使用的是 "*Si ambulem*"，連唱詠是
"*Sicut cervus*"。Trent 會議（1545～1563）之前的多聲部安魂曲
的狀況，本曲提供了少有的實例，目前已有兩個 CD 版本問世。

2 中文為著者自譯。

圖八　現存最早的安魂曲為 Ockeghem 的作品，本圖為 Archiv 唱片公司發行的 CD 封面。

　　Ockeghem 之後，下一個為人所知的曾有安魂曲創作的尼德蘭大師是 Pierre de la Rue，他生於 1460 年，歿於 1518 年。他的安魂曲為何而作並不清楚，有一說法，推測可能與 Philibert

of Savoy 之喪有關。La Rue 的安魂曲也是四聲部編制，但是有
七章的架構，依序是：

I.　　Introitus (Requiem)　進堂曲 (安息經)

II.　　Kyrie　垂憐曲

III.　　Psalmus (No.41)　詩篇第四十一　註3

IV.　　Offertorium　奉獻曲

V.　　Sanctus. Benedictus　聖哉經 (含降福經)

VI.　　Agnus Dei　羔羊讚

VII.　Communio　領主曲

這個架構看起來已相當具完整性，雖然沒有階台經，但顯然以
〈詩篇〉第四十一做為一個樂章，在意義與功能上是類似的，因
為這首歌的文字也就是同樣用做階台經的 *"Sicut cervus"*。此外，
羔羊讚的歌詞已與一般彌撒的羔羊讚稍有不同，是專為亡者彌撒
適用的。La Rue 的安魂曲已有一個 CD 版本問世。

　　與 La Rue 年齡相當的尼德蘭作曲家有一位甚少為人所知的
Johannes Prioris， 他生於 1460 年左右，歿於 1520 年之後，曾
作有四聲部安魂曲，收在 1532 年 Attaingnant 出版的彌撒曲集
裡，但其創作的時間可能要早約二十年以上。其後的作曲家，在
大師 Orlande de Lassus 之前尚有 Jean Richafort、Philippe de
Monte、Jacobus Vaet 和 Jacobus de Kerle 等。

　　Jean Richafort 生於 1480 年左右，約歿於 1547 年。他有一
首六聲部的安魂曲留傳後世，同樣收在 1532 年 Attaingnant 出
版的彌撒曲集裡。這首安魂曲受到音樂史學者的特別注意，因為

3　某些聖經版本 (如現代中文版) 的順序是詩篇第四十二。

它有三個主要的特點：第一，是最早的五聲部以上的安魂曲；第二，是文藝復興時期的安魂曲中唯一使用當時盛行的卡農(Canon)手法的安魂曲，卡農使用的是教堂歌曲 "*Circumdederunt me*"；第三，它可能是為紀念第三代大師 Josquin Desprez 之死 (1521) 而作的，因為卡農所用的定旋律是 Josquin 所喜愛的歌曲，Josquin 曾數次用在他自己的作品中 [註4]。此外，卡農也引用了 Josquin 的法文歌曲 (chanson) "*Faulte d'argent*" 的片段主題，使得此一安魂曲成為十六世紀唯一運用到世俗歌曲的安魂曲。

　　Clemens non Papa、Philippe de Monte、Jacobus Vaet、Jacobus de Kerle 和 Orlande de Lassus 都是十六世紀的作曲家。Clemens non Papa (本名 Clément Jacques) 生於 1510 年與 1515 年之間，歿於 1555/56 年左右，他有一首四聲部的安魂曲 1580 年出版 (Louvain)。Philippe de Monte 生於 1521 年，歿於 1603 年，他有一首五聲部的安魂曲，應係作於 Trent 會議之前，近代學者 Van den Borren 給予最高的讚譽 [註5]。Jacobus Vaet 生於 1529 年，曾經擔任維也納宮庭樂長 (Kapellmeister)，1567 年不幸英年早逝，只活了三十八歲，留下了一首五聲部的安魂曲，

4　這可能是為什麼 Josquin 的弟子 Nicolas Gombert (生於十五世紀末，約歿於 1556 年) 悼念 Josquin 的悲歌也曾使用 "Circumdederunt me" 的旋律，不過 Gombert 沒有將它作成卡農。

5　Charles van den Borren (ed.): Introduction to *Missa de Requiem* by Philippe de Monte. Düsseldorf (Sumptibus L. Schwann), (1930)。Luce 在他的論文中曾引用 van den Borren 的文字以資佐證，見 Harold T. Luce: *The Requiem Mass from its Plainsong Beginnings to 1600*. Diss. Florida State University, 1958. p.81

Harold T. Luce 將其樂譜收於博士論文的第二冊中 註6。這首安
魂曲共有八章，其架構如下：

I.   Introit   進堂曲
II.   Kyrie   垂憐曲
III. Tract   連唱詠 (*Sicut cervus*)
IV.   Offertory   奉獻曲
V.   Sanctus   聖哉經
VI.   Agnus Dei   羔羊讚
VII. Communion   領主曲
VIII. Response to Lesson VI   讀經六之答唱曲
      (*Ne recorderis⋯*)

Jacobus de Kerle 生於 1531 年或 1532 年，歿於 1591 年，
他曾經因為對於 Trent 會議的決議有重大的影響，挽救了多聲部
教堂音樂免於遭到可預見的不利發展 (教會擬採禁止的態度)，
因而在音樂史上受到注意，特別是一般誤把功勞歸給 Palestrina
時，更是要為他澄清，他才是「音樂的救世主」。他也作有一首
安魂曲，四聲部結構，此曲也可能是 Trent 會議之前作的，因為
它的階台經用的是 "*Si ambulem*"。

Orlande de Lassus 是第五代尼德蘭大師之中最重要也最知
名的人物，他的名字有另一個常見的拼法是 Orlando di Lasso,
拉丁文名字是 Orlandus Lassus。他生於 1532 年，幾乎可算是
和 de Kerle 同年，歿於 1594 年，恰巧和羅馬樂派的大師 Palestrina

---

6   Harold T. Luce: *The Requiem Mass from its Plainsong Beginnings to 1600.*
Diss. Florida State University, 1958. Vol. 2, p.180〜228.

同年過世。Lassus 寫過兩首安魂曲，一首四聲部，一首五聲部。
四聲部的安魂曲於 1578 年 註7 出版，共有七章：

I.　　　Introitus　進堂曲
II.　　　Kyrie　垂憐曲
III.　　Graduale　階台經 (*Si ambulem*)
IV.　　Offertorium　奉獻曲
V.　　　Sanctus　聖哉經
VI.　　Agnus Dei　羔羊讚
VII.　Communio　領主曲

這首安魂曲可能是 Trent 會議之前作的，因為階台經使用的是 "*Si
ambulem*"。目前這首安魂曲已有一個 CD 版本，演唱的團體還
另行插入葛瑞果聖歌的連唱詠、續抒詠和告別曲。

　　五聲部的那一首被 Luce 評為 Lassus 許多最美的作品之一，
樂譜也收入 Luce 論文的第二冊 註8，它也有七章，但架構與四
聲部的那一首稍有不同：

I.　　　Introitus　進堂曲
II.　　　Kyrie　垂憐曲
III.　　Tractus　連唱詠　(*Absolve Domine*)
IV.　　Offertorium　奉獻曲
V.　　　Sanctus　聖哉經
VI.　　Agnus Dei　羔羊讚
VII.　Communio　領主曲

兩相比較之下，很明顯的，不同之處，就是捨去階台經而用連唱
詠，其連唱詠所選的，已是最常見的 "*Absolve Domine*"。

7　New Grove 的資料是 1577，Luce 說是 1588 (博士論文，頁 103)。

8　ibid. Vol.2, p.349～394.

比利時

　　進入巴羅克時代以後,尼德蘭作曲家在樂壇上不再居於長期的領導地位,而由意大利人取而代之,日後還有重要表現者為數較少,其中 François-Joseph Gossec 最值得一提。Gossec 的本姓是 Gossé,生於 1734 年,歿於 1829 年,他的時代已是古典時期。有人說他是法國作曲家,因為他大半生住在巴黎又老死巴黎,但也有人說他是荷蘭南部的作曲家,其實,以今日的觀點,就其出生地而言,應該可以算是比利時人,因為他的出生地 Vergnies 是比利時與法國邊界的一個小地方,當時屬法國佔領區,今日屬比利時的 Hainaut 省。Gossec 的安魂曲在 1760 年 5 月在巴黎的 La Rue Saint-Jacques 的 Jacobins 教堂 (l'egise des Jacobins) 首次演出,給作曲家帶來很好的聲譽。1780 年這首安魂曲以法文標題 "*Grand Messe des Morts*" (大型亡者彌撒) 出版,全曲的架構如下:

　　No.1　　Introduzione 序引|
　Introitus　進堂曲 (分割為五曲)
　　　No.2　*Requiem aeternam*　　　永遠的安息
　　　No.3　*Te decet hymnus*　　　你當受頌讚
　　　No.4　*Exaudi orationem meam*　求你俯聽我的祈禱
　　　No.5　*Requiem aeternam*　　　永遠的安息
　　　No.6　*Et lux perpetua*　　　並以永恆之光
　Sequentia　續抒詠　(分割為十一曲)

No.7	*Dies irae*	震怒之日
No.8	*Tuba mirum*	神奇號角
No.9	*Mors stupebit*	死亡驚恐
No.10	*Quid sum miser*	可憐的我
No.11	*Recordare Jesu pie*	慈悲耶穌，求你垂念
No.12	*Inter oves*	在綿羊群中
No.13	*Confutatis*	判決惡人
No.14	*Oro supplex*	我虔誠祈求
No.15	*Lacrimosa dies illa*	那是悲傷流淚之日
No.16	*Judicandus*	等候審判
No.17	*Pie Jesu Domine*	慈悲的主耶穌

Offertorium　奉獻曲　（分割為三曲）

No.18	*Vado et non revertar*	我走了且不再回來
No.19	*Spera in Deo*	在主裡有盼望
No.20	*Cedant hostes*	仇敵離去

Sanctus　聖哉經

No.21　*Sanctus* 聖哉 (只唱第一句"*Sanctus, Sanctus, Sanctus Dominus Deus Sabaoth*", 沒有降福經)

Pie Jesu Domine　慈悲耶穌

No.22　*Pie Jesu Domine*　慈悲的主耶穌

Agnus Dei　羔羊讚

No.23　*Agnus Dei*　神的羔羊

Communio　領主曲 (分割為二曲)

No.24	*Lux aeterna*	永恆之光
No.25	*Requiem aeternam*	永遠的安息

Gossec 在歌詞的處理上喜將較長的歌曲做成分割，只有聖哉經和羔羊讚例外，這使得安魂曲變得比以往長大。他省掉了垂

憐曲,加入〈慈悲耶穌〉(No.22),並以純器樂的序引做為開頭,奉獻曲的歌詞也與眾不同,這是特別之處。章法架構之外,Gossec的配器很豐富,同樣都能給予後人示範的作用,例如 Mozart 的安魂曲 (特別是 Süßmayr 補作的部分) 和 Berlioz 的安魂曲 (對空間音響效果的追求方面) 等。在有聲資料方面,目前已有一套兩張的 CD 出版。

　　浪漫時代,比利時的音樂學者兼作曲家 François-Joseph Fétis 也曾寫過兩首安魂曲。Fétis 生於 1784 年,歿於 1871 年,為著名的音樂史學者,也研究理論作曲與教學。他的第一首安魂曲是為法國國王路易十六之喪而作的 *"Requiem en expiation de la mort de Louis XVI"*,1814 年或 1815 年完成,但此曲已經失落,第二首安魂曲是 1850 年的作品。

第十章

安魂曲的創作與發展 （二） 法國

　　法國在音樂的發展上是一個歷久彌新的國家，自十二世紀
起就常居歐洲音樂的領導性地位。從巴黎聖母院 (Notre-Dame)
的多聲部教堂音樂到南北各城邦以騎士為主所產生的遊唱詩人
(Troubadours 與 Trouvères) 的歌曲，不論是宗教音樂或世俗音
樂，都以法國為中心再傳播至其他國家。所以後來接續法國領導
地位的也是與法國毗鄰的國家如文藝復興時期的尼德蘭、巴羅克
時期的意大利、古典和浪漫時期的德國和奧地利等。其中尼德蘭
和法國關係尤其密切，因為當時 (中世紀後期) 這兩個地方的
「歷史領土」包括比利時在內，有些地方是局部覆蓋的，所以前
一章所提到的尼德蘭大師如 Dufay 等人也有被看做是法國作曲
家的，而他們所寫的曲子也有不少是使用法文，這種密切的關聯
在作曲家的國別歸屬上有時難作確定的劃分。

第一節　　　　　十六世紀

　　如果不去爭議 Dufay 算不算是法國作曲家，那麼依照出生
年代，Antoine Brumel 應該是法國在安魂曲的領域裡第一個應

該被提到的作曲家。Brumel 約生於 1460 年,死亡的時間不詳,只能確定大約是在 1515 年之後。他的安魂曲是四聲部作品,1516年出版,這首安魂曲是已知的多聲部安魂曲之中最早包含有續抒詠〈震怒之日〉(*Dies irae*) 的。Luce 的論文的第二冊一開始便是收錄這首安魂曲的樂譜 註1,它一共有六個樂章:

I.　Introitus　進堂曲
II.　Kyrie　垂憐曲
III.　Sequentia　續抒詠
IV.　Sanctus　聖哉經
V.　Agnus Dei　羔羊讚
VI.　Communio　領主曲

像這樣為數不多的樂章數,與當時其他大師所作的安魂曲是很相似的,在他之前的 Ockeghem 是五章,與他幾乎同年的 La Rue是七章。從架構上來看,可能由於續抒詠本身已經相當長,所以Brumel 既沒有使用階台經也沒有使用連唱詠。而他的續抒詠也並非全部譜為多聲部,事實上他所譜曲的部分僅限單數詩句,偶數詩句則借用葛瑞果聖歌,形成單聲部與多聲部交替進行,這種處理方式可以說是十二世紀 "free Organum" 的遺風。有聲資料中,這首安魂曲的續抒詠已有 CD 問世。

　比 Brumel 小約十來歲的 Antoine de Fevin 是一位英年早逝的作曲家,他的生卒年代不是很清楚,有說他約生於 1470 年,也有說他生於 1473 年左右,Luce 說他約生於 1480 年,死亡的時間說法比較接近,約 1511 年末或 1512 年初。在十六世紀的頭十年中他曾和前一章提過的 Prioris 一起在路易十二 (Louis XII)

1　ibid. Vol.2, p.2~36.

的宮中歌唱過，推測他的大部分作品包括此安魂曲可能是這段時間寫的。他的安魂曲標題是 "*Missa pro fidelibus defunctis*"，依這樣的文字來看，應是一首為所有已故信眾在萬靈節舉行安魂彌撒時用的。

　　1532 年 Attaingnant 出版的彌撒曲集中，除了有前一章提過的 Richafort 的安魂曲之外，還包含 Claudin de Sermisy 的安魂曲。Sermisy 不僅因在法文歌曲 (十六世紀的 Chanson) 方面的成就被視為大師 Clement Janequin (約 1485～1558) 的後繼者，他的教堂音樂也一樣受到重視。Sermisy 生於 1490 左右，歿於 1562 年。他的安魂曲是四聲部，Luce 將這首安魂曲的樂譜也收入他的博士論文中 [註2]，這首安魂曲在架構上有七章，分別是：

I.　　Introitus　進堂曲
II.　　Kyrie　垂憐曲
III.　　Graduale　階台經 (*Si ambulem*)
IV.　　Offertorium　奉獻曲
V.　　Sanctus　聖哉經
VI.　　Agnus Dei　羔羊讚
VII.　　Communio　領主曲

這首安魂曲的階台經使用的是 "*Si ambulem*"，沒有續抒詠，完全是 Trent 會議之前的情況，相形之下，比他早約三十年出生的 Brumel 就已經把續抒詠納入安魂曲之中，的確可以算是 Trent 會議之前的創舉。何況，即使是 Trent 會議之後，一直到二十世紀，法國作曲家絕大部分都沒把續抒詠置於安魂曲的架構中，只

2　ibid. Vol. 2, p.54～94.

有少數人 (如 Berlioz) 例外。

　　比 Sermisy 晚一代的作曲家有 Pierre Certon，他生於 1510 年，歿於 1572 年。他和 Sermisy 一樣，都是巴黎樂派的知名人物，法文歌曲寫得很好。他的安魂曲於 1558 年在巴黎出版，Luce 將此曲的樂譜也收入論文中 註3，在架構上和 Sermisy 的安魂曲完全一樣，也是七章，順序不變，連階台經都選用相同的歌詞 (*Si ambulem*)。

　　與 Certon 同時代的法國作曲家有三位曾有安魂曲創作而生卒年代不詳者，他們是 Pierre Cléreau、Simon de Bonnefond 與 Jean Maillard。Pierre Cléreau 在十六世紀後半的一段時間曾在 Toul 的大教堂擔任過男童詩班的指揮，1539 年至 1567 年相當活躍。依其作品最晚曾至 1570 年尚有出版的情形來判斷，假定他在 1575 年之前去世，並非沒有可能。他有一首帶有兩支經文歌的安魂曲 ("*Missa pro mortuis, cum duobus motetis*")，1554 年在巴黎出版。Simon de Bonnefond，在 1551 年至 1557 年之間薄有名聲，1556 年有一首五聲部的安魂曲在巴黎出版。Jean Maillard，活躍的時間大約在 1538 年至 1570 年之間，他有一首四聲部的安魂曲。

　　比 Certon 年輕的尚有 Joan Brudieu。Brudieu 約生於 1520 年，歿於 1591 年。他的職業活動不僅在法國境內，也及於西班牙的 Catalonian 一帶。他長年擔任 Urgel 大教堂的詩班指揮，也曾任巴塞隆納的 Santa Maria del Mar 教堂的管風琴師與樂長

3　ibid. Vol. 2, p.145～179.

(maestro de capilla),有一首四聲部安魂曲的作品。

　　十六世紀後半至十七世紀初,法國作曲家寫作安魂曲最知名的人物可能是 Eustache du Caurroy。他作的安魂曲素有「法國國王安葬彌撒」(Messe pour les funerailles des Rois de France)之稱,從它創作之後直到大革命爆發,歷代法國國王的葬禮都用這首安魂曲。Du Caurroy 生於 1549 年,歿於 1609 年,在世時與 Lassus 享有同等受人尊敬的地位,同樣有「音樂王子」(Prince des professeurs de musique) 之稱,兩人曾於 1575 年共同分享在 Evreux 的作曲獎。他的安魂曲雖是 1606 年出版的,但是實際完成的時間可能是在 1590 年代末期。以版本言,現存最早的版本是 Ballard 在 1636 年印行的。這個版本中保存狀況最好的是在巴黎 Sainte-Genevieve 圖書館的收藏本,在這份收藏本中不僅有 Ballard 出版的八首歌曲,還有一首未出版的六聲部的 "*Anamnesis*", 此曲插在聖哉經與羔羊讚之間,全部一共有如下的九章:

I.　　Introitus　　進堂曲

II.　　Kyrie　　垂憐曲

III.　　Graduale　　階台經　　(*Si ambulem*)

IV.　　Offertorium　　奉獻曲

V.　　Sanctus　　聖哉經

VI.　　Anamnesis (*Pie Jesu*)　　回顧 (慈悲耶穌)

VII.　　Agnus Dei　　羔羊讚

VIII. Communio　　領主曲

IX.　　Responsorium ad Absolutionem　　答唱曲

這首安魂曲雖然是在 Trent 會議之後作的,但並未將續抒詠納入,也沒有連唱詠,倒是加唱了一首 "*Anamnesis*" (回顧),這就

是後來稱為 "*Pie Jesu*" (慈悲耶穌) 的曲子，du Caurroy 此舉算是給後來的作曲家 (尤其是法國作曲家) 開了先例。最後的答唱曲是加唱的，程序上拿它來做為彌撒完畢之後的特別禮曲，宗教儀式上稱為 "Absolution" (赦罪)。有聲資料方面，du Caurroy 的這首安魂曲已有一個 CD 版本問世。

Du Caurroy 之後，一直到 Charpentier 之前，十六世紀後半有安魂曲創作的尚有 Jacques Mauduit，十七世紀前半也有 Jean de Bournonville 和 Etienne Moulini 等人。

Jacques Mauduit，生於 1557 年，歿於 1627 年。他研究人文與哲學，音樂是自學而成的。1581 年他以一首五聲部的經文歌 "*Afferte Domine*" 參加 Evreux 的 St. Cecilia 日比賽而贏得作曲家身分的肯定。他在 1585 年曾經作過一首五聲部的 *Requiem aeternam*，這是安魂曲的進堂詠，1636/37 年著名的學者 M. Mersenne (1588～1648) 曾出版此曲。

第二節　　　　十七世紀

包含前期、中期與部分後期巴羅克在內的十七世紀，法國作曲家寫作安魂曲的有 Jean de Bournonville、Etienne Moulinié、Marc-Antoine Charpentier、André Campra、Jean Gilles 等，人數並不多。

Bournonville 和 Moulinié 兩人是前期巴羅克的作曲家。較

為年長的是 Jean de Bournonville，他約生於 1585 年，歿於 1632
年。曾任 St. Quentin 的大教堂合唱學校的音樂主任，Sainte-
Chapelle 合唱學校的音樂主任，作品有彌撒、經文歌等教堂音
樂,他有一首六聲部的安魂曲,1619 年出版。Etienne Mouliné ，
約生於 1600 年,1669 年之後去世。他的宮廷歌曲 (*airs de cour*) 作
得特別好，很受外國 (德國、荷蘭、意大利、西班牙) 歡迎，甚
至有被更換歌詞變成宗教歌曲者。他有一首五聲部安魂曲，1636
年出版，1952 年巴黎也出過一個 D. Launay 編輯的版本。

　　中期巴羅克的法國作曲家中， Marc-Antoine Charpentier
是相當重要的一位，在宗教音樂方面堪稱大師，但是他的出生年
代卻不能確定，大約生於 1634 年左右，也有說 1636 年，甚至有
說是 1645 年 1650 年間，去世則是 1704 年。Charpentier 寫過
兩首四聲部安魂曲，分別編在他的彌撒曲中的第七號與第十號。
第十號曾在 1687 年和 1697 年出版，第七號可能是 1690 年代初
期作的，全曲只有六章：

I. Kyrie　垂憐曲
II. Sanctus　聖哉經
III. Elevation　高舉聖餅 (*Pie Jesu*)
IV. Benedictus　降福經
V. Agnus Dei　羔羊讚
VI. De profundis　在絕望中 (詩篇第一三〇)

　　從時代表現的一般狀況來看，這首安魂曲似乎稍嫌簡略，
它沒有進堂曲，沒有階台經、連唱詠或續抒詠，也沒有奉獻曲，
從垂憐曲一下子就跳到聖哉經；但是作曲家又把聖哉經分割成兩
曲，讓 "*Benedictus…*" 獨立成降福經，並在聖哉經與降福經之
間插入一首 "*Elevation*" (高舉聖餅)，這支歌曲就是早先 du

Caurroy 稱為 "Anamnesis" 的，Charpentier 以後的作曲家使用它的，皆稱之為 *"Pie Jesu"*（慈悲耶穌）。然後是羔羊讚，再下去的領主曲也沒有了，以《詩篇》第一三〇〈在絕望中〉做為結束，這樣的架構很明顯的與典型的規範有甚大的差距。在有聲資料中，這首安魂曲已出過一個 CD 版本。

後期巴羅克法國有兩位著名作曲家，他們的安魂曲常被人相提並論，這兩位就是 André Campra 與 Jean Gilles，兩人年齡相近,風格相似,安魂曲的架構更是完全一樣。 André Campra 生於 1660 年，歿於 1744 年，他的安魂曲有些人認為是他最後創作期的作品,大約是 1722 年左右,但是根據各方面的證據研判,應該是 1694 年至 1700 年之間他在巴黎聖母院時期所完成的。此曲在架構上分為七章,沒有使用續抒詠,但是有〈後領主曲〉而沒有領主曲,看似有一點特別,其實後領主曲與領主曲的歌詞文字是一樣的,各章的安排如下:

I. Introitus　進堂曲
II. Kyrie　垂憐曲
III. Graduale　階台經
IV. Offertorium　奉獻曲
V. Sanctus　聖哉經
VI. Agnus Dei　羔羊讚
VII. Post Communio　後領主曲

Jean Gilles 生於 1668 年，歿於 1705 年，雖比 Campra 小六歲卻沒有他活得長壽，甚至連他的一半歲數都不到，但 Gilles 的安魂曲卻比 Campra 的安魂曲傳唱得更多，跟他的經文歌 *"Diligam Te, Domine"*（主啊，我要愛你）同是所謂「宗教音樂會」

圖九　刊於 A-R Editions 的 Gilles 亡者彌撒總譜的手稿封面影本，顯示與經文歌 *"Diligam Te, Domine"* 合訂 (巴黎國家圖書館藏, Ms. Vm¹.1345)。

(Concert Spirituel) 最常演出的作品。Gilles 的安魂曲是何時完成的，並不能確定，只知是他生命中的最後幾年內作的，應該是1697 年他接替 Campra 在 Toulouse 的 St. Etienne 教堂音樂職務之後。Gilles 寫作這首安魂曲的緣由不明，但是 1705 年在 Gilles自己的喪禮上確曾派上用場，1764 年巴黎出過一個版本。這首安魂曲是五聲部，在處理上有些戲劇風格，架構與 Campra 的安魂曲完全相同。兩人的作品在 1957 年、1958 年巴黎都有新版樂譜印行，目前各有一張 CD 問世。(Gilles 的安魂曲音樂分析參看本書第八章第二節)

第三節　　　　十八／十九世紀

　　後期巴羅克出生的法國作曲家，在 Campra 與 Gilles 之後，有關安魂曲的寫作似乎後繼乏人，涵蓋整個前古典與古典時期在內，超過一百年之久，其間除了也可以算是法國作曲家的比利時人 Gossec 在 1760 年發表過一首大型安魂曲之外，幾乎呈現一種斷層的現象。到了前期浪漫派，法國作曲家在安魂曲上總算再度有了表現。十九世紀初住在巴黎的作曲家 Luigi Cherubini (1760～1842) 和 Anton Rejcha (1770～1836) 雖然也有安魂曲發表，但他們不是法國人，法國本土的作曲家要從 Nicholas Charles Bochsa 談起。

　　Nicholas Charles Bochsa，生於 1789 年，剛巧是法國大革命之年，歿於 1856 年。他有一首安魂曲，1816 年 1 月 12 日在巴黎首演。Bochsa 的知名度不高，但是 Bochsa 之後，從 Berlioz

起就有好幾位知名的作曲家寫過安魂曲。

　　Hector Berlioz 是浪漫派的大師，生於 1803 年，歿於 1869 年。他對音樂創作很有想像力，尤其擅長配器，色彩感與音響感非常高明，在浪漫內容與浪漫精神的題材上表現得特別好，即使是嚴肅的宗教音樂他也能夠發揮特長，他的大型安魂曲便是一個成功的證明。他是受法國政府的委託，為 1830 年七月革命喪生的同胞而作安魂曲，在這之前他就對安魂曲的寫作很有興趣而且已經有所構思了，委託創作正好給他機會一展心願。這首安魂曲真正發表的時機是在 1837 年 12 月 5 日在紀念 Damrémont 將軍陣亡的葬禮中，地點是巴黎的 Les Invalides 的大教堂。Berlioz 對於演出場地的空間音響有精心的規劃與安排，他運用超大編制的管弦樂團與合唱團來表現他的創作。結果將軍的葬禮在各界人士參與之下非常盛大隆重，音樂的場面相當壯觀，演出很成功，Berlioz 完全獲得了他所預期的效果與氣氛。

　　Berlioz 在安魂曲的歌詞上做了一些修改，在架構中納入了法國作曲家向來很少採取的續抒詠，顯而易見的，他需要續抒詠而不在乎它的冗長，是因為續抒詠的歌詞內容讓他的創作想像力可以有充分發揮的空間。他的安魂曲共分為如下的十章：

Requiem & Kyrie　　安息經與垂憐曲

　　　No.1　*Requiem aeternam*…　永遠的安息

　　　　　Kyrie eleison　上主垂憐

Dies irae　震怒之日

　　　No.2　*Dies irae*　　　震怒之日

　　　No.3　*Quid sum miser*　可憐的我

　　　No.4　*Rex tremendae*　威震之君

　　　No.5　*Quaerens me*　　你尋找我

　　No.6　*Lacrymosa*　　　　悲傷流淚
Offertorium　奉獻曲
　　No.7　*Domine Jesu*　　　主耶穌
　　No.8　*Hostias*　　　　　獻祭祈禱
Sanctus　聖哉經
　　No.9　*Sanctus*　聖哉 (不含降福經)
Agnus Dei　羔羊讚
　　No.10　*Agnus Dei*　神的羔羊

　　Berlioz 的安魂曲顯然受到 Gossec 的影響，曲子分割則不像 Gossec 那麼多，但在音響感上十足發揮了浪漫派音樂家的想像力與表達方式。有聲資料方面已有數套 CD 版本問世。

　　Berlioz 之後的法國安魂曲以 Fauré 的作品最為知名，在這兩人之間還有 Charles Gounod、Louis Théodore Gouvy 和 Camille Saint-Saëns。以歌劇《浮士德》(Faust) 和歌曲〈聖母頌〉(*Ave Maria*) 著名的作曲家 Charles Gounod 也寫過安魂曲。Gounod 生於 1818 年，歿於 1893 年，他的 C 大調安魂曲是他最後的作品，混聲四部合唱加鋼琴或管風琴伴奏，H. Busser 曾將之改編成兩個平衡的聲部加鋼琴或管風琴的版本 (1895)。Gouvy 的全名是 Louis Théodore Gouvy，生於 1819 年，歿於 1898 年。他的作品有兩百多首，包括一部歌劇，七首交響曲，室內樂、鋼琴曲等，他也寫過一首安魂曲，編為作品七十，約 1880 年所作。〈動物狂歡節〉的作曲者 Camille Saint-Saëns 亦是知名的法國作曲家，生於 1835 年，歿於 1921 年。Saint- Saëns 作品類型豐富，他嘗試過宗教音樂的創作，作品五十四便是一首安魂曲，作於 1878 年，此曲已有 CD 問世。

　　比 Saint-Saëns 小十歲的 Gabriel Fauré，他的安魂曲在法國作曲家中可能是最受歡迎的。Fauré 生於 1845 年，歿於 1924 年。他的安魂曲係紀念雙親之作。1887 年 Fauré 的父親過世，Fauré 為此動筆寫安魂曲，不料該年除夕夜母親也撒手西歸，安魂曲還在寫作中，於是 Fauré 懷著紀念雙親的心情，在新年的頭幾天陸續寫出聖哉經、羔羊讚及最後的〈領進天國〉而完成全曲。但這只是第一個版本，內容為五章的架構：

I.　Introït et Kyrie　進堂曲與垂憐曲

II.　Sanctus　聖哉經

III.　Pie Jesu　慈悲耶穌

IV.　Agnus Dei　羔羊讚

V.　In Paradisum　領進天國

這個五章架構的版本在 1888 年 1 月 16 日在 Joseph Le Soufaché 的追思禮拜中首次演出。次年 Fauré 作了一章奉獻曲加入其中，並將 1877 年就已完成的領主曲也放進安魂曲的架構中，再增添管樂器的搭配，於是有了七章的架構，這是第二個版本：

I.　Introït et Kyrie　進堂曲與垂憐曲

II.　Offertoire　奉獻曲

III.　Sanctus　聖哉經

IV.　Pie Jesu　慈悲耶穌

V.　Agnus Dei　羔羊讚

VI.　Libera me　答唱曲

VII.　In Paradisum　領進天國

第二個版本曾於 1893 年 1 月 21 日由作曲家親自指揮演出。最後定稿所形成的第三個版本，架構未變，Fauré 在更正了一些錯誤之後，於 1900 年將它附梓出版。

　　Fauré 的安魂曲為何在法國作曲家中最受歡迎？主要的原

因在於他的作品風格與眾不同，或者說人們喜歡他的音樂氣氛。
Fauré 處理安魂曲的基本態度是他視死亡為安詳寧靜的歸去 (回
返天國)，音樂應該是溫暖親和的、安慰的，不是令人驚恐的、
大難臨頭的。所以古典浪漫時期以來盛行在安魂曲中描繪死亡的
悲苦與末日災難等的手法他一概摒棄，並未追隨 Berlioz、Verdi
之後採取類似的做法。他捨棄一般作曲家最樂於誇張表現的續抒
詠，並省略降福經，而且像前代大師 du Caurroy、Charpentier、
Gossec、Cherubini 那樣插入一首〈慈悲耶穌〉，這首歌曲以女
高音獨唱唱出，給人極深刻的感受，非常突出。此外，他還把亡
者日課中的一首歌曲〈領進天國〉放進安魂曲中做為告別曲，也
具有安慰的意義。在有聲資料方面，Fauré 的安魂曲有十幾個
版本的 CD，一個版本的影碟。

　　Fauré 之後的法國作曲家在十九世紀中尚有安魂曲問世者
還有一位 Alfred Bruneau，他生於 1857 年，歿於 1934 年。他
是 Massenet (1842～1912) 的弟子，作品以歌劇為主，帶有真實
主義的風格。他有一首安魂曲，採獨唱、合唱、管弦樂團與管風
琴的編制，是否作於 1884/1888 年？尚不能確定，此曲的聲樂
譜曾於 1895 年出版。

第四節　　　　　二十世紀

　　二十世紀法國安魂曲的作品似乎不多，知名的有 Joseph Guy
Ropartz 和 Maurice Duruflé 的安魂曲。Ropartz 生於 1864 年，
歿 1955 年。他是 Dubois (1837～1924)、Massenet、和 César

Franck (1822~1890) 的弟子，受 Franck 的影響甚大。他是指揮家、教師和作曲家，1938 年寫過一首獨唱、合唱與管弦樂團的安魂曲，此曲於 1939 年 4 月 7 日在巴黎首演。有聲資料方面，已有一個 CD 版本問世。

　　Duruflé 生於 1902 年，歿於 1986 年，是 Paul Dukas (1865~1935) 的弟子。他的安魂曲在架構與風格方面與 Fauré 的安魂曲相當接近，可以說有「異曲同工」之妙，是他最佳與最常演出的作品。Duruflé 之所以寫安魂曲是受出版商 Durand & Cie 的委託，為禮拜儀式的場合之用而作的，所以這是一首儀式性的安魂曲。在編制方面，除了使用獨唱歌手與合唱團，樂器的搭配則有三個版本。一個是大型管弦樂團的版本，一個是三支小號、定音鼓、豎琴、管風琴與弦樂器的版本，還有一個是僅用管風琴的版本。1947 年 Duruflé 完成此曲，編為他的作品九，並將它題獻給自己的父親。在架構方面，此曲有如下的九個樂章：

I.　　　Introït　　進堂曲
II.　　　Kyrie　　垂憐曲
III.　　　Domine Jesu Christe　　奉獻曲
IV.　　　Sanctus　　聖哉經
V.　　　Pie Jesu　　慈悲耶穌
VI.　　　Agnus Dei　　羔羊讚
VII.　　　Lux aeterna　　領主曲
VIII.　　Libera me　　答唱曲 (安所經)
IX.　　　In Paradisum　　領進天國 (告別曲)

與 Fauré 的安魂曲相比，Duruflé 的看起來好像多了兩章，其實只多了一章，就是領主曲 (Fauré 的第一章是將進堂曲與垂憐曲合併)。此外，Duruflé 的聖哉經是完整的，包含降福經在內，而 Fauré 則將降福經的文字略去。但是,兩人也都使用〈慈悲耶穌〉與〈領進天國〉,這就加強了他們的相似性。所以,有一個版本的 CD 是將他們兩人的安魂曲錄在一起的。

第十一章

安魂曲的創作與發展（三） 意大利

　　意大利自十四世紀以來文學、藝術、音樂等即有長足的進展，而自 1378 年天主教教廷遷入梵蒂崗以後，更激勵宗教音樂的創作。十六世紀羅馬樂派的興起，在宗教音樂方面的表現特別優異，與此不無關聯。到了十六世紀後半，意大利已漸有接替尼德蘭之勢，巴羅克時期更進而成為歐洲音樂的主導地區。在安魂曲的創作方面，意大利本土作曲家寫作多聲部安魂曲大約始自十六世紀的後半，這些作曲家都是十六世紀出生的。

第一節　　　　　十六世紀

　　在十六世紀的意大利作曲家中，羅馬樂派的主要代表 Palestrina 是最著名的人物。他的全名是 Giovanni Pierluigi da Palestrina，1525 年左右生於羅馬附近的小地方 Palestrina (因此人稱 Palestrina 先生)，歿於 1594 年，碰巧與尼德蘭第五代大師 Lassus 同年謝世。Palestrina 的作品有一種特別的風格，學者稱 Palestrina 風格，十九世紀的聖樂復興運動 (Caecilianismus) 將之視為教堂音樂的理想典範。他生平的創作以彌撒、經文歌為主，安魂曲只有一首，鮮為人知，而安魂曲本身結構亦不完整，除了

不變部分之外，應變部份只有奉獻曲，其餘都省略了。為何會有
這種情況？可能是在教宗的教堂內，殯葬禮儀主要是以葛瑞果聖
歌進行的，有一張已出版的 CD，其錄製的內容就是遇缺的樂章
(進堂曲、階台經、領主曲) 皆以葛瑞果聖歌代入，全曲有如下
的九章：

I.   *Introitus*   進堂曲 (葛瑞果聖歌)

II.   Kyrie   垂憐曲

III.   *Graduale*   階台經 (葛瑞果聖歌)

IV.   Domine Jesu   主耶穌 (奉獻曲前半)

V.   Hostias   獻祭祈禱 (奉獻曲後半)

VI.   Sanctus   聖哉經

VII.   Benedictus   降福經 (從聖哉經分割出來)

VIII. Agnus Dei   羔羊讚

IX.   *Communio*   領主曲 (葛瑞果聖歌)

Palestrina 這一首安魂曲是五聲部的作品，為何而作並不清楚，
至於寫作的時間，似乎是 1551～1555 年之間他擔任 Giulia 教堂
音樂職務時所完成的 註1，出版的時間則有兩種說法，Reese 註2
和 Casimiri 註3 認為是 1591 年，Coats 註4 則說是 1554 年，Luce

---

1 根據 Wijnand van Hooff WVH 042 (o.l.v. Maarten Michielsen 指
揮 Capella Palestrina) CD 隨片解說。

2 Gustave Reese: *Music in the Renaissance*. New York (Norton & Co.), 1954.
p.470

3 Rafael Casimiri: *Le Opere Complete di Giovanni Pierluigi da Palestrina*.
Roma (Pratelli Scalera), 1939, I, xii

卻認為 1591 年是正確的 註5。

　　從章法架構上看，Palestrina 的安魂曲並未將續抒詠納入，很有可能確是較為早期的作品，至少應該是在 1570 年《彌撒經書》(Missale) 頒訂出版之前，但是奉獻曲和聖哉經都分割為兩曲，顯然當時已開始有將一首歌詞分割處理為多首歌曲的做法了。

　　Pallestrina 之外，十六世紀的意大利安魂曲另有出自同時代的音樂家 Vincenzo Ruffo、Giovanni Matteo Asola、Costanzo Porta、Giacomo Moro、Giovanni Cavaccio、Giulio Belli 和 Lodovico Viadana 等人之手的作品。1570 年之後出版的安魂曲中，以 Vincenzo Ruffo 在 1574 年印行的安魂曲為最早。Ruffo 生於 1510 年左右，歿於 1587 年，他的安魂曲已試圖發展出一種較新的教堂音樂風格，以響應 Trent 會議的要求。Ruffo 的弟子 Giovanni Matteo Asola 在這方面也有相同的態度。Asola 生於 1524 年左右 (一說約 1532 年)，歿於 1609 年，他曾寫過三首安魂曲，其中兩首是四聲部的，各於 1574 年和 1576 年出版，還有一首則是三聲部的 1600 年出版。在 Luce 論文的第二冊所收錄的 Asola 的安魂曲樂譜 註6 是兩首四聲部中的一首，在其七章的架構中已將續抒詠納入：

　　I.　　Introit　進堂曲

4　Henry Coats: *Palestrina*, in: *Grove's Dictionary of Music and Musicians*, edited by Eric Bolm. 5th edition. New York (St. Martin's Press), 1955. Vol. 6, p. 516

5　ibid. p.102～103.

6　ibid. vol.2, p.313～348.

II.　　Kyrie　垂憐曲

III.　　Sequence　續抒詠

IV.　　Offertory　奉獻曲

V.　　Sanctus　聖哉經

VI.　　Agnus Dei　羔羊讚

VII.　　Communion　領主曲

十六世紀前半出生的意大利作曲家還有一位 Costanzo Porta，他約生於 1529 年，歿於 1601 年。Porta 和著名的理論家 Zarlino (1517～1590) 同是第四代尼德蘭大師 Willaert (1480/90～1562) 的弟子，Porta 寫過兩首安魂曲，一首四聲部，一首五聲部。

Giacomo Moro 、Giovanni Cavaccio 、Giulio Belli 和 Lodovico Viadana 是十六世紀後半出生的作曲家。Giacomo Moro 的生卒年代不詳，他在 1581 年至 1610 年之間曾留下一些名聲，1599 年他出過一首八聲部的亡者日課及亡者彌撒 (*Officium et missa defunctorum*)，這八聲部的編制是採雙合唱的處理方式，在他之前 Giulio Belli 也出過一首八聲部的安魂曲 (1595)。比 Giulio Belli 稍長幾歲的 Giovanni Cavaccio 約生於 1556 年，歿於 1626 年，他在 1593 年出過一首第四亡者彌撒第二部分 (*Missa quatuor pro defunctis, pars secunda*)，1611 年又在米蘭出了四聲部與五聲部的安魂曲，顯然曾經完成好幾首安魂曲作品。Giulio Belli 約生於 1560 年，歿於 1621 年或 1621 年之後。1586 年 Gardane 出過他一本五聲部彌撒曲集 (*Missarum cum quinque vocibus*)，其中就包括了一首五聲部安魂曲；1595 年 Amadinum 出版一首他的八聲部安魂曲，這是雙合唱的編制；1599 年 Gardane 又出了他的一首四聲部安魂曲，這首安魂曲的樂譜 Luce 也將它收在他的論文中 ^註7，它有如下的七章架構：

I.   Introit   進堂曲

II.   Kyrie   垂憐曲

III.   Sequence   續抒詠

IV.   Offertory   奉獻曲

V.   Sanctus   聖哉經

VI.   Agnus Dei   羔羊讚

VII.   Communion   領主曲

從 Belli 的架構中也可明顯看出，Belli 將續抒詠納入安魂曲的做法也反映了作曲家對教廷《彌撒經書》(*Missale*) 新規定的配合。在十六世紀結束之前出版彌撒曲的作曲家還有 Lodovico Viadana，他生於 1560 年，歿於 1627 年。他的 "*Cento concerti ecclesiastici…* "（教堂表演曲百首…）是音樂史上知名的作品，對於 Concerto 的發展具有相當影響力，他在 1598 年出過一首三聲部安魂曲，採用通奏低音（管風琴）伴奏。

第二節　　　　　十七世紀

十七世紀開始，Giovanni Francesco Anerio 的安魂曲是第一個值得注意的作品。Anerio 有兄弟兩位，Giovanni Francesco 是年紀較小的弟弟，他生於 1567 年，歿於 1630 年，他的安魂曲是隨著他的第一冊四至六聲部的彌撒曲集於 1614 年出版，特別標榜含有續抒詠和答唱曲〈主啊請拯救我〉(*missa quoque pro*

---

7   ibid. vol.2, p.395～414.

defunctis una cum sequentia, et responsorium Libera me domine），
伴奏使用數字低音（管風琴）。全曲有如下的九章架構：

I.　　Introitus　進堂曲

II.　　Kyrie　垂憐曲

III.　　Sequentia：*Dies Irae*　續抒詠：震怒之日

IV.　　Offertorium: Domine Jesu Christe　奉獻曲：主耶穌基督

V.　　Sanctus　聖哉經

VI.　　Agnus Dei I, II, III　羔羊讚 I, II, III

VII.　　Communio: *Lux aeterna*　領主曲：永恆之光

VIII. Responsorium: *Libera me*　答唱曲：請拯救我

IX.　　Kyrie in Absolutione　赦罪垂憐曲

在這首安魂曲中，Anerio 將續抒詠的偶數詩句譜成複音結
構而單數詩句則在各個不同聲部以單音的葛瑞果聖歌交替進行，
形成與百年前法國作曲家 Brumel 原則相似，做法相反的現象
（Brumel 僅選單數詩句譜曲）。安魂曲以赦罪垂憐曲結束也是一
個特色，其歌詞其實與垂憐曲完全一樣。在有聲資料方面 Anerio
的這首安魂曲已有一個 CD 版本問世。

與 Anerio 同年出生的威尼斯樂派大師 Claudio Monteverdi
(1567〜1643) 雖然沒有安魂曲留給後世，但是曾與 Giovanni
Battista Grillo 合寫過一首安魂曲。Grillo 的出生年代不詳，推
測是在十六世紀晚期，去世的時間大約在 1622 年的十一月。Grillo
在 1619 年曾擔任威尼斯聖馬可大教堂的第一管風琴手，1621 年
Toscana 的 Cosimo II. 去世，他和當時擔任聖馬可教堂樂長的
Monteverdi 以及另一位音樂家 Usper 合作譜寫安魂曲，他作的
是其中的垂憐曲和奉獻曲。由於此一安魂曲早已失落，我們無從
認識 Monteverdi、 Grillo 和 Usper 在安魂曲方面的創作風格。

十六世紀後半出生的作曲家還有一位 Antonio Brunelli，他約生於 1575 年，歿於 1630 年左右。1619 年他出版的作品十四有三首安魂曲，使用通奏低音 (管風琴) 伴奏。

　　十七世紀前半出生的作曲家，Francesco Cavalli 是第一個知名人物，他是 Monteverdi 的後繼者，威尼斯樂派歌劇的主要代表。他生於 1602 年，歿於 1676 年，本名原是 Pier Francesco Caletti-Bruni，Cavalli 是他的出生地 (Crema) 領主的姓，可能受到領主慷慨賜姓，他就改換姓名為 Francesco Cavalli。Cavalli 的音樂創作以歌劇為主，作品數量豐富，曾為法國國王路易十四 (Louis XIV) 與西班牙公主 Maria Theresia 寫作慶祝結婚的歌劇 (*L' Ercole amante*, 1662)。晚年 (1669 年) 他放下了歌劇事業，將興趣轉移到教堂音樂上。他的八聲部雙合唱編制的安魂曲 (*Missa pro defunctis per octo vocibus* 或 *Missa pro defunctis per due cori*) 是在他去世的前一年 (1675 年) 為自己的葬禮預先寫作的，他在遺囑中對於葬禮的籌辦也有很仔細的指示。Cavalli 的安魂曲採取了「老式風格」(*stile antico*)，標準的九章架構他只選了六章，階台經、連唱詠和領主曲這三章他將之略去。此曲目前已有兩個 CD 版本，不過這兩個版本的音樂詮釋有相當大的不同。Fran oise Lasserre 指揮 Akademia Ensemble Vocale Regional de Champagne Ardenn 的版本 (Pierre Verany PV.793052) 有如下的六章：

I.　　Requiem aeternam　　進堂曲
II.　　Kyrie eleison　　垂憐曲
III.　 Dies irae　　續抒詠
IV.　　Offertorium　　奉獻曲
V.　　Sanctus　　聖哉經

VI.　Agnus Dei　羔羊讚

而 Edwin Loehrer 指揮 Coro della Radio della Svizzera Italiana
的版本 (<u>Accord 201182</u>) 則將降福經 (Benedictus) 從聖哉經分
離出來，成為七章。在速度方面，兩個版本相差很多，Loehrer
指揮的速度較慢，Lasserre 指揮的速度較快，以續抒詠為例，
Loehrer 的錄音是 21'53，Lasserre 的錄音 13'31。就錄音品質而
言，Lasserre 指揮的這一張維持了 Pierre Verany 唱片一貫的優
異錄音水準。

　　Cavalli 之後十七世紀出生的作曲家還有很多位寫過安魂曲
的，包括 Antonio Bertali、Maurizio Cazzati、Giovanni Paolo
Colonna 和 Giovanni Battista Bassani 等。與 Cavalli 年紀相近
的 Antonio Bertali，生於 1605 年，歿於 1669 年，他的安魂曲
竟達十首之多。Maurizio Cazzati，約生於 1620 年，歿於 1677
年，他的作品三十一是五聲部的亡者彌撒與詩篇 (*Messe e salmi
per li defonti*)，1663 年在 Bologna 出版。Giovanni Paolo
Colonna，生於 1637 年，歿於 1695 年，他的作品六是一首八聲
部的亡者彌撒、詩篇與答唱曲 (*Messa, salmi e responsorij per li
defonti*)，1685 年的作品。Giovanni Battista Bassani，生於 1647
年左右 (一說約 1657 年)，歿於 1716 年，他有一首安魂曲題為
"*Messa per li defonti concertata*"，1698 年在 Bologna 出版，採用
的編制是四個獨唱歌手，四聲部合唱團，兩把中提琴，
violone/theorbo 及管風琴。

第三節　　　　　　十八世紀

十八世紀的安魂曲，較早的作品是十七世紀後半出生的作曲家們的創作，包括稍早的 Bernabei 和 Fiocco 所寫的在內，稍後出生的則有 Giuseppe Ottavio Pitoni、Antonio Lotti、Nicola Fago、Pietro Gnocchi 和 Francesco Durante 等，這些人的創作狀況大略如下：

Giuseppe Antonio Bernabei，生於 1649 年，歿於 1732 年，1710 年他在 Augsburg 出版的彌撒曲集中有一首安魂曲。Pietro Antonio Fiocco，生於 1650 年，歿於 1714 年，他有三首安魂曲。Giuseppe Ottavio Pitoni，生於 1657 年，歿於 1743 年，他也有一首八聲部的安魂曲。Antonio Lotti，生於 1666 年，歿於 1740 年，他有兩首安魂曲，一首四聲部的，一首五聲部的。Nicola Fago，生於 1677 年，歿於 1745 年，他有一首十聲部的 c 小調安魂曲，有樂器伴奏。 Pietro Gnocchi，也是生於 1677 年，歿於 1771 年，他有六首二至四聲部的安魂曲。Francesco Durante，生於 1684 年，歿於 1755 年，他有五首安魂曲。第一首小安魂曲 (*Messa piccola di requiem*)，G 大調，三聲部 (SSB)，沒有續抒詠。第二首，F 大調，四聲部，這一首學者表示存疑。第三首，a 小調，三聲部 (SSB)。第四首，g 小調，1738 年。第五首，c 小調，八聲部，為羅馬作的，1746 年。

十八世紀前半出生的作曲家，寫作安魂曲的有 Giovanni Battista Martini、Baldassare Galuppi、Giovanni Battista Pergolesi、Niccol Jomelli、Carlo Antonio Campioni、Giovanni Paisiello、Domenico Cimarosa、Antonio Salieri 等，這些人的知名度普遍比十七世紀的作曲家要高得多，其中有好幾位是著名的歌劇作曲家。他們的作品大部分是十八世紀後半作的。

Giovanni Battista Martini，生於 1706 年，歿於 1784 年，他有一首四聲部安魂曲是搭配樂器伴奏的，一首四聲部安魂曲是以管風琴伴奏的，還有一首八聲部安魂曲，也是以管風琴伴奏的。Baldassare Galuppi，也是生於 1706 年，歿於 1785 年，他是拿坡里 (Napoli) 樂派的歌劇作曲家，寫了五首安魂曲。Giovanni Battista Pergolesi，生於 1710 年，歿於 1736 年，也是拿坡里樂派歌劇的代表性作曲家，雖然只活了二十六歲，卻是音樂史上常被提到的重要人物，他也寫過一首安魂曲。Niccolò Jomelli，生於 1714 年，歿於 1774 年，同樣是拿坡里樂派歌劇的代表人物，也有兩首安魂曲。第一首是為德國 Württemberg 侯爵夫人之喪而作的降 E 大調安魂曲，四聲部，使用弦樂器、管風琴/數字低音伴奏。第二首也是降 E 大調，使用四個獨唱歌手，四聲部合唱，管弦樂團，管風琴/數字低音伴奏，作於 1764 年。Carlo Antonio Campioni，生於 1720 年，歿於 1788 年，他曾為奧地利皇帝 Franz I. 之喪寫過一首安魂曲 (1766)，後來又為皇后 Maria Theresia 之喪寫了一首安魂曲 (1780)。Giovanni Paisiello，生於 1740 年，歿於 1816 年。他也是拿坡里樂派歌劇作曲家，1789 年在拿坡里出過一首安魂曲，1799 作過一次修訂，1960 年米蘭還發行過一個由 G. Piccioli 編輯的版本。

Domenico Cimarosa，生於 1749 年，歿於 1801 年，拿坡里樂派歌劇後期代表人物之一。他寫過兩首安魂曲，一首是 F 大調，混聲四部及管弦樂團的編制，另一首是 g 小調，同樣是混聲四部及管弦樂團的編制。 g 小調的這首作於 1837 年，是他剛到俄國不久的作品。該年 12 月 2 日他受聘抵達聖彼得堡，才剛到十天，他的贊助人意大利駐俄外交官 Serra Capriola 公爵的夫人就不幸去世，於是他趕忙為夫人的喪禮作了一首安魂曲，就是 g 小調的這一首。這首安魂曲在架構上共有如下的十二章：

Introitus & Kyrie & Graduale—Tractus

進堂曲與垂憐曲及階台經—連唱詠

    I.   Introitus & Kyrie & Graduale—Tractus

        1) Introitus：*Requiem aeternam*　進堂曲

        2) Kyrie　垂憐曲

        3) Graduale—Tractus: *In memoria aeterna*

            階台經—連唱詠

Sequentia　續抒詠

    II.   *Dies irae*　　震怒之日

    III.   *Recordare*　　求你垂念

    IV.   *Ingemisco*　　我歎息

    V.   *Preces meae*　我的祈禱

    VI.   *Inter oves*　　在綿羊群中

    VII. *Lacrymosa*　　悲傷流淚

Offertorium　奉獻曲

    VIII. Offertorium　　奉獻曲

Sanctus　聖哉經

    IX.   *Sanctus*　　　聖哉

    X.   *Benedictus*　願上帝祝福 (降福經)

Agnus Dei 羔羊讚

    XI.   *Agnus Dei*　神的羔羊

Communio　領主曲

    XII. *Lux aeterna*　永恆之光

這個架構特別之處是，將進堂曲、垂憐曲、階台經和連唱詠併為
一大章，一氣呵成，再以續抒詠為重點，將續抒詠分割為五章，
一一發揮，聖哉經亦分割為聖哉經與降福經，其餘各章也沒有省

略，亡者彌撒的九首歌都齊備了。有聲資料方面，這首安魂曲已有一個 CD 版本發行。

第四節　　　十九世紀

　　十九世紀的安魂曲來自十八世紀後半和十九世紀前半出生的作曲家們的創作。十八世紀後半出生的作曲家，寫過安魂曲的有 Luigi Cherubini、Carlo Coccia、Giovanni Pacini 和 Gaetano Donizetti 等，而稍早一點出生的 Antonio Salieri 也要算進來，因為他的安魂曲是在進入十九世紀之後寫的。

　　Antonio Salieri 是古典時期知名的音樂家，特別是有關 Mozart 的故事，人們很容易聯想到他。Salieri 生於 1750 年（比 Mozart 大六歲），歿於 1825 年（比 Beethoven 早兩年），曾經擔任維也納的宮廷樂長（這是 Mozart 遺憾未能謀得的職位），也是很有聲望的理論作曲老師，曾教過 Beethoven（1793/1802）、Schubert、Liszt、Weigl、Hummel、Sechter 等。他的創作不算少，光是歌劇就有三十九部之多，也寫過安魂曲，一首是 c 小調，1804 年 8 月作於維也納，另一首作於 1815/20 年，可惜未完成。

　　Luigi Cherubini，1760 年生於翡冷翠（佛羅倫斯），年輕時即選擇住在法國，1842 年老死於巴黎。Cherubini 在世時曾擁有頗高的聲望，Beethoven、Schumann 對他都懷有高度的敬意，他曾寫過歌劇，但是留給後世的作品中最著名的就是兩首安魂

曲：c 小調與 d 小調。c 小調安魂曲是為法國國王路易十六 (Louis
XIV.) 處決周年而作的，採混聲四部合唱的編制，不用獨唱歌手，
完成於 1816 年，在路易十六的周年忌日首演。d 小調安魂曲則
是為自己的喪禮預備的，因當時巴黎大主教曾禁止女性在教堂歌
唱 (緣於教會古老的規定)，故採男聲三部合唱的編制，也不用
獨唱者，作於 1836 年，此曲未等作曲者亡故即已先行於 1838 年
3 月 25 日在巴黎的 "la Socit des Concerts du Conservatoire"
的音樂會首次演出。六年後在 Cherubini 的喪禮中派上了用場。
在架構上，兩首安魂曲是完全一樣的：

I.   Introitus et Kyrie   進堂曲與垂憐曲
II.   Graduale   階台經
III.   Dies irae   續抒詠
IV.   Offertorium   奉獻曲
V.   Sanctus   聖哉經
VI.   Pie Jesu   慈悲耶穌
VII.   Agnus Dei   羔羊讚 (含領主曲)

可能由於 Cherubini 長期居住法國，受法國音樂文化傳統的影
響，在安魂曲的架構中加入了一首〈慈悲耶穌〉，這在 du
Caurroy、Charpentier 和 Gossec 的安魂曲中已有前例，Cherubini
此舉似乎加強了這個特色。後來 Fauré 和 Duruflé 也跟進，甚
至英國作曲家 Lloyd Webber 也這麼做。至於進堂曲與垂憐曲併
為一章，羔羊讚與領主曲併為一章，這是比較奧國式的，是從 Biber
(1644～1704)、M. Haydn (1737～1806)、Mozart (1756～1791) 到
Eybler (1765～1846) 等慣用的手法，Cherubini 也加以吸收應
用。Cherubini 的兩首安魂曲都有 CD 出版，c 小調的那首版本
稍多一點。

Carlo Coccia 的知名度較小，一般音樂辭典都沒有它的資料，他生於 1782 年，歿於 1873 年。他曾為前國王 Carlo Alberto 寫過一首安魂曲，採混聲四部合唱與管弦樂團的編制。1768 年意大利前期浪漫派三大歌劇作曲家之一的 Gioacchino Rossini (1792～1868) 逝世，Giuseppe Verdi (1813～1901)發起一個聯合創作紀念 Rossini 的安魂曲，他曾分擔其中續抒詠最後一節的 "*Lacrymosa*" 的寫作。

Giovanni Pacini，生於 1796 年，歿於 1867 年。他曾寫過三首安魂曲。第一首安魂曲是 c 小調，採四聲部合唱、管弦樂團與管風琴的編制，1843 年作於米蘭。第二首是 1864 年為 Michele Puccini 作的。第三首也是作於 1864 年，原本打算為 1835 年死於巴黎的作曲家 Vincenzo Bellini (1801～1835) 的骨灰遷葬 Catania 之用，後來遷葬儀式擬於 1876 年舉行，當時也就沒有演出。這首安魂曲反而是在 1867 年 Pacini 本人死後的第三十天舉行亡者彌撒時首演。此曲雖有如下的十一章的架構，但是實際上只選用進堂曲和續抒詠譜曲：

I. Requiem—Kyrie　進堂曲－垂憐曲

  No.1　*Requiem*　　安息

  No.2　*Te decet*　　你當受

  No.3　*Requiem*　　安息

II. Dies irae　震怒之日

  No.4　*Dies irae*　　震怒之日

  No.5　*Liber scriptus*　展開案卷

  No.6　*Recordare*　　求你垂念

  No.7　*Qui Mariam*　馬利亞

  No.8　*Confutatis*　　一旦判決

No.9　*Oro supplex*　　我虔誠祈求

No.10　*Lacrimosa*　　悲傷流淚

No.11　*Pie Jesu*　　慈悲耶穌

有聲資料方面，Pacini 的安魂曲目前有一個 CD 版本問世。

　　比 Pacini 小一歲的著名歌劇作曲家 Gaetano Donizetti 也曾為 Bellini 寫過安魂曲。Donizetti 與 Bellini、Rossini 並稱意大利前期浪漫派三大歌劇作曲家，他生於 1797 年 (與 Schubert 同一年)，歿於 1848 年 (比 Schubert 多活二十年)，作過許多著名的歌劇，其中有好幾齣至今仍常演出，他寫過三首安魂曲。第一首安魂曲即是為 1835 年不幸去世的 Bellini 作的，這首曲子是 d 小調，編制上有三個獨唱歌手 (女高音、男高音、男低音)、混聲四部合唱團和管弦樂團，Donizetti 本來有意親自指揮這首曲子，但是實際創作的時間比預期的長，結果並未全部完成，Donizetti 有生之日根本沒有演出，直到 1870 年在 Bergamo 才有首演的記錄，不過樂譜一直未曾公開，原稿保存在拿坡里音樂學院圖書館。經過 Vilmos Leskó 的工作，1975 年 Ricordi 出版社發行此一作品的總譜，之後才首次有了錄音問世。這首安魂曲在架構上有如下的十六章：

I.　Introduzione　序引 (進堂曲)

　　　No.1　*Requiem*　安息

II.　Kyrie　垂憐曲

　　　No.2　*Kyrie eleison*　上主垂憐

III.　Graduale　階台經

　　　No.3　*Requiem aeternam*　　永遠的安息

　　　No.4　*In memoria aeternam*　　永遠記念

IV,　Sequentia　續抒詠

No.5　*Dies irae*　　　　　　　　震怒之日

No.6　*Tuba mirum*　　　　　　　神奇號角

No.7　*Judex ergo*　　　　　　　審判者

No.8　*Rex tremendae*　　　　　　威震之君

No.9　*Ingemisco*　　　　　　　我痛哭

No.10　*Praeces meae*　　　　　　我的祈禱

No.11　*Confutatis maledictis*　　判決惡人

No.12　*Oro supplex*　　　　　　我虔誠祈求

No.13　*Lacrymosa*　　　　　　　悲傷流淚

V.　Offertorium　奉獻曲

　　　No.14　*Domine Jesu Christe*　主耶穌基督

VI.　Communio　領主曲

　　　No.15　*Lux aeterna*　永恆之光

VII. Responsorium　答唱曲

　　　No.16　*Libera me*　請拯救我

　　這首安魂曲雖然分成這麼多章，但 Donizetti 實際已經省略了聖哉經和羔羊讚，使得全曲只有垂憐曲是彌撒不變部分 (Ordinarium missae) 唯一保留的一章，其餘全是應變部分 (Proprium missae)，這種情況頗不尋常，而續抒詠直接連上奉獻曲也似乎是前所未有的做法。Donizetti 另外還有兩首安魂曲。一首是為 Abate Fazzini 之喪而作的，採合唱與管弦樂團的編制，1837 年 11 月 7 日演出。另一首是為 Alfonso della Valle di Casanova 之墓祈福而寫的三聲部合唱配管弦樂的安魂曲。有聲資料方面，為 Bellini 而作的 d 小調安魂曲有一個 CD 版本。

　　十九世紀出生的意大利作曲家中，Giuseppe Verdi 不僅是意大利歌劇最重要的代表人物，他的安魂曲也是意大利作曲家中最知名的。Verdi 生於 1813 年，歿於 1901 年。他寫作安魂曲的緣由最早是因 Rossini 之喪而起。1868 年，前輩歌劇作曲家 Rossini 逝世的消息傳開來，Verdi 曾發起一個包括他個人在內的十三人的聯合創作，為 Rossini 寫安魂曲，內容架構由一個特別委員會規劃，結果曲子雖然作好了，預定的演出卻因故撤消，整個作品便被擱置了。五年後 (1873 年) Verdi 將他所作的部分 (答唱曲 *Libera me*…) 抽回，自行創作一首完整的安魂曲。剛巧這一年意大利的大文豪 Alessandro Manzoni (1785～1873) 逝世，由於 Verdi 對 Manzoni 懷有深厚的敬意，於是他便將進行中的安魂曲當做是為 Manzoni 作的，完成此曲後，次年 (1874 年) 5 月 22 日在 Manzoni 的逝世周年日在米蘭的 San Marco 教堂首演。這首安魂曲在編制上採用女高音、女低音、男高音、男低音四個獨唱歌手及混聲四部合唱團與管弦樂團，作曲手法有著濃厚的歌劇風格。意大利歌劇作曲家寫作宗教音樂常帶有歌劇味，Rossini 如此，Verdi 也無法避免。Verdi 的安魂曲在架構上有如下的十六章：

I.   Requiem & Kyrie   進堂曲與垂憐曲

    No.1   *Requiem aeternam*   永遠的安息

    No.2   *Kyrie eleison*   上主垂憐

II.   Sequence   續抒詠

    No.3   *Dies irae*   震怒之日

    No.4   *Tuba mirum*   神奇號角

    No.5   *Liber scriptus*   展開案卷

    No.6   *Quid sum miser*   可憐的我

    No.7   *Rex tremendae*   威震之君

    No.8   *Recordare*   求你垂念

    No.9   *Ingemisco*   我痛哭

No.10　*Confutatis*　　　判決惡人

No.11　*Lacrymosa*　　　悲傷流淚

III.　Offertorium　奉獻曲

No.12　*Domine Jesu Christe*　主耶穌基督

IV.　Sanctus　聖哉經

No.13　*Sanctus*　聖哉

V.　Agnus Dei　羔羊讚

No.14　*Agnus Dei*　神的羔羊

VI.　Communio　領主曲

No.15　*Lux aeterna*　永恆之光

VII.　Responsorium　答唱曲

No.16　*Libera me, Domine*　主啊，請拯救我

Verdi 在 1875 年曾就安魂曲的 *"Liber scriptus"*（展開案卷）重新譜曲，因此和 1874 年首演的版本略有不同，總譜在 1913 年出版，親筆手稿的照相影印版也在 1941 年出版。有聲資料方面，CD 有十個版本以上，LD 也有一個版本，反映出 Verdi 的安魂曲確是在意大利作曲家中最受歡迎的。

Verdi 之後出生的作曲家尚有兩位對十九世紀的意大利安魂曲有所貢獻，這兩位分別是 Teodulo Mabellini 與 Giovanni Sgambati。Teodulo Mabellini，生於 1817 年，歿於 1897 年，年紀與 Verdi 相近，他曾參與 Verdi 發起的紀念 Rossini 安魂曲的創作，分擔其中領主曲 *"Lux aeterna"*（永恆之光）的寫作，他也像 Verdi 那樣，後來將他寫作的部分抽回，自行創作一首完整的安魂曲，不過，他早先於 1851 年在巴黎就曾出過一首 c 小調安魂曲，採四聲部獨唱與合唱加管弦樂團/管風琴的編制。

Giovanni Sgambati，生於 1841 年，歿於 1914 年。他寫過

一首安魂曲，作品三十八，採男中音獨唱、合唱加管弦樂團/管
風琴的編制，作於 1895/96 年，1901 年修訂，聲樂譜於 1906 年
出版，總譜於 1908 年出版。此外，不能忽視的還有十三位作曲
家集體創作的*羅西尼紀念安魂曲*，這個音樂史上難得集體創作的
安魂曲特別在下一節中詳述。

第五節　　　　Rossini 紀念安魂曲

(一) 作品的誕生

　　Gioacchino Rossini 是意大利前期浪漫派三大重要歌劇作曲
家之首，1792 年 2 月 29 日生於意大利的 Pesaro，1868 年 11 月
13 日歿於巴黎近郊的 Passy，雖然他一生的歌劇創作生涯在 1829
年的大歌劇 (Grand opéra) "*Guillaume Tell*" (威廉泰爾) 推出之
後就完全停歇了，但是人們一直對他懷有深刻的景仰。所以在他
去世不久，歌劇大師 Giuseppe Verdi (1813~1901) 立即提議由
當代意大利最傑出的作曲家聯合創作一首大型的安魂彌撒來紀念
他，以表懷念與欽敬之誠。此原始構想在 1868 年 11 月 17 日 Verdi
寫給樂譜出版商 Tito Ricordi 的一封信中表達得很清楚。當時的
Verdi 已完成一生中大部分傑作，以其成就和聲望做此呼籲，自
然獲得各界的支持。1869 年 5 月負責推動此事的一個特別委員
會把整首安魂曲按歌詞結構規劃成十三支曲子，分別交給委員會
所遴選出來的十三位作曲家來譜曲，為了盡量達成音樂上的統一
性，各曲子的編制、形式、調性、速度和演出時間的長短都已先
行設定。到了九月間，包括 Verdi 在內的十三位作曲家皆已完稿

交件，這部安魂曲史上僅見的大型集體創作便等著要在兩個月後 Rossini 逝世周年紀念日（1869 年 11 月 1 日）在 Rossini 真正的音樂故鄉 Bologna 的 San Petronio 演出。

　　然而，由於人員、財務、意識形態及文化政策的諸多原因，預定的首演無法舉行，這首紀念安魂曲很遺憾地遭到擱置，之後，人們逐漸淡忘，此一作品的演出變得遙遙無期。於是，1873 年 Verdi 取回了當初他負責譜曲的答唱曲（安所經）部分 " Libera me"，決定自行完成一首完整的安魂曲。不久，意大利大文豪 Manzoni 去世，促使他決定安魂曲是為 Manzoni 而作。其他作曲家將自己所完成的部分拿回去的還有 Buzzolla，Cagnoni，Plantania 和 Mabellini 四人，他們因有類似的需要，經過修改、擴大，完成各自完整的安魂曲後，找到合適的機會便發表演出。Rossini 紀念安魂曲其餘部分保留在 Ricordi 出版社，此後再也無人聞問。1968 年適逢 Rossini 逝世百年，即使這麼重要的紀念時機，當時為紀念 Rossini 而作的安魂彌撒仍在沉睡著，因為已經沒人知道它的存在。幸虧兩年後（1970），在編訂 Verdi 的全集時為了研究 Verdi 的安魂曲的創作歷程而被音樂學者 David Rosen 發現了相關的 〈Rossini 紀念安魂曲〉(*Messa per Rossini*) 的存在，而在米蘭的 Ricordi 出版社的檔案中找到了塵封一個世紀之久的八件親筆手稿和二件手抄稿，這才引起世人的注意和關懷。

　　促成這個作品開始有演出生命的是位於德國斯圖佳 (Stuttgart) 的國際巴哈學院 (Internationale Bachakademie Stuttgart)。該機構 1986 年的年度工作主題是「巴哈與意大利」("Bach und Italien")，Verdi 的安魂曲被列為重點之一。由於 Rossini 紀念安魂曲與 Verdi 的安魂曲有關，在學術探討和音樂演出方面，巴哈學院主動決定要實現 Verdi 當初的心願和請求，

於是與位於 Parma 的 Verdi 研究所及米蘭的 G. Ricordi 出版社
合作，發掘有關 Rossini 紀念安魂曲更進一步的資料，意大利、
德國和美國的學者一起校訂總譜，克服諸多困難，完成演出所需
的材料。Verdi 研究所將全部研究經過發表在他們的刊物
"*Quaderni*" 的第五冊， 巴哈學院也把該書的德文譯本 "*Messa
per Rossini — Geschichte, Quellen, Musik*" 做為該機構叢書系列
的第一本 (Ulrich Prinz 編)。

　　這一個埋沒百年的作品終於在 1988 年寫下了世界性首演記
錄，日期是 9 月 11 日。首演之前，從 9 月 9 日至 11 日在斯圖佳
舉行一連三日的「Rossini 紀念安魂曲國際學術研究會」，涉及此
一作品編訂工作的全體音樂學者全都參與。研討會結束的當天即
舉行此一作品的世界首演，由國際巴哈學院創辦人 Helmuth
Rilling 指揮 G chinger Kantorei Stuttgart (斯圖佳蓋辛格歌詠團)
和 Prager Philharmonischer Chor (布拉格愛樂合唱團) 兩個合
唱團及 Radio-Sinfonieorchester Stuttgart (斯圖佳廣播交響樂
團)。意大利的首演 9 月 15 日在 Parma 的大教堂，美國的首演
則在次年 (1989) 的 10 月 12 日在紐約市。

(二) 內容架構

　　如上所述，本曲是一首由十三位作曲家分工合作的集體創
作，由於是集體創作，如何達到音樂性的統一感便是個重要問題。
誠如 Verdi 一開始就考慮到的，「這個作品，當然 (不論其構成
的部分有多好) 會缺乏音樂上的統一性。但是即使在這層感覺
上不夠完美，它還是可以用來顯示我們大家對這位人物的尊
敬‥‥」所以 Verdi 表示「希望能由賢達人士成立一個委員會
來規劃演出的籌備工作，尤其是遴選作曲家，分配曲子及監督作
品的整體形式。」而 Verdi 提議的委員會成立了，他們規劃出來

的整體架構是一套傳統拉丁文歌詞的安魂彌撒，包含進堂曲與垂
憐曲　(Introitus und Kyrie)、續抒詠　(Sequenz)、奉獻曲
(Offertorium)、聖哉經　(Sanctus)、羔羊讚　(Agnus Dei)、領主
曲　(Communio)，以及答唱曲　(Responsorium)。其中續抒詠
(Dies irae) 的篇幅很長，再分七章，一共變成十三章，可以分
請十三位作曲家來譜曲。人員編制方面，雖然各章需求不同，但
整個作品需要五位獨唱者 (Soprano, Contralto, Tenor, Bariton,
Bass)，一個四至八聲部的混聲合唱團，及一個大型管弦樂團。
樂團的木管部分有 1 支短笛，2 支長笛，2 支雙簧管，1 支英國
管，2 支豎笛，1 支低音管。銅管部分有 4 支法國號，4 支小號，
3 支長號，1 支低音大號 (Ophicleide)。打擊樂器則有 4 支定音
鼓，1 支大鼓，鈸，鑼，再加弦樂部分和管風琴。全曲的章法架
構如下：

I.　　Introitus & Kyrie　　進堂曲與垂憐曲
　　　　No.1　*Requiem aeternam* 永恒之光
　　　　　　　Kyrie eleison　　上主垂憐
II.　　Sequenz　續抒詠
　　　　No.2　*Dies irae*　　震怒之日
　　　　No.3　*Tuba mirum*　神奇號角
　　　　No.4　*Quid sum miser*　可憐的我
　　　　No.5　*Recordare Jesu*　請你垂念
　　　　No.6　*Ingemisco*　　我痛哭
　　　　No.7　*Confutatis*　　判決惡人
　　　　No.8　*Lacrimosa*　　悲傷流淚
III.　Offertorium　奉獻曲
　　　　No.9　*Domine Jesu* 主耶穌
IV.　Sanctus　聖哉經

No.10 *Sanctus* 聖哉 (含降福經)
V.   Agnus Dei   羔羊讚
      No.11 *Agnus Dei*   神的羔羊
VI.   Communio   領主曲
      No.12 *Lux aeterna*   永恆之光
VII. Responsorium   答唱曲
      No.13 *Libera me*   請拯救我 (安所經)

這個架構除了續抒詠採分割手法之外,其餘曲子皆末分割,而合併手法也只用於開頭的進堂曲與垂憐曲,基本上不算很特別,不過因為多人共同寫作,似乎有些複雜,現將進一步的細部設計說明如下:

I. 進堂曲 (Introitus) 的部分:
No.1   Requiem e Kyrie,將進堂曲安息經 (Requiem) 與垂憐曲 (Kyrie) 合併為一首處理。
作曲:Antonio Buzzolla (1815~1871)
編制:合唱
調子/拍子/長度/速度:g 小調,4/4 拍子,
      1~82 小節為安息經,速度 Andante sostenuto,
      83-139 小節為垂憐曲,Un poco pi mosso。

II. 續抒詠 (Sequenz) 的部分,分割成七章,每章分別由七位不同的作曲家譜曲:
No.2   *Dies irae* 震怒之日
作曲:Antonio Bazzini (1818~1897)
編制:合唱
調子/拍子/長度/速度:c 小調,4/4 拍子,184 小節,AIIegro

ma non Lento 。

No.3　*Tuba mirum*　神奇號角
作曲：Carlo Pedrotti (1817～1891)
編制：獨唱 (Bariton) 與合唱
調子/拍子/長度/速度：降 E 大調，3/4 拍子，126 小節，
Andante maestoso。

No.4　Quid sum miser　可憐的我
作曲：Antonio Cagnoni (1828～1896)
編制：二重唱 (Soprano/Alto)
調子/拍子/長度/速度：降 A 大調，3/4 拍子，124 小節，
Larghetto。

No.5　Recordare Jesu　求你垂念
作曲：Federico Ricci (1809～1877)
編制：四重唱 (Soprano/Alto/Bariton/Bass)
調子/拍子/長度/速度：F 大調，4/4 拍子，161 小節，
Andantino。

No.6　*Ingemisco*　我痛哭
作曲：Alessandro Nini (1805～1880)
編制：獨唱 (Tenor) 與合唱
調子/拍子/長度/速度：a 小調，3/4 拍子，216 小節，Poco
Largo。
No.7　*Confutatis*　判決惡人
作曲：Raimondo Boucheron (1800～1876)

編制：獨唱 (Bass) 與合唱

調子/拍子/長度/速度：D大調，

  1～62小節為4/4拍子，Allegro moderato；

  63～176小節為3/4拍子 (*Oro supplex* 起)，速度改

  為 Andante sostenuto。

No.8　*Lacrimosa*　悲傷流淚

作曲：Carlo Coccia (1782～1873)

編制：合唱

調子/拍子/長度/速度：分為兩個段落。

  1～46小節為G大調，3/4拍子，Andante，處理成

  四重唱；

  47～297小節轉為c小調，2/2拍子，Allegro vivo，

  此處係將 Amen (阿們) 處理成一個賦格。

III. 奉獻曲 (Offertorium) 的部分

No.9　*Domine Jesu*　主耶穌

作曲：Gaetano Gaspari (1808～1881)

編制：四重唱 (Soprano/Alto/Tenor/Bass) 與合唱

調子/拍子/長度/速度：這部分在處理上分為四個段落，在調子和速度上有變化，但拍子則固定不變，一直使用 4/4 拍子。

  1 ～ 62小節 (*Domine Jesu*…) 為C大調，速度為 Moderato；

  63～112小節 (*Quam olim* …) 調子不變，速度則改為 Poco pi ；

  113～147小節 (*Hostias*…) 轉換於同名的e小調與

E 大調之間，速度 Larghetto；

148～213 小節（文字又回到 *Quam olim Abrahae*…）
轉回 C 大調，以 Allegro 結束。

IV. 聖哉經（Sanctus）部分

No.10 *Sanctus* 聖哉

作曲：Pietro Platania （1828～1907）

編制：獨唱（Soprano）與合唱

調子／拍子／長度／速度：雖然是另一位作曲者，但處理的原
則與前面奉獻曲的原則類似，此曲亦分為四個段落，拍子固
定 4／2 拍子，調子和速度則有變化。

1～40 小節（*Sanctus*…）為降 D 大調，Maestoso；

41～107 小節（*Hosanna*…）轉為降 A 大調，Allegro
giusto；

108～129 小節進入降幅經（Benedictus）的部分，
起始仍為降 A 大　調，後轉為 F 大調，速度是
Andantino；

130～166 小節，最後重複的 *Hosanna*…一句則回到
降 D 大調，Maestoso-Allegro。

V. 羔羊讚（Agnus Dei）的部分

No.11 *Agnus Dei* 神的羔羊

作曲：Lauro Rossi (l812～1885)

編制：獨唱（Alto）

調子／拍子／長度／速度：A 大調，2／4 拍子，78 小節，
Andante。

VI. 領主曲 (Communio) 的部分

No.12　*Lux aeterna*　永恆之光

作曲：Teodulo Mabellini (1817～1897)

編制：三重唱 (Tenor/Bariton/Bass)

調子/拍子/長度/速度：降 A 大調，3/4 拍子，155 小節，
Moderato。

VII. 答唱曲 (Responsorium) 的部分

No.13　*Libera me*　請拯救我

作曲：Giuseppe Verdi (1813～1901)

編制：獨唱 (Soprano) 與合唱

調子/拍子/長度/速度：此曲在處理上分為四段，調子、拍
子和速度都有變化 。

　　1～41 小節 (*Libera me*…) 是 c 小調，4/4 拍子，
　　Moderato；

　　42～103 小節 (*Dies irae*…) 轉為 g 小調，拍子不
　　變，速度變為 Allegro agitato；

　　104～148 小節 (*Requiem aeternam*…) 轉 a 小調，仍
　　為 4/4 拍子，速度回到 Moderato；

　　149～391 小節重回 c 小調，採 2/2 拍子，以 Allegro
　　risoluto 的速度結束全曲。

圖十　Rossini 紀念安魂曲的 CD 封面

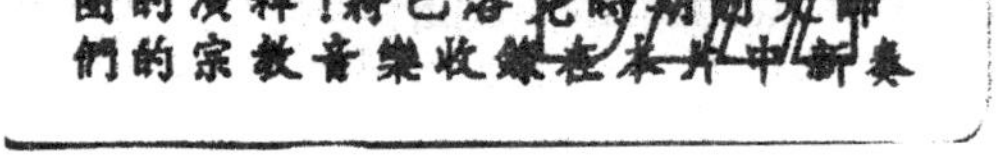

圖十一　臺灣某進口唱片商貼在Rossini紀念安魂曲CD外殼上的促銷文字，其內容只能以「不知所云」來形容。

第六節　　　　二十世紀

二十世紀意大利作曲家寫過安魂曲的有 Amilcare Zanella、Ildebrando Pizetti、Riccardo Zandonai、Guido Guerrini 和 Sandro Gorli 等人。

Amilcare Zanella，生於 1873 年，歿於 1949 年。他曾在 1915 年完成一首男聲三部的安魂曲，管風琴伴奏，編為作品六十三。

Ildebrando Pizetti，生於 1880 年，歿於 1968 年，在同輩音樂家中他的無伴奏合唱曲寫得特別好，而其中最大與最值得注意的作品是他的一首四至十二個獨唱聲部無伴奏安魂曲，作於 1922/23 年，係為紀念他的第一任太太而作，此曲在意大利音樂發展上的地位與 Vaughan Williams 的 g 小調彌撒在英國音樂發展上的地位足以相提並論。此曲有一個 CD 版本問世，內容架構有如下的五章：

I.　　Requiem—Kyrie eleison　進堂曲一垂憐曲
II.　　Dies irae　續抒詠
III.　　Sanctus　聖哉經
IV.　　Agnus Dei　羔羊讚
V.　　Libera me　答唱曲

Pizetti 將進堂曲與垂憐曲併為一曲，是自 Mozart 時代已有的慣例，續抒詠他沒分割，將全部歌詞在一章內譜完，聖哉經是完整的（包含降福經在內），連同羔羊讚與領主曲，實質上譜了六章的詞，做法上可說已有相當「復古」的意味，完全無伴奏的曲風也使此曲成為一首二十世紀音樂體現文藝復興合唱音樂之美的作品。

　　Riccardo Zandonai，生於 1883 年，歿於 1944 年。他曾跟隨意大利真實主義 (Verismo) 歌劇作曲家 Mascagni (1863～1945) 學習，是真實主義歌劇最後的代表人物之一，歌劇 "*Francesca da Rimini*" 是他的知名之作，他在 1915 年寫過一首安魂曲。

　　Guido Guerrini，生於 1890 年，歿於 1965 年，他在 1938/9 年完成的一首安魂曲是「紀念 G. Marconi」("*alla memoria di G. Marconi*") 的，採獨唱、合唱與管弦樂團的編制。

　　二十世紀二次世界大戰之後出生的作曲家 Sandro Gorli (1948～) 有一首以意大利文現代詩譜成的安魂曲（可能作於 1986 至 1989 年之間），短短的五章，無伴奏合唱，和聲很美，意境不錯 (內容詳見本書第五章第三節)，有一張 CD 中含有此曲 (詳附錄二)。

第十二章
安魂曲的創作與發展 （四）
西班牙 與 葡萄牙

　　西班牙與葡萄牙是緊鄰，十六世紀時兩國的國勢一度相當強盛，文學、藝術、音樂等也曾有令人刮目相看的表現。然而十七、十八世紀以後日趨沒落，終至於在意大利、德國、奧地利相繼成為歐洲音樂的領導核心之時，一度淪為歐洲音樂文化的「邊陲地帶」，直到後期浪漫（十九世紀後半）民族樂派興起，東歐、北歐、南歐的音樂家以宣揚本土文化特色為目標，急起直追，才又有一些振興的氣象。兩國在宗教音樂方面一直保有天主教悠久的傳統，安魂曲的創作則以十六、十七世紀有優異的表現。

西班牙

　　十六世紀的西班牙，音樂水準原本與意大利相當接近，只是後繼人才沒有那麼多，但堪稱為大師的作曲家仍有 Morales、Guerrero、Victoria，十七世紀也有 Cererols。

　　Cristóbal de Morales，生於 1500 年左右，歿於 1553 年。他曾經寫過兩首安魂曲，一首五聲部，另一首四聲部。五聲部的安魂曲係 1544 年在羅馬由 Valerio 與 Ludovico Dorico 出版，1552年在里昂 (Lyon) 由 Jacques Moderne 再版。這首安魂曲是何時作的並不清楚，但很有可能是 Morales 在羅馬擔任教宗教堂的歌手時寫的，那是 1535 年至 1545 年之間。而安魂曲是為誰作的呢？意大利音樂學者 Clementi Terni 推測可能是為卡洛斯五世 (Carlos V. 【西】) 的夫人葡萄牙的伊沙貝兒 (Isabel de Portugal) 的喪禮所作，這喪禮是 1539 年 5 月 28 日在聖彼得教堂舉行，但是這項假定沒有任何文件可資證明。四聲部的安魂曲是稍後的作品，應該是 Morales 回到西班牙之後，當他在 Marchena，在 Arcos 公爵的宮廷擔任樂長 (maestro de capilla) 期間作的，那是 1548 年 5 月至 1551 年 2 月之間，至少是在他接任 Málaga 的大教堂的樂長之前，當時音樂理論家兼作曲家 Juan Bermudo 在其著作 "*Declararción de Instrumentos Musicales*" (Ossuna,1555) 中曾提及，Morales 的這首四聲部安魂曲是獻給 Urueña 伯爵的。有聲資料方面，五聲部的安魂曲有一個 CD 版本問世，這首安魂曲的架構如下：

I.　　Introitus　進堂曲
II.　　Kyrie　垂憐曲
III.　　Graduale　階台經
IV.　　Sequentia　續抒詠
V.　　Offertorium: *Domine Jesu* 奉獻曲：主耶穌基督
VI.　　Sanctus　聖哉經
VII.　　Benedictus　降福經
VIII.　Communio: *Lux aeterna*　領主曲：永恆之光

　　如果推測屬實，Morales 寫這首五聲部安魂曲的時間是在 1535 年至 1545 年之間，那麼，Trent 會議當時還未召開 (才正準備召開)，這首安魂曲就是 Trent 會議之前的作品，Morales 就已經將續抒詠納入安魂曲的架構中，的確是相當走在時代的前面，除了稍晚於法國的 Brumel 之外，比之於當時尼德蘭、法國和意大利的大師，可說毫不遜色。

　　Francisco Guerrero，生於 1528 年，歿於 1599 年。他是 Seville 人，一生大部分是在 Seville 的大教堂工作。他在自傳中聲稱他是大師 Morales 的學生，不過據 Trend 指出 註1，Morales 離開 Seville 時，Guerrero 還不到九歲，Guerrero 此種說法頂多意味著他勤於研究 Morales 吧。當然，日後兩人應該是有可能相互認識的。Guerrero 的安魂曲常被誤為有兩首，其實是錯的，Guerrero 只寫了一首，是四聲部的，但是有兩個版本，在他的彌撒曲集第一冊 (1559) 和第二冊 (1582) 各有一個版本。第二個版本的產生是因應 Trent 會議之後的新規範而作章法架構上的調整，Luce 把這兩個版都收進他的論文中 註2，他的第一個版本是 1566 年版：

1566 年版：

Introit　進堂曲

Kyrie　垂憐曲

Graduale (*Requiem aeternam*)　階台經

Antiphon: *In tempore resurrectionis*　Response pro defunctis　對唱曲：在復活之時 亡者答唱曲

Tract: (Sicut cervus)　連唱詠

Offertory　奉獻曲

1　J. B. Trend: "*Guerrero*", in: *Grove's Dictionary of Music and Musicians*, ed. Eric Bolm. 5th edition. London (Macmillan & Co.),1954. Vol.3, p.837.

2　ibid. Vol.2, p.229～312.

Sanctus　聖哉經

Agnus Dei　羔羊讚

Communion　4　領主曲　（四聲部）

Communion　5　領主曲　（五聲部）

1582 年版（重編的部分）

Tractus (*Absolve domine*)　連唱詠

Response to Lesson VI.　讀經六之答唱曲

Communion à 4　領主曲　（四聲部）

Communion à 5　領主曲　（五聲部）

Response to the Absolution　　赦罪之答唱曲

Guerrero 的調整與重編，主要的是改換連唱詠，增加讀經六的答唱曲與赦罪答唱曲，並沒有加入續抒詠。

　　Tomás Luis de Victoria，生於 1548 年左右，歿於 1611 年。他的作品風格和音樂語法非常接近 Palestrina，他在 1565 年至 1587 年之間曾有超過二十年以上的時間留在羅馬學習和工作，所以必曾與 Palestrina 相識，而且還可能受教於 Palestrina，這樣的背景使他卓然不同於其他西班牙的音樂家，可以說他是羅馬樂派在西班牙的代表，也是十六世紀後半西班牙最重要的音樂人物。他曾寫過兩首安魂曲，一首四聲部的，作於 1583 年，另一首是六聲部的，作於 1603 年。六聲部的安魂曲採 S. S. A. T. T. B. 的配置，是為西班牙皇太后馬利亞 (Maria) [註3] 1603 年的喪禮而作，1605 年由 Mapa Mundi 印刷出版，在該版的序文中 Bruno

---

3　她是卡洛斯五世（ Carlos V.）的女兒，Maximilian II. 的夫人，身為兩個皇帝的母親。

Turner 說明當時的習俗在亡者彌撒的程序上還有一些外加的經
文歌和禮拜儀式的項目，所以這首安魂曲在演出時是由下列各曲
依序所構成：

I.　　　Lesson II at Matins: *Taedet animan meam*
　　　　亡者黎明禱之讀經二：厭倦我的靈魂
II.　　 Introitus　進堂曲
III.　　Kyrie　垂憐曲
IV.　　 Graduale　階台經
V.　　　Offertorium　奉獻曲
VI.　　 Sanctus & Benedictus　聖哉經與降福經
VII.　　Agnus Dei　I, II & III　羔羊讚
VIII.　 Communio　領主曲
IX.　　 Funeral motet　葬禮經文歌
X.　　　Responsorium　答唱曲
XI.　　 Funeral motet　葬禮經文歌

有聲資料方面，這首安魂曲現有三個 CD 版本。

　　Victoria 之後，下一位西班牙的大師是十七世紀的 Joan
Cererols。Cererols 生於 1618 年，歿於 1680 年。他有兩首安魂
曲，一首是四聲部的，一首是七聲部的。四聲部的安魂曲大約作
於 1650/51 年，它不是為特定人物寫的，而是為修道院亡故的
弟兄們每年舉行追思禮拜所譜的，當時正值西班牙從巴塞隆納開
始爆發黑死病之際，所以安魂曲中的續抒詠似乎令人感覺佔有特
別的地位。這首安魂曲的樂譜在 1680 年出版，有聲資料方面有
一張 CD 問世，全曲為十章的架構，較特殊的是第八章的 *Hei mihi*
(我心痛)：

I.　　Introitus　進堂曲

II.　　Kyrie　　垂憐曲

III.　　Graduale　　階台經

IV.　　Sequentia　　續抒詠

V.　　Offertorium　　奉獻曲

VI.　　Sanctus　　聖哉經

VII.　Hei mihi　　我心痛

VIII.　Agnus Dei　　羔羊讚

IX.　　Communio　　領主曲

X.　　Responsorium　　答唱曲

　　十八世紀西班牙作曲家寫作安魂曲者尚有 Francisco Andrevi y Castellar。 Andrevi y Castellar 生於 1786 年，歿於 1853 年，曾擔任馬德里皇家教堂合唱團指揮及巴塞隆納等地教堂詩班指揮，作品以教堂音樂為主，曾經寫過亡者日課與亡者彌撒。

葡萄牙

　　Duarte Lôbo，拉丁文名字是 Eduardus Lupus，約生於 1565 年，歿於 1646 年。他在 1621 年出過一首八聲部的安魂曲，1639 年又出版一首六聲部的安魂曲，六聲部的這首已有 CD 出版，它在架構上分為如下的九章：

I.　　Introitus　　進堂曲

II.　　Kyrie　　垂憐曲

III.　　Graduale　　階台經

西班牙與葡萄牙   291

IV.   Sequentia   續抒詠
V.   Offertorium   奉獻曲
VI.   Sanctus & Benedictus   聖哉經
VII.   Agnus Dei   羔羊讚
VIII.   Communio   領主曲
IX.   Responsorium pro defunctis   亡者答唱曲

    Frei Manuel Cardoso，約生於 1566 年，歿於 1650 年。他有一首六聲部的安魂曲，採 S. S. A. A. T. B. 的配置，至最後一首答唱曲時減為 S. A. T. B. 四聲部。這首安魂曲是為誰作的並不清楚，它收在 1625 年初版的彌撒曲集裡。有聲資料方面，這首安魂曲已有一個 CD 版本問世。架構上，它有如下的八章，沒有續抒詠：

I.   Introitus   進堂曲
II.   Kyrie   垂憐曲
III.   Graduale   階台經
IV.   Offertorium   奉獻曲
V.   Sanctus & Benedictus   聖哉經與降福經
VI.   Agnus Dei I, II & III   羔羊讚
VII.   Communio   領主曲
VIII.   Responsorium   答唱曲

    十九世紀時，在眾多浪漫派作曲中也有一位葡萄牙作曲家 João Domingos Bomtemp 創作安魂曲。Bomtempo 生於 1775 年，歿於 1842 年。他的安魂曲題為 *Messe de requiem consacrée a … Camões*，編為作品二十三，1819 年在巴黎出版，它的編制是四個獨唱歌手，合唱團與管弦樂團。

第十三章

安魂曲的創作與發展（五）德國

　　德國音樂的發展緊接在法國、意大利之後，自十七世紀開始即有日益興盛的表現，而繼意大利之後，在古典與浪漫時期，與同文同種的奧地利成為主導歐洲音樂發展的核心地區。在安魂曲的創作上，德國音樂家除了傳統的拉丁文安魂曲之外，Schütz和 Brahms 創造了「德文安魂曲」，開闢了自選歌詞、自由譜曲的安魂曲類型。不過，在 Schütz 之前，德國安魂曲的表現仍可從較為年長的作曲家 Aichinger 和 Stadlmayr 談起，他們所寫的安魂曲仍是傳統的拉丁文安魂曲。

第一節　　十七世紀

　　在 Heinrich Schütz 之前出生的作曲家 Gregor Aichinger 和 Johann Stadlmayr 等，他們按照一般規範寫作傳統的拉丁文安魂曲。Gregor Aichinger 約生於 1564/65 年，歿於 1628 年。他是文藝復興末期/巴羅克初期的音樂家，在宗教音樂方面有重要的貢獻，曾寫過四聲部、五聲部的亡者日課，1615 年在 Augsburg 出版，可惜已不存在了。Johann Stadlmayr，生於 1575 年，歿於 1648 年。曾作過兩首安魂曲，一首是五聲部的，1641 年在

Innsbruck 出版,另一首是四聲部。

Heinrich Schütz 生於 1585 年,剛好比 J. S. Bach (1685~ 1750) 早一百年,歿於 1672 年。他曾留學意大利,將威尼斯樂派的語法與風格帶至德國及北歐,作品相當豐富,包括音樂史上第一部德國歌劇在內。在安魂曲的創作方面,他雖然沒有寫過拉丁文的亡者彌撒,卻有一首可以說是非拉丁文安魂曲的創始作品 "*Das musikalische Exequien*" (《音樂的超度》,或譯為《音樂的葬禮》),這部作品並非拉丁文安魂曲的德文版,而是從德文聖經與德文聖歌中自選歌詞、自由架構,然後再行譜曲,雖然題為《音樂的超度》,其實是 Brahms 之前最早的德文安魂曲,也可以說是 Brahms 寫作德文安魂曲的先例。

Schütz 之所以寫作這首安魂曲是應一位 Heinrich Posthumus von Reuß (1572~1632) 伯爵家屬的委託。這位伯爵生前熱愛藝術與音樂,當他預知將不久於人世之後,即交代家人有關其葬禮細節之事,他並自選了一些聖經章節及教堂聖歌的詩句,除了命人將其刻在一具預購的銅棺內面,還吩咐家人要以這些及其他相關文字為其葬禮音樂譜曲。當時 Schütz 剛從哥本哈根 (Kopenhagen) 回來不久,正擔任 Dresden 宮廷樂長,譜曲的工作便委託由他來完成,因而有機會寫下了這樣一首獨特的安魂曲。1636 年 2 月 4 日,von Reuß 伯爵的葬禮在德國的 Gera 舉行,Schütz 的安魂曲也配合葬禮作了首次的演出。這從個角度來看,這似乎是非拉丁文安魂曲中唯一曾經做為儀式性安魂曲者。這首安魂曲在結構上雖有三個部分,但是三個部分並非同等份量,真正的主要部分是第一部分,第二和第三部分其實很短:

Teil I: Concert in form einer teutschen Begräbnis-Missa

Teil II: Motette "*Herr, wenn ich nur dich habe*"

Teil III: Canticum Simeonis "*Herr, nun l ssest Du Deinen Diener*"

第一部分：　德文葬禮彌撒形式的音樂演出

第二部分：　經文歌「除你之外」

第三部分：　西面的讚歌「主啊，如今可讓你的僕人平安歸
去」

(內容詳見本書第四章第一節)

　　在音樂處理上，Schütz 以其學自威尼斯樂派所擅長的 Cori spezzati (分離合唱) 手法，採左右各四聲部的兩組詩班加上八個獨唱歌手的編制，讓音樂基本上維持著重唱/合唱的交替進行。在情感的表現上，作曲家以其對死亡有深刻感受的人生體驗將歌詞中訴諸信仰尋求安慰的意念充分表達出來。因為 Schütz 在世的年代正逢歷史上數次最可怕的黑死病侵襲全歐洲之時。瘟疫之後還有「三十年戰爭」(1618～1648) 與連帶的宗教迫害，Schütz 本人也曾在數年之內喪失了父母、年輕的妻子、唯一的兄弟及一雙小女兒，所以他對於死亡帶給人們的痛苦，感受是極為深刻的。有聲資料方面，這首安魂曲有兩個 CD 版本。

　　十七世紀尚有一位大師寫作安魂曲，他是 Johann Kaspar von Kerll，生於 1627 年，歿於 1693 年。Kerll 曾赴意大利留學，是宗教音樂大師 Carissimi (1605～1674) 的弟子，也跟隨管風琴大師 Frescobaldi (1583～1643) 工作過，他一生的事業大部分是在奧地利的宮廷。他有一首安魂曲收在 1689 年慕尼黑出版的一本彌撒曲集中，這首安魂曲採五個獨唱聲部、四或五個合唱聲部及一個 "viole" 的合奏團 ("Violenensemble") 的編制。 "viole" 的意思有些模糊，不過，從其聲部結構和複音風格來看，明確地

是指 "viole da Gamba" 註1，這個合奏團是用來增強合唱的線條並支持獨唱曲的伴奏段落。在架構上，這首安魂曲有如下的七章：

I.　　Introitus　進堂曲
II.　　Kyrie　垂憐曲
III.　　Dies irae　續抒詠
IV.　　Offertorium　奉獻曲
V.　　Sanctus　聖哉經
VI.　　Agnus Dei　羔羊讚
VII.　　Communio　領主曲

在創作處理方面，Kerll 做了特意的安排，尤其是調性的表現。進堂曲和垂憐曲是 F 大調，複音結構的風格，獨唱與合唱的段落交替進行。續抒詠是 e 小調，每一詩節的個別特色都有充分的發揮，由 "viola da Gamba" 所構成的四重奏在這裡扮演重要的角色。奉獻曲是 g 小調，聖哉經、羔羊讚和領主曲是 F 大調，這四章呈現著先前的獨唱與合唱的對話。有聲資料方面，已有一個 CD 版本問世，它和 Biber (1644~1704) 的安魂曲合併錄成一張。

第二節　　　　十八世紀

十八世紀德國作曲家寫作安魂曲的有 Johann David

1　據 Jérôme Lejeune 表示：類似 Legrenzi (1626~1690) 題獻給奧國皇帝的作品 *La Cetra* (威尼斯，1673)，其中有兩首 "Sonata a qrattro viole da gamba"，這種 viole da gamba 的組合在十七世紀的奧國宮中很受歡迎。(Ricercar　RIC 081063，CD 隨片解說，頁 5)

Heinichen、 Johann Adolf Hasse、Marianus Königsperger、Anton Cajetan Adlgasser 、Johann Christian Bach 與 Carl Friedrich Christian Fasch 等人。

Johann David Heinichen，生於 1683 年，歿於 1729 年。他寫過兩首安魂曲。Johann Adolf Hasse，生於 1699 年，歿於 1783 年。他的一首 C 大調安魂曲 (1763 年) 有一個 CD 版本問世；另外有一首降 E 大調安魂曲，並不能證實是他作的。Marianus Königsperger，生於 1708 年，歿於 1769 年。他有四首安魂曲，兩首在作品六 (1744)，兩首在作品二十 (1756)。Anton Cajetan Adlgasser，生於 1729 年，歿於 1777 年，他有二首安魂曲。Johann Christian Bach，是大師 J. S. Bach 的小兒子，生於 1735 年，歿於 1782 年。大師未曾留下安魂曲，但是他的么兒寫了一首題為 "*Requiem, Te decet hymnus und Kyrie*" 的作品 (應該是只有進堂曲連同垂憐曲而已)，F 大調，採 SSAATTBB 八聲部及管弦樂團的編制，約作於 1757 年。Carl Friedrich Christian Fasch，生於 1736 年，歿於 1800 年，他有一首八聲部的安魂曲。

第三節　　　　十九世紀

十九世紀的德國作曲家寫作安魂曲的有 Georg Joseph Vogler、Peter Winter、Karl Ludwig Hellwig、Ernst Theodor Amadeus Hoffmann、Gottfried Weber 、August Ferdinand Häser、Johann Kaspar Aiblinger、Caspar Ett、August Eduard Grell、Karl Ludwig Drobisch、Franz Paul Lachner、Robert Schumann、Friedrich Kiel、Peter Cornelius、Johannes Brahms、

Franz Xaver Witt、Felix Draeseke、Joseph Rheinberger 和 Michael Haller 等,可以說為數甚夥。

Georg Joseph Vogler,人稱 Abbé,生於 1749 年,歿於 1814 年。他曾留學意大利,回國後參與 Mannheim 樂派的發展,擔任過慕尼黑與斯德哥爾摩的宮廷樂長,也以管風琴演奏家與指揮的身分活躍於歐洲各地,C. M. von Weber (1786〜1826)、G. Meyerbeer (1791〜1864)、J. Gänsbacher (1778〜1844) 都是他的學生。他的作品中有一首降 E 大調的安魂曲,採獨唱、合唱與大鍵琴的編制,作於 1809 年。Peter Winter,生於 1754 年,歿於 1825 年。他有一首 c 小調安魂曲,採四聲部合唱與管弦樂團的編制。Karl Ludwig Hellwig,生於 1773 年,歿於 1838 年,寫過一首降 E 大調的安魂曲。Ernst Theodor Amadeus Hoffmann,生於 1776 年,歿於 1822 年。他是否作過一首安魂曲仍有疑問,可能所謂的安魂曲與他的降 b 小調 *"Miserere"* 是同一曲子,這首曲子 1809 年作於 Würzburg,它採取 S. A. T. B. 獨唱各兩名、四聲部合唱與管弦樂團的編制。Gottfried Weber,生於 1779 年,歿於 1832 年。他是音樂理論家、作曲家與法學家,曾撰文公開表示對 Mozart 安魂曲的真實性有所懷疑 (詳下一章第二節)。他自己也寫過一首 f 小調安魂曲,採男聲合唱與管弦樂團的編制,作於 1815/20 年。August Ferdinand Häser (Haeser),生於 1779 年,歿於 1844 年。他作過三首安魂曲。第一首是 C 大調,作品十八,採兩個女高音、女低音 (Contr'alto)、男高音、男低音的編制,1824 年萊比錫出版 (Hofmeister)。第二首是 c 小調,作品三十四,採四個獨唱聲部與合唱的編制,1833 年萊比錫出版 (B & H),這個版本有 Clodius 的德文翻譯。第三首是作品三十五,1833 年萊比錫出版。Johann Kaspar

Aiblinger，生於 1779 年，歿於 1867 年。他寫了三首安魂曲，
其中一首是 d 小調，一首是降 E 大調，這兩首都是四聲部。Caspar
Ett，生於 1788 年，歿於 1847 年。他有三首安魂曲。一首降 E
大調，四聲部編制。一首 c 小調，混聲四部與管弦樂團的編制，
作於 1825 年。還有一首是 D 大調，混聲四部與管弦樂團的編制，
作於 1835/36 年。August Eduard Grell，生於 1800 年，歿於 1886
年。他有一首短安魂曲 (*Missa brevis pro defunctis*)，採獨唱與混
聲合唱的八聲部編制，作品六十八，柏林 (Bahn 出版社) 出版，
無出版年代。Karl Ludwig Drobisch，生於 1803 年，歿於 1854
年。他的創作以宗教音樂為主，其中包含三首安魂曲。三首中有
一首 C 大調，採 S. A. T. B. concertante, S. A. T. B. ripieno 的搭
配加管弦樂團伴奏，約作於 1830 年。有一首是 c 小調，四聲部
與管弦樂團的編制，約 1831 年出版。Franz Paul Lachner，生
於 1803 年，歿於 1890 年。他有一首安魂曲，採獨唱、合唱與管
弦樂團的編制，作品一四六，約作於 1846 年，1856 年出版。

　　Robert Schumann，生於 1810 年，歿於 1856 年。他是浪
漫派的重要作曲家，對合唱音樂也有相當貢獻。他在二十歲 (1830
年) 時曾表示他沒什麼宗教信仰，四十歲 (1850 年) 起他在
Düsseldorf 工作，對天主教的態度改變了，下了很大的功夫潛
心研究教堂音樂，認為把力氣轉向 (給予) 宗教音樂是藝術家的
最高目標 ("*der geistlichen Musik die Kraft zuzuwenden, bleibt ja
wohl das höchste Ziel des Künstlers.*")。Schumann 的作品有安魂
曲標題的有兩首，一首是《迷孃的安魂曲》(*Requiem für Mignon*)，
一首是《安魂曲》。
　　《迷孃的安魂曲》是根據歌德 (J. W. von Goethe，1749～
1832) 的文學作品 "*Wilhelm Meister*" 中的詞所譜成的合唱曲，

由於它的姐妹作也是取自 "*Wilhelm Meister*" 的一些創作歌曲，編為作品九十八 A (*Lieder und Gesänge aus Wilhelm Meister, op.98A*)，所以《迷孃的安魂曲》編為作品九十八 B (op.98B)。這個作品是個一般性的、文學性的、藝術性的、音樂性的作品，而不是宗教性的安魂曲，作於 1849 年，1851 年 11 月 21 日在 Düsseldorf 首演，1851 年出版。Schumann 為什麼要寫這個曲子，從他創作的年代來看，應該是具有紀念歌德誕生一百年的意義。

Schumann 的安魂曲是採合唱與管弦樂團的編制，編為作品一四八，作於 1852 年 4 月，稍後在 5 月 16 日至 23 日間再加上管弦樂的配器，由於沒有相關的首演資料，無法確定在 Schumann 生前或他的葬禮是否曾經演出過，樂譜是 Schumann 過世之後 1864 年出版。關於這首安魂曲是儀式性安魂曲或音樂會安魂曲的問題，學者有不同的看法。Elöd Juhász 認為不是為教堂儀式作的，應該不會比其他作品更有宗教性，Dietmar Holland 對 Schumann 晚年的宗教音樂觀有深入了解，他認為 Schumann 這首安魂曲是為教堂同時也是為音樂會堂寫的，傳聞 Schumann 常說「人為自己寫安魂曲」("*ein Requiem komponiert man für sich selbst*")，1854 年 Schumann 企圖自殺，是否他早有死亡的預感？Schumann 這首安魂曲在架構上有如下的九章：

I.　Introitus　進堂曲
　　　No.1 *Requiem aeternam*　永遠的安息
　　　No.2 *Te decet hymnus*　你當受頌讚
II.　Sequenz　續抒詠
　　　No.3 *Dies irae*　　　　　　震怒之日
　　　No.4 *Liber scriptus*　　　　展開案卷
　　　No.5 *Qui Mariam absolvisti*　你赦免了馬利亞

III. Offertorium　奉獻曲
　　　No.6 *Domine Jesu Christe*　　主耶穌基督
　　　No.7 *Hostias et preces tibi*　　獻祭祈禱
IV. Sanctus　聖哉經
　　　No.8 *Sacntus*　　聖哉
V. Benedictus—Agnus Dei　降福經—羔羊讚
　　　No.9 1) *Benedictus⋯*　　願上帝賜福　(降福經)
　　　　　　2) *Agnus Dei⋯*　　神的羔羊　(羔羊讚)

這首安魂曲雖有九章之多，但基本上是很精簡的，垂憐曲合併在第二章中，階台經省略了，尾章又將降福經與羔羊讚併在一起，這並不常見，以羔羊讚作結似乎尚無前例，其實尾章的最後一句 "*Et lux perpetua luceat eis, Cum sanctus tuis in aeternum. Quia pius es.*" (並以永恆之光照耀他們，與你的聖徒永遠同在，因為你是正義善良的。) 是來自領主曲的歌詞，所以實質上還是結束在領主曲。從這種精簡的安排來看，應該是有考慮到教堂儀式之用 (全曲的長度約在 38 分左右)。有聲資料方面，已有兩個 CD 版本。

Friedrich Kiel，生於 1821 年，歿於 1885 年。他有兩首安魂曲。一首是 f 小調，採獨唱、合唱與管弦樂團的編制，作品二十，1860 年出版，1878 年修訂再版。另一首是降 A 大調，作品八十，1881 年出版。

Peter Cornelius，生於 1824 年，歿於 1874 年。他除了從事作曲之外還是作家、詩人、小提琴手和演員，他的知名之作是歌劇 "*Der Barbier von Bagdad*" (巴格達理髮師)，但是他也寫過很好的無伴奏合唱曲及一些歌曲。安魂曲方面，他有一首給男聲

合唱的 " *Requiem aeternam*" (永遠的安息)，作於 1852 年。另外還有一首安魂曲是根據德國詩人 Friedrich Hebbel (1813～1863) 題為 "*Requiem*" (安魂曲) 的詩 (*Seele, vergie sie nicht,…*) 譜曲的，採無伴奏 S. S. A. T. B. B. 六聲部的編制。這首詩後來 Max Reger (1873～1916) 等也拿來譜曲，不過 Cornelius 的那首作於 1863 年，適逢詩人 Hebbel 去世之年，應該是有紀念之意，但這種作品本質上可視為一種音樂會安魂曲。這首安魂曲在有聲資料方面，有一個 CD 版本 (與別的作曲家的作品併為一張)。(內容詳見本書第五章第一節)

Johannes Brahms，生於 1833 年，歿於 1897 年。他是浪漫派重要作曲家，除了歌劇之外，幾乎各個樂種都有作品，而且作得很好，他在合唱音樂上的貢獻更是少有可相提並論的對象，各種類型的合唱音樂都有豐富的創作。他在 1868 年所發表的 "*Ein deutsches Requiem* op.45" (德文安魂曲，作品四十五) 是他第一個重要的大型合唱音樂，也是著名的代表作。這個作品譯為「德意志安魂曲」其實是錯的，因為「德意志」指的是一個國家或人民，Brahms 寫作此曲並沒有紀念「德意志」這個集體對象的意思，而是如該作品的副標題所說：" *nach Worten der Heiligen Schriften*" (根據聖經的文字)，他的意思是作曲家自行從德文聖經中自選歌詞、自由架構、自由譜曲，因為不依天主教拉丁文安魂曲的規範，所以稱為德文安魂曲。這種作法有 Schütz (1585～1672) 的 "*Das musikalische Exequien*" (音樂的超度) 的前例可循。

Brahms 寫作安魂曲的動機原先係為了紀念 R. Schumann (1810～1856) 之死。1856 年開始寫作，但至 1859 年僅完成其中的第二章，之後即中斷，直到 1865 年 Brahms 的母親去世，另

Gesellschaft der Musikfreunde.

Zweites

Gesellschafts-Konzert

Sonntag, den 1. Dezember 1867,

Mittags, präcise halb 1 Uhr,

im k. k. grossen Redouten - Saale,

unter der Leitung

des artistischen Directors Herrn **JOHANN HERBECK**, k. k. Hof - Kapellmeisters,

und unter Mitwirkung der ausübenden Gesellschafts - Mitglieder

(SING - VEREIN),

des Fräulein **Helene Magnus** und der Herren: Direktor **Hellmesberger**, k. k. Konzertmeister, und Dr. **Panzer**, k. k. Hofkapellensänger.

PROGRAMM:

Brahms Johannes Drei Sätze aus: „**Ein deutsches Requiem**", für Solo, Chor und Orchester. (Manuscript, zum 1. Male.)

Schubert — — Aus der Musik zu dem Drama „**Rosamunde**", für Solo, Chor und Orchester.
1. Entreact — H - moll.
2. Balletmusik　　G - dur. (1. Konzert - Aufführung.)
3. Entreact — H - moll mit Geisterchor. (1. Konzert - Aufführung.)
4. Ouverture — C - dur. (2. Konzert - Aufführung.)
5. Romanze — F - moll.
6. Balletmusik — H - moll. G - dur. (1. Konzert - Aufführung.)
7. Entreact — B - dur.
8. Hirtenchor — B - dur

Druck von J. B. Wallishausser in Wien.　　　　　　　　Verlag der Gesellschaft der Musikfreunde.

Programmzettel der Wiener Voraufführung

圖十二　1867 年 Brahms 從德文安魂曲的手稿中抽出三個樂章在維也納首演，節目單上的日期是 12 月 1 日中午 12 點半開始音樂會。節目單原件 210x145 mm (奧地利國家圖書館音樂典藏部)。

一份哀傷給了他繼續寫作安魂曲的動力，1869 年始完成全曲，同年在萊比錫完整首演 (1867 年曾在維也納先行演出前三章，1868 年又在 Bremen 演出暫缺第五章的版本)。Brahms 的安魂曲在架構上原本不是七章，後來才發展成七章，並以七章定稿。其發展歷程如下：

1. 初期 (1854～1860/61)：第二章的第一部分
2. 四章時期 (1861 夏至 1866 春)：I, II, III, IV.
3. 五章時期 (1866 夏，在 Winterthur/Zürich)：I, II, III, V, IV. [註2]
4. 七章時期 (1866 夏，在 Zürich/Lichtenthal)：I, II, III, IV, V, VI, VII.
5. 六章時期 (1866 秋至 1868 春)：I, II, III, IV, V, VI.
6. 最後定形結構 (七章)：I, II, III, IV, V, VI, VII.

各章的開頭如下 ：

I.　　Selig sind, die das Leid tragen⋯
　　　為罪惡悲傷的人多麼有福啊⋯

II.　　Denn alles Fleisch es ist ⋯
　　　人都像野草一般⋯

III.　Herr, lehre doch mich⋯
　　　上主啊，求你指示⋯

IV.　Wie lieblich sind Deine Wohnungen⋯
　　　我多麼渴慕你的居所⋯

V.　　Ihr habt nun Traurigkeit⋯

2　這個順序沒有錯，先 V 後 IV。詳見 Klaus Blum: *Hundert Jahre. Ein deutsches Requiem von Johannes Brahms. Entstehung, Uraufführung, Interpretation, Würdigung.* Tutzing (H. Schneider), 1971. 頁 101。

現在你們雖然有憂愁…

VI.　Denn wir haben hier keine bleibende Stadt…

　　在地上我們沒有永久的城…

VII.　Selig sind die toten, die in dem Herrn sterben…

　　為主而死的人有福了…

(內容詳見本書第四章第二節)

　　有聲資料方面，已有二十個左右的 CD 版本，還有一個 LD 的版本，可以看出**德文安魂曲**確是極為成功，至今仍很受歡迎的作品。

　　Franz Xaver Witt，生於 1834 年，歿於 1888 年。他的作品二十四是一首單一聲部加管風琴伴琴的安魂曲，作於 1875 年。Felix Draeseke，生於 1835 年，歿於 1913 年。他有兩首安魂曲。一首是 b 小調，採四個獨唱聲部、合唱與管弦樂團的編制，作品二十二，作於 1879／80 年。第二首是 e 小調，採五聲部無伴奏的編制，作於 1909／10 年。Joseph Rheinberger，生於 1839 年，歿於 1901 年。他寫過四首安魂曲，但是其中的 f 小調 (IWV 108) 是採四聲部編制，未完成 (1857 年)。另外的三首分別是降 b 小調，作品六十；降 E 大調，作品八十四；d 小調，作品一九四。Michael Haller，生於 1840 年，歿於 1915 年。他有四首安魂曲。第一首降 E 大調，作品三，四聲部合唱配四支長號，1875 年出版。第二首，作品九，同聲二部加管風琴伴奏，1877 年出版; 改編成同聲四部，補續抒詠與答唱曲，1893 年出版。第三首，作品五十五，同聲二部或混聲四部與管風琴，1893 年出版。第四首，作品七十二，同聲二部與管風琴伴奏，女中音或次女高音，管風琴，1899 年出版。

第四節　　　　　二十世紀

　　二十世紀的德國作曲家在安魂曲方面有很豐盛的表現，可以說是各國作曲家中投入安魂曲的寫作人數最多者，包括 Hugo Kaun、Max Reger、Richard Wetz、Siegfrid Karg-Elert、Lothar Windsperger、Paul Hindemith、Hanns Eisler、Kurt Weill、Hans Friedrich Micheelsen、Boris Blacher、Siegfried Reda、Bernd Alois Zimmermann、Siegfried Behrend 和 Volker David Kirchner 等，現分別介紹如下：

(一) Kaun、Reger、Wetz、Karg-Elert、Windsperger

　　Hugo Kaun，生於 1863 年，歿於 1932 年。他有一首安魂曲，採獨唱，單聲部男童合唱與管弦樂團的編制，總譜由 Leuchkart 在 1921 出版。

　　Max Reger，生於 1873 年，歿於 1916 年，他和 Mahler (1860～1911) 一樣，同是世紀轉換時的重要音樂家。他在去世的前一年 (1915) 曾經寫過兩首題為安魂曲的合唱作品。一首是根據 Hebbel 的詩所譜的曲 (Cornelius 也譜過一曲)，為女中音獨唱、合唱與管弦樂團而作，編為作品一四四 B。另一首是拉丁文安魂曲，但是未完成，只寫了第一樂章和續抒詠震怒之日，採獨唱、合唱與管弦樂團的編制，編為作品一四五 A。1938 年 Reger 的朋友兼其傳記作者 Fritz Stein 曾經將拉丁文安魂曲的第一樂章與作品一四四 B (所謂「Hebbel 安魂曲」) 一併首演，但是〈震怒之日〉則未演出。有聲資料方面，這兩個作品目前被收在同一張 CD 裡，已有一個 CD 版本問世，包括〈震怒之日〉在內。(根

據 Hebbel 的詩所譜的安魂曲，內容詳見本書第五章第一節）

　　Richard Wetz，生於 1875 年，歿於 1935 年。他的作品五十是一首安魂曲，採女高音與男中音獨唱、合唱與管弦樂團的編制。Siegfrid Karg-Elert，生於 1877 年，歿於 1933 年。他的作品一〇九是一首八至十二聲部的 *"Requiem aeternam"*（永遠的安息），作於 1913 年。Lothar Windsperger，生於 1885 年，歿於 1935 年。 他的作品四十七是一首安魂曲，採獨唱、合唱、管弦樂團與管風琴的編制，作於 1929 (1930?) 年。

(二) Hindemith：當去年的丁香在庭前綻放，「給我們所愛之人」的安魂曲

　　Paul Hindemith，生於 1895 年，歿於 1963 年。 他是二十世紀的重要作曲家，與 A. Schönberg (1874~1951)、B. Bartók (1881~1945) 和 I. Stravinsky (1881~1971) 齊名。這四位大師曾因二次世界大戰的戰火不約而同地前往美國避難，對於美國的音樂水準的提升有意想不到的貢獻，四位的創作也很豐富，不過，四位之中只有 Hindemith 和 Stravinsky 曾經寫過安魂曲。Hindemith 的安魂曲是他在美國期間作的，他寫作的緣由是接受 Collegiate Chorale 合唱團創辦人 Robert Shaw (1916~) 的委託，為紀念羅斯福 (Franklin D. Roosevelt, 1882~1945) 總統之喪而作。當時是 1945 年，犧牲數千萬人性命的二次世界大戰才剛要結束，羅斯福就因病亡故，為了紀念這位領導美國的偉人，Collegiate Chorale 合唱團希望有一份安魂曲之類的作品來演出，於是 Hindemith 本著一貫的「實用音樂」(Gebrauchmusik)

的理念，藉著詩人惠特曼 (Walt Whitman, 1819～1892) 悼念林肯的長詩 "*When Lilacs Last in the Door-Yard Bloom'd*," (當去年的丁香在庭前綻放) 來譜曲，並題為「給我們所愛之人」的安魂曲，以期能表達對羅斯福的逝世有相同程度的哀思和敬意。

在歌詞與架構的處理上，惠特曼的原詩共有十六節，Hindemith 全部採用，他規劃為如下的十二章：

No. 1　Prelude　序曲

No. 2　Quiet　平靜

No. 3　Arioso　詠敘調

No. 4　March　進行曲

No. 5　Fast　快板

No. 6　Arioso　詠敘調

No. 7　Song　歌

No. 8　Introduction and fugue　導奏與賦格

No. 9　Soli and duet　獨唱與二重唱

No.10　Death Carol　死亡頌歌

No.11　Solo and Chorus　獨唱與合唱

No.12　Finale　終曲

(內容詳見本書第五章第四節)

Hindemith 於 1946 年 4 月 20 日在 New Haven 完成這首安魂曲，同年 5 月 14 日 Robert Shaw 指揮 Collegiate Chorale 合唱團首演。這個作品的音樂風格和語法是 Hindemith 個人的，但是內容和精神方面卻是美國的，Hindemith 本人也在首演當年入籍美國，成為美國公民。但是 1953 年起他移居瑞士，長住歐洲。1963 年 4 月 Hindemith 最後一次訪美時曾在紐約的愛樂廳 (Philharmonic Hall) 親自指揮這首安魂曲做第二次的演出，CBS 唱片公司即利用當時的機會錄製作曲家親自指揮的版本 (此

即 CD 唱片 CBS MPK 45881 的來源)。Hindemith 回歐洲後沒
想到當年年底 (12 月 28 日) 就告別人世，為了紀念大師之喪，
這就有了相隔不久的第三次演出。有聲資料方面，已有兩個 CD
版本問世。

(三) Eisler、Weill、Micheelsen、Blacher、Reda

Hanns Eisler，生於 1898 年，歿於 1962 年。他在 1937 年
作過一首題為〈列寧〉的安魂曲 (Requiem *Lenin*)，採獨唱、混
聲合唱與管弦樂團的編制。

Kurt Weill，生於 1900 年， 歿於 1950 年，1935 年到美國
發展以後入美國籍而成為德裔美籍作曲家，但有不少音樂辭典仍
將他視為德國作曲家。他在安魂曲方面的獨特表現就是與當代詩
人 Bertolt Brecht (1898~1956) 合作，以歌詠曲 (Kantate) 的形
式在 1928 年創作了一首風格諷刺但深具社會批判與關懷的《柏
林安魂曲》(*Das Berliner Requiem*)。這個作品包下列六章：

I.   Großer Dankchoral   偉大謝頌
II. Ballade vom ertrunkenen Mädchen 溺斃少女的敘事
     歌
III. Marterl   死難者紀念碑
IV. Erster Bericht über den Unbekannten Soldaten unter
     dem Triumphbogen   關於凱旋門下不明士兵的第一次
     報告
V.   Zweiter Bericht über den Unbekannten Soldaten
     unter dem Triumphbogen   關於凱旋門下不明士兵的
     第二次報告

VI. Großer Dankchoral　　偉大謝頌
(內容詳見本書第六章第一節)

Hans Friedrich Micheelsen，生於 1902 年，歿於 1973 年。他在 1938 年完成一首名為 *"Tod und Leben"*（死亡與生命）的德文安魂曲。Boris Blacher，生於 1903 年，歿於 1975 年。他的作品五十八是一首安魂曲，採女高音、男中音、合唱與管弦樂團的編制，作於 1958 年，1959 年 6 月 11 日在維也納首演。Siegfried Reda，生於 1916 年，歿於 1968 年。他有一首安魂曲作於 1963 年，採女高音、男中音、合唱與管弦樂團的編制。

(四) Zimmermann: 一個年輕詩人的安魂曲

Bernd Alois Zimmermann，生於 1918 年，歿於 1970 年。現代歌劇 *"Die Soldaten"*（士兵）是他的知名之作，但他在 1968 年完成的《一個年輕詩人的安魂曲》同樣是一部不可忽視的大作，這一部德文原題為 *"Requiem für einen jungen Dichter"* 的安魂曲，其風格、手法與創作理念雖在 Zimmermann 過去的作品中已有所表現，但對安魂曲這個樂種而言仍是非常特殊的。標題上，這首安魂曲似在紀念一位「英年早逝」的詩人，其實不然。Zimmermann 是在作品中使用了好幾位詩人的材料，如 Jessenin、Majakowskij 和 Bayer 等，但並不特別指涉某一個年輕詩人，「一個年輕詩人」只是作曲者的一種設想，一種表達上的付託。這首安魂曲實質上並非紀念性安魂曲，而是音樂會安魂曲，Zimmermann 在這個作品中以他身為一個西方人的、個人的觀點，融入了他一生大約半世紀以來國際世界的歷史、政治、人文等的回顧。

Zimmermann 以其獨特的「球形時間」觀念 [註3]、音響多元主義 (Klang-Pluralismus) [註4] 的手法及「言語」(Lingual) 的概念 [註5]，藉著兩位朗誦者 (Sprecher)、兩位獨唱歌手（女高音與男中音）、三個合唱團、一套電子音響設備、一個管弦樂團、一組爵士樂器以及管風琴這樣的編制將他的風格與理念完全發揮出來。整個作品是計分計秒一氣連貫的，下面的段落只是內容上的區隔和時間與份量的分配：

Prolog	序言	(13:05)
Requiem 1	安息一	(14:40)
Requiem 2	安息二	(1:17)
Ricercar	搜尋	(10:35)
Rappresentazione	表演	(5:58)
Elegia	悲歌	(1:51)
Tratto	（無言的）一刻	(1:11)
Lamento	哀歌	(7:38)
Dona Nobis Pacem	請賜給我們平安	(9:09)

（內容詳見本書第七章第一節）

根據 CD [註6]，此曲的全長是 65 分 27 秒。在內容的表現方面，此曲雖然保留了一部分拉丁文歌詞，但拉丁文的安魂曲歌詞只是做為一種維持形式的框架，主體則絕大部分是第一次世界大戰之後的國際政治、文藝、思想等方面相關大事的報導或歷史錄音或作品摘錄之朗讀，這些也就是作曲者透過各種不同的語言所

3　詳本書第七章第一節。

4　同上。

5　同上。

6　WER 60180-50。

傳達的訊息，整體而言也就是一部作曲家所謂的「言語」。

　　拉丁文的安魂曲歌詞部分，雖然由三個合唱團分別或共同唱出，但是由於同時有多種「言語」進行，並不易聽清楚，比較完整的是在 「序言」中，包括 "Postcommunio, Introitus—Oratio—Lection" (後領主曲—進堂曲—祝禱—讀經) 的各部分的文字 (從 2 分 35 秒起至 13 分整止)，而「安息一」只唱了"Requiem" 一字 (僅 22 秒)，「安息二」也只唱了 "Requiem aeternam" 二字 (僅 35 秒)，在「表演」中第一和第二合唱團再度唱出 "Introitus" (進堂曲) 的完整歌詞，在「哀歌」中則有完整的 "Kyrie" (垂憐曲) 歌詞，而最後的 「請賜給我們平安」 就以 "Dona nobis pacem" 這一句話做結。

　　拉丁文之外的「言語」部分是以口述的訊息來表達。作曲家剪輯了許多的文字、報告和 (時事) 報導等，大部分將之預錄在兩卷四音軌的錄音帶，另有一部分則交由兩位朗誦者來宣讀。這裡面的東西極為龐雜，從這些材料的選取及組織編排可以看出 Zimmermann 在文、史、哲、藝各領域涉獵相當深廣。以本曲前面 24 分鐘的內容為例，「序言」開始兩分鐘，從第一卷錄音帶第一軌 (自後左方向) 出現奧國哲學家維特根斯坦 (Ludwig Wittgenstein, 1889～1951) 的重要著作《哲學研究》(*Philosophische Untersuchungen*, 1953) 一書的開頭部分，3 分 04 秒從第一卷錄音帶第四軌 (自後右方向) 播出 1968 年 8 月 27 日前捷克改革派共黨領袖杜布切克 (Alexander Dubcek, 1921～1992) 對捷克人民演講的歷史錄音，4 分 39 秒第一卷錄音帶第二軌 (自前左方向) 開始播出教宗約翰第二十三 (Papst Johanne, XXIII, 1881～1963, 在位 1958～1963) 在第二屆梵諦岡會議 (天主教第二十一次普世會議，1962～1965) 致詞的歷史錄音，4 分 57 秒第一卷錄音帶第三軌 (自前右方向) 播出愛爾蘭作家喬伊斯

(James Joyce, 1882～1941) 的代表作《尤利西斯》(*Ulysses*, 1922)
一書中 Molly Bloom 的獨白，而從 13 分 06 秒開始進入「安息
一」，在合唱唱完 "*Requiem*" 一字之後，13 分 43 秒第二卷錄音
帶開始播出報導一：希臘首相帕潘德里歐 (Georgios A.
Papandreou, 1882～1968) 在 1967 年一場國會演講的結語，而
僅有幾秒鐘之差，13 分 48 秒第二卷錄音帶的第二軌 (自中前方
向) 與第四軌 (自中後方向) 則播出引文一：古希臘戲劇作家
Aischylos (紀元前 525～456) 的 "*Prometheus*"，14 分 27 秒第
一位朗誦者開始宣讀德國聯邦憲法第一條第一款，14 分 40 秒第
二卷錄音帶第一軌 (自中左方向) 開始播出俄國詩人 Wladimir
Majakowskij (1893～1930) 的《敬愛的後生同志…》，15 分 04
秒第二朗誦者開始宣讀毛澤東主席有關社會主義體制的論點…等
等，一直到 23 分 43 秒第一卷錄音帶第一軌播出報導三： (1939
年) 德國入侵捷克及同年 3 月 16 日希特勒的講話 (歷史錄音剪
輯)，這中間還安排著許多的訊息，而一直到全曲結束也是如此
(詳第七章第一節)。

　　所以，整部安魂曲透過音響多元主義手法所表達的訊息量
實在非常驚人，要真正了解這些內容還需要細讀厚達數十頁的
《內文結構》(Textstruktur)，而且應該要懂得拉丁文、德文、
英文、法文、希臘文、捷克文、匈牙利文、俄文等，因為作曲家
對於所有文字 (除了中文之外) 的取用幾乎一律原文直引。語言
訊息在此作品中所佔的份量之大可想而知，同時也可以理解為何
作曲家要創用 "Lingual…" (言語) 一詞置於副標題的開頭。

　　如果「言語」(Lingual) 是音樂的一部分甚至大部分，這樣
的觀念可以被理解、被接受，那麼把音樂看成是一種語言當然也
不是問題。Zimmermann 的這一部安魂曲中器樂的份量不容忽
視，然而已有太多直接訴諸 「言語」 的表達，樂器的任務似

乎以營造氣氛為主，只有在「(無言的)一刻」才有完全的發揮，
在這短暫的 1 分 11 秒之中是純器樂的，沒有任何的口述的言語
或歌唱。

在錄音剪接的技巧方面，Zimmermann 偶爾也會使用「配
音」的手法有意地把他人的音樂片斷當做「言語」的一部分而加
以引用，例如英國披頭四 (The Beatles) 的 "Hey Jude" 及
Beethoven 的第九交響曲第四樂章的開頭。還有，他也以配音的
技巧在需要的地方錄進群眾集會的噪音，以增加氣氛和真實感。
這些情況在歌唱或器樂的部分皆有。

關於此一作品的詳細創作歷程，Klaus Ebbeke 在 CD 隨片
解說的小冊子中作了好幾頁的文字介紹。首演的記錄是 1969 年
12 月 11 日在 Düsseldorf 的 Rheinhalle 由 Michael Gielen 指揮
演出的。

(五) Behrend、Kirchner

Siegfried Behrend 生於 1933 年，歿於 1990 年。他在 1973
年作了一首《廣島安魂曲》(Requiem auf Hiroshima)，這個作品
沒有唱辭，但並非純器樂曲，編制上使用了一個人聲 (女高音)、
一把獨奏曼陀鈴、一把獨奏吉他、打擊樂器群及撥弦樂團 (für
Stimme, Solomandoline, Sologitarre, Percussionsinstrumente
und Zupforchester)。作曲家捨棄文字的運用，直接以人聲的呻
吟、哀號、叫喊等來表現無法以言詞述說的廣島災難的恐懼和痛
苦，樂器的部分營造的是災難的場景氣氛，如果把人聲看做是功
能特殊的樂器，這個作品自然也可列入器樂作品的類型。有聲資
料方面，有一個 CD 版本，錄音來自 1976 年 7 月 23 日第三屆德
國 Altmühltal 音樂節開幕音樂會，由作曲家親自指揮演出。

　　Volker David Kirchner，生於 1942 年。他的安魂曲題為《平安彌撒》("*Messa di Pace*")，採獨唱（女高音、次女高音、與男低音）、混聲合唱與管弦樂團的編制，作於 1988 年，1990 年在莫斯科首演。這個作品在歌詞內容方面分為如下的三個部分，除第二部分外，文字皆採自傳統拉丁文安魂曲。

　　1. Teil　　第一部分
　　　　　　Introitus　　進堂曲
　　　　　　Dies irae　　震怒之日
　　2. Teil　　第二部分
　　　　　　Golgotha　　髑髏山
　　3. Teil　　第三部分
　　　　　　Sanctus　　聖哉經
　　　　　　Hosanna　　和撒那　　（頌讚歸於至高者）
　　　　　　Conclusio　　結尾

第一部分由進堂曲與震怒之日構成，這是最長的部分。進堂曲即一般的安息經（*Requiem aeternam*⋯），震怒之日包括全部完整的續抒詠在內，段落上再分為 *Dies irae*（震怒之日）, *Tuba mirum*（神奇號角）, *Mors stupebit*（死亡驚恐）, *Rex tremendae*（威震之君）, *Recordare*（求你垂念）, *Confutatis*（判決惡人）, *Lacrimosa*（悲傷流淚）。第二部分的 *Golgotha*（髑髏山）是德文歌詞，只有一句：*Golgotha—o Lamm Gottes unschuldig, am Stamm des Kreuzes geschlachtet*（髑髏山—哦上帝無辜的羔羊，在十字架的木桿上被屠殺）。第三部分是由聖哉經、羔羊讚和領主曲的文字構成的，聖哉經的末尾 "*Hosanna in execelsis*"（頌讚歸於至高者）和降福經（*Benedictus,*⋯）合併，做成 "*Hosanna*"，然後羔羊讚（只取一句）再和領主曲（*Lux aeterna*⋯）合併，做成 "*Conclusio*"。這個作品已有一個 CD 版本。

第十四章

安魂曲的創作與發展（六）

奧地利　與　瑞士

奧地利

　　奧地利在 Habsburg 王朝統治時期曾是一個大帝國，但是第一次世界大戰把帝國瓦解了，戰後的奧地利共和國只有今日的版圖。在安魂曲的創作上，帝國時代的數量相當豐富，足以和德國相提並論，而版圖縮小以後的奧國在音樂的創作數量也呈明顯的減少。如果將同是使用德文的德國加起來，那麼一般在文化上廣泛所指的「德國」的音樂創作力仍是近世最強、表現最豐富的，而緊鄰德國與奧國的瑞士也要在本章中一併介紹。

第一節　　　　　十六/十八世紀

　　奧國的音樂發展與德國相近，表現相仿，兩國實際上是互相交流、互相影響的。奧國音樂家也是大約在十六紀即開始有人寫安魂曲，Blasius Ammon 是其中較為知名的。

　　Blasius Ammon (Amon)，約生於 1560 年，歿 1590 年。他

的作品風格深受威尼斯樂派的影響，就這方面而言，可能是十六世紀末與十七世紀初阿爾卑斯山以北的作曲家中最早的第一人。雖然他只活了三十歲，但也有相當數量的創作，其中包括一首四聲部的安魂曲，1588 年在維也納出版。

十七世紀出生的作曲家中留有安魂曲者以 Heinrich Ignaz Franz von Biber 和 Johann Joseph Fux 兩人最為知名，兩人也都是音樂史上的重要作曲家。

Heinrich Ignaz Franz von Biber，生於 1644 年，歿於 1704 年。他是作曲家及小提琴家，在開發小提琴的技巧與創作上尤其具有特別重要的地位。在安魂曲方面，曾寫過兩首，一首 f 小調，一首 A 大調。f 小調安魂曲的創作背景並不清楚，但是它的樂譜經過音樂學者整理出版，編入 DTÖ (*Denkmäler der Tonkunst in Österreich* 奧地利音樂文物) 系列第五十九冊 (DTÖ Bd.59, Jg.XXX/1, 1923/R)，它的編制是五名獨唱、五聲部合唱、弦樂器群、彈性搭配 (ad lib.) 三支長號 ，以及數字低音樂器。在架構上，f 小調安魂曲有如下的五章：

I.　Introitus　進堂曲 (合併垂憐曲)

II.　Sequenz　續抒詠

III.　Offertorium　奉獻曲

IV.　Sanctus　聖哉經

V.　Agnus Dei　羔羊讚 (合併領主曲)

這種將進堂曲與垂憐曲併為一章的做法，後來有 M. Haydn、Mozart、Eybler、Cherubini、Bruckner、Berlioz、Verdi、Fauré、Dvořák、Pizetti、Lloyd Webber 等人跟進，幾乎變成慣例，羔羊讚與領主曲併為一章雖較少見，但也一樣有人效法 (M. Haydn、Mozart、Cherubini、Berlioz、Eychenne 等)。由此

看來，Biber 可說在章法架構上多少具有一些「先例」的示範作用。

A 大調安魂曲是十五聲部的作品，創作時間不詳，但應該是在 1684/1704 年之間 Biber 擔任薩爾茲堡 (Salzburg) 大教堂樂長職務期間所寫的 [註1]。這首安魂曲是採七章的架構設計的：

I.　Introitus　進堂曲

II.　Kyrie　垂憐曲

III.　Sequenz　續抒詠

IV.　Offertorium　奉獻曲

V.　Sanctus　聖哉經

VI.　Agnus Dei　羔羊讚

VII.　Communio　領主曲

Werner Jaksch 曾經對 Biber 的 A 大調安魂曲深入研究，並將其研究成果寫成一篇博士論文，有聲資料方面目前僅有 f 小調安魂曲出過兩個 CD 版本。

Johann Joseph Fux，生於 1660 年，歿於 1741 年。 他是後期巴羅克奧地利的重要作曲家，曾教過 Zelenka、Muffat、Tuma、Wagenseil 和 Holzbauerz 等人，是著名的對位法教本 "Gradus ad Parnassum" (1725) 的作者。在安魂曲方面有三首創作。有一首寫於 1697 年，是為波蘭皇后，Eleonore 女大公爵之喪作的，此曲後來又有多次演出：1720 年奧國皇后 Magdalena Theresia 之喪，1729 年 Lothringen 公爵之喪，1736 年 Eugen von Savoyen

---

1　Werner Jaksch : *H. I. F. Biber, Requiem à 15: Untersuchungen zur höfischen, liturgischen und musikalischen Topik einer barocken Totenmesse.* Ph.D. Diss., Universität Heidelberg, 1975. München (E. Katzbichler), 1977. (Beiträge zur Musikforschung, Bd.5) S.56.

I. Introitus

譜例六　H. I. F. von Biber 的十五聲部（A 大調）安魂曲第一樂章進堂曲之首頁，全曲之總譜收錄於 Werner Jaksch 之博士論文（1975）中。

之喪，1740 年皇帝 Karl VI. 之喪， 以及 1741 年他的周年忌日。

十八世紀奧國的安魂曲大部分則出自生於本世紀的下列諸人之手：Georg von Reutter、Giuseppe Bonno、Johann Georg Albrechtsberger、Michael Haydn、Maximillian Stadler、Josef Preindl 和 Wolfgang Amadeus Mozart 等，其中 Mozart (莫札特) 的安魂曲既重要卻又有許多穿鑿附會、以訛傳訛之處，特專立一節予以清楚整理，茲先從 Mozart 的前輩 Reutter 等提起。

Georg von Reutter，生於 1708 年，歿於 1772 年。他是「第一維也納樂派」的代表人物之一，作品豐富，歌劇有四十一部之多，彌撒也有八十首，曾寫過六首安魂曲，較為知名的是 g 小調安魂曲。Giuseppe Bonno，生於 1711 年，歿於 1758 年。他有兩首安魂曲，一首 c 小調，一首降 E 大調。Johann Georg Albrechtsberger，生於 1736 年，歿於 1809 年。他是音樂理論家與作曲家，曾教過 Beethoven (1794)、Czerny、 Eybler、和 Hummel。Albrechtsberger 作品豐富，但僅有少部分出版。他曾寫過三首安魂曲。

Michael Haydn，生於 1737 年，歿於 1806 年。他是 Josef Haydn (1732～1809) 的弟弟，曾教過 C. M. von Weber (1786～1826)、Neukomm (1778～1858)、Diabelli (1781～1858) 等，其地位與貢獻主要是建立在教堂音樂上。他從 1763 年起就擔任薩爾茲堡宮廷樂隊的「宮廷樂師與樂隊首席」("Hofmusicus und Concertmeister")，1777 年起擔任三一教堂的管風琴師，而 1781 年 Mozart 離職後他就接任宮廷與 (主教) 大教堂管風琴師的職位。他在安魂曲的創作上留下三首作品。第一首是為薩爾茲堡大主教 Siegmund 之喪而作的 c 小調安魂曲，作於 1771 年。第二

首也是 c 小調，約作於 1791/94 年，但沒有作完。第三首是降 B
大調，作於 1806 年，也不完整。

　　這三首安魂曲中最成功的是第一首，它在標題上寫著 "*Missa
pro defuncto Archiepiscopo Sigismundo*"，明白指出是為大主教
Siegmund Christoph Graf Schrattenbach 之喪而作。該主教係
於 1771 年 12 月 16 日在薩爾茲堡逝世，M. Haydn 連忙以兩週
的時間完成這首亡者彌撒，在同年的 12 月 31 日首次演出。這是
他第一個重要的教堂音樂作品，感人甚深，而他竟能在這樣短的
時間內作出來，除了才氣之外，可能他早已工作了一段時間，因
為這一年他也有喪子之慟，他唯一的小孩才一歲就夭折，也許是
兩種哀傷加在一起使他儘早將他的感情昇華在作品中。這首曲子
的樂譜也收入 DTÖ 的出版系列 (DTÖ XXXII, VII, 1969)，有聲
資料方面，此曲有一個 CD 版本。此曲的架構雖有七章，但是和
Biber 的 f 小調安魂曲頗為類似：

I.　　Introitus et Kyrie　　進堂曲與垂憐曲
II.　　Sequentia (*Dies irae*) 續抒詠（震怒之日）
III.　 Offertorium　奉獻曲
IV.　 Hostias　獻祭祈禱
V.　　Sanctus　聖哉經
VI.　 Benedictus　降福經
VII.　Agnus Dei et Communio　羔羊讚與領主曲

這個架構中，除了頭尾樂章採取合併的手法之外，奉獻曲分為三、
四兩個樂章，聖哉經也分割為五、六兩個樂章，如果這兩曲不分
割的話，就與 Biber 的 f 小調安魂曲的做法一樣了。

　　至於降 B 大調安魂曲，它是 M. Haydn 的最後作品，這首
安魂曲是極為熱愛教堂音樂的皇后 Maria Theresia 的委託創作，
她自己在 M. Haydn 的作品中擔任女高音獨唱。M. Haydn 在 1805

年開始寫作，由於法國（拿破崙軍隊）佔領薩爾茲堡，他又生病，無法順利進行，結果到了 1806 年 8 月 10 日 M. Haydn 逝世之前，這個作品還是沒有完成，只寫到續抒詠的 "*Liber scriptus*"（展開案卷）的第一個詩節到 "… *Unde mundus judicetur.*" 就中斷了，這首安魂曲和 Mozart 的安魂曲一樣都成了未竟之作。M. Haydn 的降 B 大調安魂曲已完成的部分有：

I.　Introitus　進堂曲

　　No.1　*Requiem aeternam*　永遠的安息

II.　Kyrie eleison　垂憐曲

　　No.2　*Kyrie eleison*　神的羔羊

III.　Sequenz　續抒詠

　　No.3　*Dies irae*　　　震怒之日

　　No.4　*Liber scriptus*　展開案卷

此曲雖未完成，不過，在有聲資料方面也有一個 CD 版本。

Maximillian Stadler，人稱 Abbé Stadler，本名是 Johann Carl Dominic，生於 1748 年，歿於 1833 年。他是管風琴師及作曲家，曾協助 Mozart 的遺孀 Constanze 處理有關 Mozart 的安魂曲手稿的事務，介入頗深，當德國的 Gottfried Weber (1779～1832) 撰文 (1825/27) 質疑 Mozart 安魂曲的真偽時，Stadler 曾三度提出書面辯護（詳下一節）。Stadler 本人也寫過兩首安魂曲，一首 c 小調，作於 1820 年，另一首 F 大調，作於 1821 年。Josef Preindl，生於 1756 年，歿於 1823 年。 他寫過兩首有管弦樂團編制的安魂曲，其中有一首是降 E 大調，作品五十。

第二節　　Mozart（莫札特）的安魂曲

Wolfgang Amadeus Mozart，生於 1756 年，歿於 1791 年。他是音樂史上最有名的神童、最偉大的天才，各種音樂幾乎都少不了他的傑作，與 Josef Haydn (1732～1809)、Ludwig van Beethoven (1770～1827) 並稱為古典時期的三位大師。不過，在安魂曲方面，J. Haydn 和 Beethoven 都沒有創作，唯獨 Mozart 寫過一首，而這一首卻是最有名、最撲朔迷離，但也是最受歡迎的。有聲資料的出版情況可以佐證，Mozart 的安魂曲是所有安魂曲之中數量最多的，過去數十年的 LP (Long Play) 唱片不計，光是近十年的 CD 就有三十個以上的錄音版本，影碟至今也有四個版本。

Mozart 的安魂曲知名度所以居一切安魂曲之冠，除了它是大師的不朽傑作之外，恐怕主要的原因在於這首安魂曲的誕生有一個傳奇而神祕的故事。儘管這個故事的細節不盡相同，然而它廣泛流傳，很多人都聽過，應該是促成 Mozart 的安魂曲擁有極大知名度的主要原因。許多人也許並未真正聽過 Mozart 安魂曲的音樂，但是都知道有一個「黑」衣神祕客向 Mozart 「訂作」安魂曲，Mozart 沒來得及把安魂曲寫完就死了。有些人相信所謂黑衣神祕客可能就是死神或死神的使者，而安魂曲是 Mozart 付出生命代價的最後作品，這會使人更加珍惜 Mozart 的安魂曲，但是也可能有些作曲家會以此為鑑，不敢隨便寫安魂曲，怕到頭來竟是為自己寫的。這種想法和態度無形之中也會使一些忌諱死亡的人不願意聽安魂曲。

事實的真相繫在一個關鍵人物身上，這人不是那個身分不明的神祕人物（雖然他也有直接的關聯），而是 Mozart 的遺孀 Constanze (1762～1842)。Mozart 的安魂曲之所以變得如此神

祕，歸根究底，其實是 Constanze 在隱瞞真相，並製造神祕，
然而這個重要的人物卻被忽略了。眾所周知，Mozart 並未把安
魂曲寫完，那麼未完成的安魂曲如何變成完整的安魂曲，又如何
公諸於世，只有 Constanze 最清楚。事實上，這整樁事情的發
展和結果可以說是涉及了 Constanze 的一番「生意手腕」，針對
此點，Heinz Gärtner (1922～) 有最詳細的描述 [註2]。

真實故事的開端要從奧地利的一位伯爵說起，他的名字叫
做 Franz Graf von Walsegg (1763～1827)。伯爵府邸在 Wiener-
Neustadt 西南靠近 Semmering 的一個稱為 Schloß Stuppach
(Stuppach 宮) 的豪華建築。1791 年 2 月 14 日， Walsegg 伯爵

圖十三　攝於大戰期間的 Schloß Stuppach (奧地利國家圖書館圖像典藏部
資料圖片)

2　Heinz Gärtner (1922～): *Mozarts Requiem und die Geschäfte der Constanze
Mozart.* München (Langen Müller), 1986. 另有英譯本：Heinz Gärtner:
Constanze Mozart: after the Requiem, translated by Reinhard G. Pauly.
Portland (Amadeus Press) 1991.

夫人 Anna (娘家是 von Flammberg 的貴族) 不幸以二十歲之芳
齡離開人世，當時二十八歲的伯爵非常珍愛亡妻，除了請維也納
著名的雕刻家 Johann Martin Fischer 打造漂亮的墓碑之外，也
想為她寫一首安魂曲。伯爵素來雅好音樂，常在府中與聘雇的樂
師合奏室內樂。但是伯爵還有一項相關的「嗜好」，就是喜歡買
別人的創作充當自己的作品。他的方法是以隱匿的身分向作曲家
訂一個創作，拿到稿件之後再用自己的筆跡抄寫一次，然後即題
為自己的作品，再與家中聘雇的樂師合奏「他的」作品。在 1791
年 7 月初，他請一位中間人出面向 Mozart「訂作」一首安魂曲。
這位中間人就是被誤傳為黑衣神祕客的「灰衣使者」("der graue
Bote")，一般認為他是 Franz Anton Leitgeb。不過，Mozart 夫
婦認識 Leitgeb，他怎麼可能是 Constanze 堅稱不認識的神祕客？
Christoph Wolff 認為應該是伯爵的律師 Johann Nepomuk
Sortschan 博士，因為出面委託雕刻家 J. M. Fischer 打造墓碑的
人就是他 註3。不願透露身分的伯爵提供的酬金是 100 Dukaten
(金幣單位)，這個價錢不錯，相當於 Mozart 寫一部歌劇的創作
費。伯爵預付 50 Dukaten，餘款等作品完成交稿時再付，不過
伯爵意圖將此作品當做自己的創作，所以特別要求委託人的身份
保密。

　　Mozart 了解對方的意圖，雖然對方身分保密，其實他還是
知道這樣的一個買主應該是誰，不過看在錢的份上他不介意，也
就接受了委託。當時他正在忙兩部歌劇：《魔笛》(*Die Zauberflöte*)

3　Christoph Wolff: *Mozarts Requiem: Geschichte, Musik, Dokumente,
Partitur des Fragments*. Originalausgabe, München (Deutscher Taschenbuch
Verlag); Kassel; New York (Bärenreiter), 1991. S.10.

和《狄托的仁慈》(*La Clemenza di Tito*)，安魂曲不可能很快交稿，他並沒答應對方一個確切的日期，只是有空即寫，預期 1792 年可以完成。1791 年 11 月中旬 Mozart 從布拉格回來後即趕寫安魂曲，但是沒多久卻病倒了，從 11 月 20 日起他甚至病得癱在床上無法起身。他開始擔憂，萬一他活不成的話，他恐怕沒有多少時間可以寫了，所以想儘快把它寫完，可是他既病又累，他覺得非常悲哀和沮喪，他已經意識到，其實他是在為自己寫安魂曲了。好吧，原本安魂曲是為他人代工，作品出去以後是別人的，那是不同的心情，但現在決定要當做自己的作品來寫，而且是為自己寫的，所以他還是抱病工作，極力硬撐。結果他雖然盡了全力，死神卻來得比他預期的還要早，12 月 5 日淩晨一點左右，Mozart 在他的寓所，維也納市內的 Rauhensteingasse (粗石街) 970 號，與世長辭。

　　Mozart 丟下沒有完成的安魂曲走了，剩下的局面由遺孀 Constanze 來處理。Constanze 和 Mozart 結婚八年，當時二十九歲，她還有兩個小孩要撫養，長子 Carl 七歲，次子 Franz Xaver Wolfgang 才五個月大，家裡負債一堆，生活不易，幸虧 Mozart 生前的好友和崇拜者大力幫忙，問題總能解決。不過，安魂曲沒作完是不好交差的，不但拿不到尾款 50 Dukaten，連預付的 50 Dukaten 都得償還，在手頭拮据的時候她可不想退回，當務之急是要解決安魂曲的問題。她想過，對方付高價，當然要的是完整的作品，而且是 Mozart 的親筆手稿。於是她決定要給對方一份完整的安魂曲，她需找一個人把安魂曲補完，Süßmayr (1766~1803)、Eybler (1765~1846)、Schak 和 Freistädtler 是她優先考慮求助的名單，此外 Mozart 的朋友和學生也行。不過，這事情一定要祕密，考慮到這一點，Constanze 心中已經有了處理的原則，那就是，即使不得不採取不實的態度甚至欺騙的手段，一定要堅稱 Mozart 的安魂曲是大師最後的「完整」作品，這樣安魂曲才能賣得高價（她已經在盤算一稿數賣的生意），所以補作的事實絕不能公開，也絕不能承認，如果事後公開，不就等於承認詐欺？果然，終其一生，Constanze 從來沒有對安魂曲的事情老實過，有關她為 Mozart 的傳記所提供的資料也並非全是真的，其中有一部分是蓄意編造的假話，例如 1798 年出版的第一本 Mozart 傳記，由 Mozart 的崇拜者布拉格的教授 Franz Niemetschek (1766～1849) 根據 Constanze 提供的「原始資料來源」("Originalquellen") 所撰，有下面的這一段文字：

> Gleich nach seinem Tode meldete sich der Bothe, verlangte das Werk, so wie es unvollendet war, und erhielt es. Von dem Augenblicke an sah ihn die Wittwe nie mehr, und erfuhr nicht das mindeste, weder von der Seelenmesse, noch von dem Besteller. Jeder Leser kann sich vorstellen, daß man sich alle Mühe gab den räthselhaften Bothen auszuforschen, aber alle Mittel und Versuche waren fruchtlos.

> 就在他剛過世不久那位使者就找上門來，要求交付作品（安魂曲），它尚未完成，但那人就取走了。從那一刻起 Mozart 的遺孀就再也沒有看到過他，也一點都不知道安魂彌撒和訂購人的後續消息。每一位讀者可以想像，一個人盡一切辛苦去探索那位謎樣的使者，但是一切方法和嘗試都沒有結果。

這是 Mozart 逝世八年之後的傳記描述，Constanze 利用 Niemetschek 寫傳記的機會散佈不實的內容並乘機製造神祕的面紗，其實這之前發生的許多事情都可以證明這些全是謊言。被 Constanze 利用的人也不只 Niemetschek，還有其他的人。首先，在 Mozart 死後，最適合補作的人應該是 Süßmayr，因為 Mozart 臥病寫作期間 Süßmayr 曾隨侍在側，Mozart 也曾指示他這首安

魂曲應該如何完成。但是 Constanze 沒有先交給他而找上了
Eybler，這是為什麼呢？她說她生 Süßmayr 的氣，為什麼？因
為 Süßmayr 沒有向她求婚？或是 Süßmayr 不願成為她的詐欺共
犯？比較合理的推測可能是 Constanze 顧慮 Süßmayr 知道太多
內情，同時他與「死對頭」Salieri (1750～1825) 的關係亦師亦
友，Salieri 對他也很賞識，由他來補作可能消息會經由 Salieri 傳
入宮中 (Salieri 是宮廷樂長)，經由宮中的貴族社交圈再輾轉傳
到訂購人 Walsegg 伯爵耳中，這樣的話對她要交付她所宣稱的
「完整」安魂曲的詐欺行動顯然不利，所以她先去找 Eybler。

　　Eybler 與 Süßmayr 年齡相當，他也是 Mozart 的學生，也
很優秀，只是他和 Mozart 一家人的親密關係不如 Süßmayr，與
Mozart 本人的溝通也不如 Süßmayr。他在 1791 年 12 月 21 日
(Mozart 死後十六天) 收到 Constanze 送來 Mozart 的安魂曲遺
稿並簽具同意委託書，願在來年的四旬齋期 (復活節前的四十天)
的期中之前補完，並保證不會有抄本，完成之原稿除 Constanze
外不得交付任何人。

　　在知道Eybler補作了些什麼之前，首先，應該要了解 Mozart
的安魂曲原稿的狀況，Mozart 規劃中的安魂曲架構如下：

I.　　Introitus　進堂曲，包含
　　　1)　Requiem　安息經
　　　2)　Kyrie　垂憐曲
II.　　Sequenz 續抒詠，分割為
　　　　　Dies irae　　　　震怒之日
　　　　　Tuba mirum　　　神奇號角
　　　　　Rex tremendae　威震之君
　　　　　Recordare　　　求你垂念
　　　　　Confutatis　　　判決惡人

　　　　　Lacrimosa　　　悲傷流淚
III.　Offertorium　奉獻曲，分割為
　　　　　Domine Jesu　主耶穌
　　　　　Hostias　　　　獻祭祈禱
IV.　Sanctus　聖哉經
V.　Benedictus　降福經
VI.　Agnus Dei　羔羊讚
VII.　Communio　領主曲

在這個架構中，Mozart 幾乎已經完成的部分是進堂曲，包括安息經與垂憐曲。然後從續抒詠到奉獻曲，包含 "*Hostias*" (獻祭祈禱) 在內，大師雖然在總譜上寫下了合唱、獨唱與數字低音的聲部，但是管弦樂的配器僅有或多或少的指示。不過續抒詠最後的 "*Lacrimosa*" (悲傷流淚) 只有八小節，大師的創作就是到此終止 (Mozart 顯然並沒按照順序寫作)，接下去的聖哉經、降福經和羔羊讚都沒寫，能有一點草樣已經是萬幸的了，領主曲按 Mozart 的意思可重複使用進堂曲的音樂，這樣可以造成形式上首尾一致的統一感。大體上， Mozart 的安魂曲約有四分之三是確定的，補作應該有希望可以完成。

　　Eybler 從 "*Dies irae*" (震怒之日) 開始工作，他補上缺少的木管、小號和定音鼓，也填上弦樂中空白的經過句，在 "*Lacrimosa*" (悲傷流淚) 僅有的八小節之後他在女高音的聲部寫了兩小節，然後他就沒有再寫了。大約經過三、四個禮拜的嘗試，他自知要補大師的作品實在是能力有限，就在限期之前提早把 Mozart 的原稿送還給 Constanze。這之後 Constanze 可能嘗試找過其他人，但都被拒絕了，結果，補作的任務最後還是落到了 Süßmayr 身上。

　　如果 Constanze 沒有因為與其他人的接觸而延誤的話，

Süßmayr 應該是在 1792 年的 1 月中至 1 月底拿到 Mozart 的手稿。Constanze 交給他的手稿一共是 45 張，包括 Eybler 填補的在內。Süßmayr 補作時，除了進堂曲之外，其餘（從續抒詠開始到結束）必須使用新的譜紙，他的張碼是從 1 開始標起，結果與 Mozart 的張碼不一致，造成後世研究的困擾。Mozart 手稿上的張碼在安息經與垂憐曲之處是從第 1 張編至第 9 張，第 10 張空白，然後是第 11 張至第 45 張，中間的第 34 張與第 42 張也是空白。Süßmayr 從續抒詠至奉獻曲編為第 1 張至第 33 張，然後聖哉經至領主曲又從第 1 張編至第 19 張。結果是一片混亂，令人搞不清那裡是 Mozart 寫的，那裡才是 Süßmayr 寫的 (Süßmayr 常替 Mozart 抄譜，他的筆跡和 Mozart 的筆跡相似得連專家都難以分辨)。後來這兩份手稿被用紅筆連號標示，Mozart 的手稿是第 1 張至第 10 張，Süßmayr 的是第 11 張至第 63 張，這就是今日奧地利國家圖書館收藏保存的唯一完整正本。

　　Süßmayr 對於 Eybler 所補的並不排斥，其處理原則是，合他的想法的就用。至於 Mozart 已經動筆的部分，不論缺多少，他都用 Mozart 的音樂來補，所以一直到奉獻曲完，可以說「全是 Mozart 的」，接下來的聖哉經、降福經和羔羊讚則是 Süßmayr 的創作。關於他在 Mozart 的安魂曲上所作的，後來在 1800 年 2 月 8 日他給 Breitkopf & Härtel 出版社的一封信上 [註4] 有非常清楚的細節上的交代。Süßmayr 的補作在 1792 年的上半年的某一個

---

4 該信的完整內容見 Heinz Gärtner 的著作 (1986) (ibid.) 頁136～139。與安魂曲相關的局部內容亦收於：Christoph Wolff: *Mozarts Requiem: Geschichte, Musik, Dokumente, Partitur des Fragments*. Originalausgabe, München (Deutscher Taschenbuch Verlag); Kassel; New York (Bärenreiter), 1991. S.145f.

時間完成了，他以 Mozart 的筆跡整個謄寫，完整的一份是 63
張。經過 Süßmayr 補作完成之後的安魂曲在架構上並沒有太大
的改動，只將領主曲與羔羊讚併為一章：

Introitus & Kyrie　　進堂曲與垂憐曲

　　　No.1　　Introitus & Kyrie　　進堂曲與垂憐曲

Sequenz　續抒詠

　　　No.2　　*Dies irae*　　　　　　震怒之日

　　　No.3　　*Tuba mirum*　　　　　神奇號角

　　　No.4　　*Rex tremendae*　　　　威震之君

　　　No.5　　*Recordare*　　　　　　求你垂念

　　　No.6　　*Confutatis*　　　　　　判決惡人

　　　No.7　　*Lacrimosa*　　　　　　悲傷流淚

Offertorium　奉獻曲

　　　No.8　　*Domine Jesu*　　　　　主耶穌

　　　No.9　　*Hostias*　　　　　　　獻祭祈禱

Sanctus　聖哉經

　　　No.10　*Sanctus*　　聖哉

Benedictus　降福經

　　　No.11　*Benedictus*　願上帝賜福

Agnus Dei & Communio　羔羊讚與領主曲

　　　No.12　Agnus Dei & Communio　羔羊讚與領主曲

　　由於 Constanze「生意上」的需要，Süßmayr 補完的安魂
曲被複製了很多份，實際的數字只有 Constanze 和 Süßmayr 知
道。可以確定的是，除了 Walsegg 伯爵那一份「原稿本」之外，
至少 Constanze 保有一份複製本，Breitkopf & Härtel 出版社有
一份，普魯士國王 Friedrich Wilhelm II. 也有一份 (1792 年 3
月 4 日 Constanze 簽給普魯士代表的收據顯示金額高達 450

Gulden，剛好等於 Walsegg 伯爵付出的 100 Dukaten)，不明身分的執政者也有一兩位各有一份。這些複製本又各有許多的抄本，在 Breitkopf & Härtel 出版社發行的印刷本出來之前，已經不知有多少抄本在流通了。

那麼 Mozart 親筆的部分，那些原稿到哪裡去了呢？第 1 張至第 10 張，是進堂曲與垂憐曲，在 Walsegg 伯爵手裡；因為當初「交貨」的時候，是以這十張親筆手稿連同 Süßmayr 完成的總譜當做「原稿本」給 Walsegg 伯爵的。第 11 張至第 32 張，是續抒詠的大部分，包含 *"Confutatis"*（判決惡人）在內，在某一個時間被 Abbé Stadler (1748～1833) 所持有，他為 Constanze 整理 Mozart 遺稿並為她辯護，是 Constanze 倚仗與利用的主角之一。第 33 張至第 45 張，包含續抒詠的 *"Lacrimosa"*（悲傷流淚）以及奉獻曲，由宮廷樂長 Eybler 擁有（Constanze 送他的）。1831 年 Eybler 將他所保存的部分捐給皇家宮廷圖書館 (Hofbibliothek, 今日奧地利國家圖書館的前身)，兩年後 (1833 年) Stadler 所持有的部分也到了宮廷圖書館來，1838 年宮廷圖書館購得 Walsegg 伯爵遺產中的安魂曲「原稿本」，失散多年的 Mozart 安魂曲親筆手稿終於再度聚合。

Mozart 與 Süßmayr 合作的安魂曲在 1793 年 1 月 2 日在宮廷供貨商 (Hoflieferant) Ignaz Jahn 位於維也納 Himmelpfortgasse (天門街) 的 Jahn 氏大廳首演，Süßmayr 應該也在場，但是他被出賣了，聽眾相信 Constanze 之言，大家都以為這是 Mozart 最後的完整作品，沒有人知道他也有不小的貢獻，但他去跟誰辯呢？只有圈內的少數人知道內情。另一個有可能也在場的關係人是 Walsegg 伯爵，他被欺騙了，Mozart 絕不可能有第二首安魂曲的，Constanze 有什麼權利讓這首安魂曲首演？他是出錢「買斷」這首安魂曲的人，他才有權首演，但是他不能聲張，他怎麼解釋為何「他的」安魂曲和 Mozart 的安魂曲一樣？人們是先聽到 Mozart 的安魂曲的，而「他的」安魂曲還未演出，在和 Constanze 較量的詐欺遊戲裡他已經先輸一局了。

　　Walsegg 伯爵是在 1792 年的上半年內拿到安魂曲的作品的，他果然故技重施，將這作品抄一份，然後題上 *"Requiem Composto del Comte Walsegg"* (Walsegg 伯爵之安魂曲作品)。這首「伯爵的」安魂曲於 1793 年 12 月 12 日在 Wiener Neustadt 的 Zisterzienser Stiftspfarrkirche 教堂進行彩排，兩天後，12 月 14 日正式「首演」，此曲在伯爵手中的最後一次演出是 1794 年 2 月 14 日亡妻的周年忌日，在 Semmering 著名的朝聖教堂 Maria-Schutz 由伯爵親自指揮。

　　Mozart 死後他的聲望日益高漲，安魂曲也很受歡迎，由於 Constanze 極力隱瞞，大眾從來就不知道 Mozart 沒有寫完安魂曲的事實。不過，也有人在仔細研究過 Mozart 的安魂曲之後表示懷疑的，最有名的就是德國的音樂理論家、作曲家與法學家 Gottfried Weber (1779～1839)。他在 1825 年 8 月透過 *Caecilia* 刊物發表一篇 *"Über die Echtheit des Mozartschen Requiem"* (關於 Mozart 安魂曲的真實性) 的文章 [註5]，公開表示懷疑，次年又有一篇 *"Ergebnisse der bisherigen Forschungen über die Echtheit des Mozartschen Requiem"* (關於 Mozart 安魂曲真實性之截至目前為止的研究結果) [註6]。當時 Constanze 還健在，替她整理 Mozart 音樂手稿的 Abbé Stadler 出面辯護，發表了一篇 *"Vertheidigung*

5　刊於：*Cäcilia, eine Zeitschrift für die musikalische Welt*, Band 3, Heft 11, Mainz 1825. S.205～229.

6　刊於：Nachdruck aus *Cäcilia* Band 3/4, Mainz, 1826.

der Echtheit des Mozartschen Requiem" (Mozart 安魂曲真實性之辯護)。1826 年的下半年 Weber 回應 Stadler 的文章又發表了一篇 "*Weitere Nachrichten über die Echtheit des Mozartschen Requiem*" (關於 Mozart 安魂曲真實性的後續消息) [7]。為了答覆 Weber 的二次質疑,1827 年 Stadler 先寫了一篇" *Nachtrag zur Vertheidigung des Mozartschen Requiem*" (Mozart 安魂曲真實性辯護之補述),Weber 也回了一篇 "*(Erläuterungen zum) Nachtrag zur Vertheidigung der Echtheit des Mozartschen Requiem*" (Mozart 安魂曲真實性辯護之補述[的說明]) [8]。Stadler 再寫了一篇 "*Zweyten und letzten Nachtrag zur Vertheidigung des Mozartschen Requiem*" (Mozart 安魂曲真實性辯護第二與最後篇之補述),Weber 又發表了一篇 "*Weitere Ergebnisse der Forschungen über die Echtheit des Mozartschen Requiem*" (關於 Mozart 安魂曲真實性之後續研究結果) [9]。這場爭辯似乎來得太晚,因為最重要的關鍵證人 Süßmayr 早在 1803 年就死了,他在逝世前三年寫給 Breitkopf & Härtel 出版社的那封信有些人似乎不願相信。不過,在爭辯中 Stadler「找到了」他所持有的 Mozart 的親筆手稿中續抒詠的部分,而十年後 Mozart 安魂曲的全部親筆手稿及 Süßmayr 補作的手稿皆在宮廷圖書館會集齊全,這就有利於日後的研究。果然,探討 Mozart 安魂曲的文章迄今沒有斷過,在大師逝世兩百周年 (1991 年 12 月) 出版的 Christoph Wolff 的

7　刊於:*Cäcilia, eine Zeitschrift für die musikalische Welt*, Band 4., Heft 16, Mainz 1826. S.257～352.

8　刊於:*Cäcilia, eine Zeitschrift für die musikalische Welt*, Band 6, Mainz, 1827. S.133～153.

9　刊於:Nachdruck aus *Cäcilia* Band 6, Mainz, 1827.

"Mozarts Requiem. Geschichte · Musik · Dokumente · Partitur des Fragments" (*Mozart* 的安魂曲—歷史·音樂·文件·殘稿總譜）可說總結了兩百年的研究成果。

　　Mozart 的安魂曲，不論大師本人親筆寫作的部分，或是 Süßmayr 補作的部分，都可看出其架構、語法及風格與前人的淵源。從架構上來看，它與 M. Haydn 的安魂曲 (1771) 有甚為相近的特色，只是續抒詠做成六章的分割，而開頭進堂曲與垂憐曲併為一章，末尾羔羊讚與領主曲併為一章，與 M. Haydn 的做法是一樣的，而 M. Haydn 又有 Biber 的先例可循，他們三人也都在薩爾茲堡工作過，這樣的安排方式似乎形成了一個傳統，後來的作曲家也有一些人大體上採用這樣的做法（特別是進堂曲與垂憐曲併為一章）。

　　語法與風格方面，Mozart 晚年曾鑽研 Händel 與 J. S. Bach 的作品，所以也自然地將他的心得融合在安魂曲中，例如垂憐曲採用雙主題賦格的形式，其第一主題取自 Händel 的 *Missiah*（彌賽亞）中的合唱曲 *"And with his stripes we are healed!"*（因為他的鞭痕，我們得以痊癒），都是最好的說明。

　　Hartmut Krones 研究發現，住在巴黎的 Gossec 所寫的安魂曲 (1760) 可能是 Mozart 的一個參考藍本 註10，雖然架構看來頗有不同，但兩者的語法在某些地方非常類似，尤其是羔羊讚與續抒詠的部分。不過羔羊讚是 Süßmayr 作的，續抒詠 Süßmayr 只補最後的 "Lacrymosa"（悲傷流淚），而 Krones 卻不以為 Süßmayr 認識 Gossec 的安魂曲，這就很有矛盾。他說：*"denn wir*

10　Hartmut Krones: *Ein franzöisches Vorbild für Mozarts "Requiem". Die "Messe des Morts" von François-Joseph Gossec*, in: *Österreichische Musikzeitschrift* 42/1 (1987:1), S.2～17.

können wohl kaum annehmen, daß Süßmayr Gossecs Werk kannte und in seine Ausarbeitung — womöglich über Anweisung Mozarts— einbaute." 註11 (我們簡直難以假定，Süßmayr 認識 Gossec 的作品而盡可能依照 Mozart 的指示放進他的加工中)。張己任也提到 Krones 的觀點：「許多的『證據』，使得柯羅尼斯認為⋯。同時也不否認舒斯麥爾極可能以嘉賽克的《安魂彌撒曲》作為他艱鉅『補遺』工作的參考。」註12，如果注意原文 "*denn wir können wohl kaum annehmen⋯*" 這句話的正確意義，就可真正理解 Krones 其實很不願相信那些「應該」是 Mozart 親自創作的部分竟是 Süßmayr 寫的。按照 Krones 的意思，他舉證了那麼多，目的就是希望得出 Mozart 是以 Gossec 的安魂曲做為參考藍本的推論，然而最明顯、最有證據力的地方如羔羊讚和續抒詠卻是 Süßmayr 作的和補的，這毋寧是在暗示，如以 Gossec 的安魂曲做為參考藍本，Süßmayr 的可能性也不小，但是 Krones 在基本態度上又不認為 Süßmayr 認識 Gossec 的安魂曲，所以才說「簡直難以假定 Süßmayr 認識 Gossec 的作品」。但事實終歸是事實，他只是不願去相信，而且也不願去相信 Süßmayr 的陳述，在他的文章中提到那封著名的 Süßmayr 寫給 Breitkopf & Härtel 出版社的信的日期 "8ten September 1800" 也是錯的 (不是九月，是二月)。

11　ibid. S.12

12　張己任：《安魂曲－從古到今 (十二)。古典時期之三：莫札特》，刊於：《古典音樂》月刊第 20 期，台北，1993 年 10 月，頁 134。另見張己任：《安魂曲綜論》。台北 (大呂出版社)，1995。頁 123。

第三節　　　　十九世紀

　　十九世紀的奧國安魂曲有出自十八世紀後半出生的作曲家之手，也有當代出生的作曲家的創作。十八世紀出生的作曲家包括 Joseph Leopold Eybler、Johann Gänsbacher、Sigismund von Neukomm、Simon Sechter、Ferdinand (Lukas) Schubert 和 Anselm Hüttenbrenner，十九紀出生的作曲家則有 Franz von Suppé、Anton Bruckner 和 Johannes Evangelista Habert 等。

　　Joseph Leopold Eybler，生於 1765 年，歿於 1846 年。他是 Albrechtsberger (1736～1809) 的弟子，也跟 Mozart 學過，在世時曾享有盛名，獲得 Haydn 和 Mozart 的賞識，1804 年起擔任維也納宮廷副樂長，1829/33 年升任宮廷樂長，然而死後卻很快被遺忘。不過，Eybler 的名字總有機會在談到 Mozart 時被提起，因為他是第一個受 Mozart 遺孀 Constanze 委託，對 Mozart 未完成的安魂曲進行補作的人，甚至在 1833 年之前他還持有 Mozart 安魂曲親筆手稿中的 *Lacrymosa*（悲傷流淚）與 *Offertorium*（奉獻曲）。Eybler 自己也寫過兩首安魂曲，第一首是 c 小調，1803 年為奧地利皇帝 Leopold II. 之喪而作，第二首作於 1825 年，有答唱曲 "*Libera me*"。c 小調安魂曲作品風格很明顯地指向 Albrechtsberger 和 Mozart，但是在形式與結構方面卻是完全根據 Eybler 個人的意念來表現，全曲共分為十六章：

Introitus und Kyrie　　進堂曲與垂憐曲

　　I.　　1)　*Requiem*　永遠安息

　　　　　2)　*Kyrie*　上主垂憐

Sequenz　續抒詠

　　II.　　*Dies irae*　　　　　　　　震怒之日

III.	*Mors stupebit*	死亡驚恐
IV.	*Liber scriptus*	展開案卷
V.	*Recordare*	求你垂念
VI.	*Confutatis*	判決惡人
VII.	*Voca me*	請即召我
VIII.	*Lacrimosa*	悲傷流淚

Offertorium　奉獻曲

| IX. | *Domine Jesu* | 主耶穌 |
| X. | *Hostias* | 獻祭祈禱 |

Sanctus　聖哉經

| XI. | *Sanctus* | 聖哉 |
| XII. | *Benedictus* | 願上帝賜福 (降福經) |

Agnus Dei und Communio　羔羊讚與領主曲

XIII.	*Agnus Dei*　神的羔羊
	Lux aeterna　永恆之光
XIV.	*Cum Sanctis*　與諸聖者
XV.	*Requiem*　永遠安息
XVI.	*Cum Sanctis*　與諸聖者

這樣的架構，從第一章到第十二章 (進堂曲到降福經) 大致上與 Mozart 的安魂曲雷同，而最後四章將羔羊讚與領主曲合併又分割成四支曲子是有點變化。Eybler 把領主曲的第一句 "*Lux aeterna*…" (永恆之光…) 放在羔羊讚後面做其結尾，下面的 "*Cum Sanctis*…" (與諸聖者)、"*Requiem aeternam*…" (永遠安息)、"*Cum Sanctis*…" (與諸聖者) 又各自分割獨立成一章，算是比較特別，有此前例，後世的作曲家也就有類似的做法。有聲資料方面，這首安魂曲有一個 CD 版本。

Johann Gänsbacher，生於 1778 年，歿於 1844 年。他曾受教於 Abbé Vogler (1749～1814) 與 Albrechtsberger (1736～1809)。1810 年他隨 Vogler 赴德國 Darmstadt，在那兒與 C. M. von Weber (1786～1826)、Meyerbeer (1791～1864) 成為同學與朋友，1823 年擔任維也納 Stephan 大教堂的樂長。他的作品以教堂音樂為主，風格樸素，還保持著前古典的形式。他寫過數首安魂曲。較為知名的有 c 小調，作品十五，作於 1811 年，1812 年在布拉格出版，1826 年修訂。另一首 d 小調，作品三十八。

Sigismund von Neukomm，生於 1778 年，歿於 1858 年。他是 Haydn 兄弟二人的學生，後來成為指揮家、鋼琴家和作曲家。他寫過一首安魂曲，採四聲部合唱與管風琴的編制，其前奏、間奏及送葬進行曲採管樂合奏編制，此 1815 年在萊比錫由 Peters 出版。Simon Sechter，生於 1788 年，歿於 1867 年。他是 Salieri (1750～1825) 的弟子，是十九世紀極有影響力的理論作曲老師，曾教過 Bruckner (1824～1896，學習期間是 1855/61)、Nottebohm (1817～1882)、Vieuxtemps (1820～1881)、Thalberg (1812～1871) 和 Suppé (1819～1895) 等人。他自己也曾寫過兩首安魂曲。Ferdinand (Lukas) Schubert，生於 1794 年，歿於 1859 年。他是 Franz Schubert (1797～1828) 的哥哥，他也寫過一首安魂曲，此曲還有一個 CD 版本可尋。Anselm Hüttenbrenner，生於 1794 年，歿於 1868 年。他也是 Salieri 的學生，與 Beethoven 及 Schubert 私交甚篤，Schubert 著名的未完成交響曲親筆手稿當初就是在 1824 年由 Schubert 本人寄給他的，此曲他一直保管到 1865 年才被 J. Herbeck (1831～1877) 發現而付諸首演。Hüttenbrenner 的風格與 C. M. von Weber (1786～1826) 接近，雖然他的作品今日已被遺忘，但是他曾寫過四首安魂曲，其中有一首失落了。

Franz von Suppé，本名是 Francesco Ezechiele Ermenegildo Cavaliere von Suppé Demelli，生於 1819 年，歿於 1895 年。他是 Sechter (1788～1867) 和 I. Seyfried (1776～1841) 的弟子。Suppé 的名聲和成就主要是建立在輕歌劇 (Operette) 上面，在維也納的輕歌劇史上，他是元老級的人物，但也就是因為這樣，人們對他的印象，總以為他就只會寫輕音樂 (leichte Musik)，而不知他也有嚴肅的作品。其實他十三歲時就已經作了一首題為 *"Missa Dalmatica"* 的彌撒，這首彌撒與他後來的兩首彌撒 (F 大調與 C 大調) 一併出版。在安魂曲方面，他寫過一首 d 小調安魂曲，作於 1855 年，這是為了紀念 Franz Pokorný。Pokorný 是 1850 年過世的，是他及早發掘 Suppé 的才華，將 Suppé 帶入劇院，讓 Suppé 一生的事業得以開展。Suppé 在 1855 年 8 月 29 日完成大型的 d 小調安魂曲，同年 11 月 22 日在維也納的 Piaristen 教堂 (Piaristenkirche) 為 Pokorný 舉行的追思禮拜中首演。此曲的意大利風格給人印象深刻，也令人激賞。

這首安魂曲在 1856 年、1858 年和 1861 年還有演出，後來就漸被遺忘了。1901 年 12 月 21 日維也納著名的 *"Singakademie"* [註13] 合唱團再度演出此曲，竟然失敗，樂評認為此曲「太過開朗而少有宗教特質」(*zu heiteren und wenig religiösen Charakter*"，簡單地說，就是太歌劇味 (zu opernhaft) 或太輕歌劇味 (zu operettenhaft)。但是這樣說客觀嗎？意大利作曲家如 Rossini、Verdi 等的宗教音樂本來就很歌劇味，也不避諱歌劇味，Suppé 的音樂既然有濃厚的意大利風格，自然不免也有類似的現象。再說，就算有歌劇味，也絕非因為輕歌劇寫多

---

13 這只是合唱團的名稱，並不是真的「歌唱學院」或「歌唱學會」，同名的合唱團柏林等地也有。

了所造成的，事實上 Suppé 固然在 d 小調安魂曲之前曾經有過一些舞台音樂作品，但是他的輕歌劇是在 1860 年起才開始嘗試寫作的 註14，是不是 Suppé 過世之後，音樂界囿於 Suppé 在輕歌劇的成就，把時間與風格的前後關係弄錯了？

安魂曲在二十世紀的發展已經非常多采多姿，很多人已不在乎是否太歌劇味，Verdi 的安魂曲有很多人欣賞，正顯示這是個不值得爭議的問題。Verdi 的安魂曲是很歌劇味的，Suppé 的安魂曲如透露出類似的風格，那應該是他個人特質的展現，或著說，他有掩藏不住的寫輕歌劇的才華，安魂曲只是先行預示了一點而已，畢竟安魂曲是在他發展輕歌劇之前寫的。但是，Suppé 的安魂曲創作在先，Verdi 的安魂曲創作在後，從風格的類似性來說，也有可能 Suppé 的安魂曲對 Verdi 產生影響。此外，Suppé 寫安魂曲時才三十六歲，對死亡的觀察當然不及一個感受到死亡日益接近的老人，如果他的安魂曲有些什麼欠缺也是可以理解的。但是整體而言，他的安魂曲應該給予正面的高度的評價，而有些音樂家已經這麼做了。

1987 年 3 月 20 日奧地利廣播電視交響樂團 (ORF-Symphonieorchester) 與音樂之友協會歌唱聯盟 (Singverein der Gesellschaft der Musikfreunde) 在 Argeo Quadri 指揮下在維也納的樂友協會音樂廳的大廳再度演出 Suppé 的安魂曲，參與獨唱的有女高音 M. Russo，女低音 D. Evangelatos，男高音 R. Karczykowski 和男低音 H. Peeters。1989 年法國的 BNL 唱片公司首次將 Suppé 的安魂曲製成 CD 發行，這是 Suppé 的安魂曲第一張灌錄成唱片 (BNL 112774) 的有聲資料，由德國指揮

14　他在 1860 年寫作的獨幕輕歌劇 *"Das Pensionat"* 被認為是現代輕歌劇概念的第一部維也納輕歌劇作品。

家 Wolfgang Badun 指揮波昂市青年交響樂團 (Jugendsinfonieorchester der Stadt Bonn) 與里昂法德合唱團 (Chorales Franco-Allemandes de Lyon) 演出，獨唱者有 Ouliana Tchaikowski (女高音)、Danielle Michel (女低音)、Gilles Vitale (男高音)、Jean-Louis Bindl (男低音)。法德合唱團的創辦 人 B. Lallement 在 CD 隨片解說中表示，希望這首安魂曲不久 能夠在宗教音樂史上成為十大或十二大最著名的安魂曲。

Suppé 的安魂曲在編制上用到了女高音、女低音、男高音、 男低音的獨唱、混聲合唱與管弦樂團，在架構上它採用天主教禮 拜儀式的規範與拉丁文的歌詞，全曲共分為十三章：

Introitus und Kyrie　進堂曲與垂憐曲
    I.　　1)　*Requiem*　永遠安息
          2)　*Kyrie*　上主垂憐
Sequenz　續抒詠
    II.　*Dies irae*　　震怒之日
    III.　*Tuba mirum*　神奇號角
    IV.　*Rex tremendae*　威震之君
    V.　*Recordare*　求你垂念
    VI.　*Confutatis*　判決惡人
    VII.　*Lacrimosa*　悲傷流淚
Offertorium　奉獻曲
    VIII.　*Domine Jesu*　主耶穌
    IX.　*Hostias*　獻祭祈禱
Sanctus　聖哉經
    X.　*Sanctus*　聖哉
    XI.　*Benedictus*　願上帝賜福 (降福經)
Agnus Dei　羔羊讚

XII. *Agnus Dei*　神的羔羊
Responsorium　　答唱曲
XIII. *Libera me*　求你救我

這個架構和 Mozart 安魂曲的架構相比，除了羔羊讚之後略有不同之外，其餘完全相同，連分割的曲子也相同。Mozart 的安魂曲是將羔羊讚與領主曲合併為一章，而 Suppé 則捨去領主曲，加入答唱曲，並讓答唱曲獨立成最後一章，這是稍有不同之處。此外，不知是否巧合，兩首安魂曲同是 d 小調。

　　Anton Bruckner，生於 1824 年，歿於 1896 年。他是 Sechter 的弟子，Sechter 過世後他就接替 Sechter 在維也納皇家音樂學院（今日維也納國立音樂暨表演藝術學院之前身）的理論作曲老師的職位，他曾教過 G. Mahler (1860～1911)。他的作品以九大交響曲及教堂音樂為主，曾經寫過兩首安魂曲，一首為男聲合唱作的，已經失落了，現存的是 d 小調，採混聲四部合唱與管弦樂團及管風琴的編制，作於 1848/49 年，1854 年及 1894 年兩次修訂。有聲資料方面，此曲有一個 CD 版本。

　　從 Bruckner 完成 d 小調安魂曲的時間來看，當時他才二十五歲，還未開始隨 Sechter 做高深的學習，為什麼他要寫安魂曲呢？從相關的傳記研究得知，當時 Bruckner 還在家鄉 St. Florian（位於 Linz 的近郊），有一位父執輩的友人 Franz Sailer 非常愛惜 Bruckner 的才華，曾慷慨地把剛買回來的「最新構造」的 Bösendorfer 大鋼琴供他盡情彈奏，不料 Sailer 先生突然於 1849 年的 9 月 13 日因中風去世，Bruckner 因而繼承了那台鋼琴，為了感念對他有恩的 Sailer 先生，在朋友 Franz Bayer 的鼓勵之下，於 1849 年 3 月 14 日完成了這首安魂曲，而這個作品也在 Sailer

先生的周年忌日於 1849 年 9 月 13 日在 St. Florian 首演。[註15]

　這首 d 小調安魂曲被視為 Bruckner 年輕時代在 St. Florian 時期 (1845/1855) 最重要的作品，對於這位音樂史上著名的「大器晚成」型的人物，早期的這首安魂曲雖非完美之作，卻已十足透露作曲者自然、誠懇的獨特氣質，頗堪玩味的是，全曲從頭至尾還使用了老式的手法：數字低音。除了合唱團之外，樂團部分僅使用弦樂器和長號，在降福經的部分特由一支法國號取代其中的一支長號，如此而已。在架構上，全曲分為如下的十章：

Introitus und Kyrie　　進堂曲與垂憐曲

　　I.　　　1)　*Requiem aeternam*　　永遠安息

　　　　　　2)　*Kyrie*　　　　　　　上主垂憐

Sequenz　續抒詠

　　II.　　*Dies irae*　震怒之日

Offertorium　奉獻曲

　　III.　　*Domine Jesu Christe*　　主耶穌基督

　　IV.　　*Hostias et Preces*　　　獻上祭品與祈禱

　　V.　　　*Quam olim Abrahae*　　如同從前亞伯拉罕

Sanctus　聖哉經

　　VI.　　*Sanctus*　　　　　　　聖哉

　　VII.　　*Benedictus*　　　　　願上帝賜福 (降福經)

Agnus Dei　羔羊讚

　　VIII.　*Agnus Dei*　神的羔羊

Communio　領主曲

　　IX.　　*Requiem aeternam*　　永遠的安息

15　見 Max Auer: *Anton Bruckner, sein Leben und Werk.* Wien (Amalthea-Verlag), 1932. S.71～74.

X.　　　*Cum Sanctis Tuis*　　　與你諸聖者

這樣的架構與前輩和前幾代的奧國音樂家比起來，比較接近十八世紀 M. Haydn 的安魂曲 (1771)，所以確實會給人一種「古老」的印象。

Johannes Evangelista Habert，生於 1833 年，歿於 1896 年。他努力於宗教音樂，但反對 Caecilianismus 的主張，他有三首安魂曲。第一首是 F 大調，作品二十四，採小管弦樂團的編制。第二首是 f 小調，作品六十七，也是採小管弦樂團的編制。第三首叫做聖歌安魂曲 (*Choralrequiem*)，作品七十一，採混聲合唱的編制。

第四節　　　　二十世紀

二十世紀的奧國作曲家中有安魂曲創作者以 Johann Nepomuk David 和 Cesar Bresgen 兩人較為知名。Johann Nepomuk David，生於 1895 年，歿於 1977 年。 他的作品相當豐富，其中 1956 年完成的作品四十八，題為 "*Requiem chorale*"，係為獨唱、合唱與管弦樂團而作，可以歸入安魂曲的類型中。Cesar Bresgen，生於 1913 年，歿於 1988 年。他的創作多半在舞台音樂方面，但是他也寫過兩首安魂曲。一首是紀念 Anton Webern (1883～1945) 之死，採合唱、管弦樂團與管風琴的編制，作於 1945 年，1972 年修改。另一首以德文亡者彌撒 (Totenmesse) 為題，歌詞係 H. Oosterhuis 所撰，採合唱與管風琴的編制，作於 1971/1972 年。

瑞士

　　瑞士在 1848 年方才成立聯邦國家，這之前其音樂文化上的表現常被視為德國音樂的一部分。瑞士雖小，但二十世紀的瑞士也不乏國際聲望的優秀作曲家，其中 Franck Martin、Heinrich Sutermeister 和 Klaus Huber 都值得一提。

　　Franck Martin，生於 1890 年，歿於 1974 年。他的安魂曲作於 1971/72 年，1973 年 5 月 4 日在洛桑 (Lausanne) 由作曲家親自指揮首演，首演的錄音後來製作成 CD 發行，CD 隨片解說中有 Martin 對他的安魂曲的說明。這首安魂曲在編制上有一個大型混聲合唱團、四個獨唱歌手、管弦樂團與管風琴，架構上分為八章，採拉丁文禮拜儀式歌詞：

I.　　　Introitus　　進堂曲
II.　　　Kyrie　　垂憐曲
III.　　　Dies irae　　續抒詠
IV.　　　Offertorium　　奉獻曲
V.　　　Sanctus　　聖哉經
VI.　　　Agnus Dei　　羔羊讚
VII.　　In Paradisum　　領進天國
VIII.　Lux aeterna　　領主曲

Martin 也像法國作曲家 Fauré 和 Duruflé 那樣，在安魂曲中加唱〈領進天國〉，但並不是擺在最後，而是置於羔羊讚與領主曲之間，這個做法是有點特殊，不過後來也有人跟進（芬蘭的

Kokkonen, 1981)。

Heinrich Sutermeister，生於 1910 年，歿於 1995 年。原本學習歷史與語言學，後來在慕尼黑專攻作曲，曾受教於 Carl Orff (1895～1982) 等人。他的作品以歌劇、電視歌劇、舞台音樂等為主。他曾寫過一首安魂曲，採兩個獨唱、合唱與管弦樂團的編制，作於 1952 年。

Klaus Huber，生於 1924 年。在安魂曲方面，他有一首 1985 年完成與首演的 *"Cantiones de Circulo Gyrante. Ein Requiem auf Texte von Hildegard von Bingen und Heinrich Böll für Soli, gemischten Chor und Instrumentalensemble"*。這首安魂曲有個獨特的拉丁文標題：*"Cantiones de Circulo Gyrante"* (循環之歌)，從這幾個字的文意上看不出它是一首安魂曲，所以作曲家又加了一個德文副標題 *"Ein Requiem auf Texte von Hildegard von Bingen und Heinrich Böll für Soli, gemischten Chor und Instrumentalensemble"*，以交代此一作品的歌詞來源和編制，他明白指出是依據 Hildegard von Bingen 與 Heinrich Böll 的文字來譜曲的一首給獨唱、混聲合唱與器樂合奏團的安魂曲。

Huber 此一作品是科隆巴哈協會 (Kölner Bachverein) 的委託之作，緣由是為了紀念 1985 年科隆市內十二個在二次世界大戰期間毀壞的羅馬式教堂重建完成。作曲家一方面選了德國十二世紀著名的女詩人、女作曲家、本篤會女修士 (Benediktinerin) Hildegard von Bingen (1098～1179) 的《預言之書》(*Wisse die Wege*) 中的一些異象的描述，另一方面也請德國當代詩人 Heinrich Böll (1917～1985) 特別為此一作品撰詞。不料，Böll 於 1985 年 7 月去世，作曲家便有強烈的意思將這個作品當做安魂曲來寫，於是它就成了 Böll 的、也是為他而作的安魂曲 (Ein Requiem von und für Heinrich Böll)。

這首安魂曲在歌詞的處理上，作曲家是採取分開譜曲的方式。Hildegard 的詩在前面，Böll 的詩在後面，但是不分章，一氣呵成。Hildegard 的詩是拉丁文，內容是類似新約聖經啟示錄的一些異象的口述，記在 *"Scivias"*【拉】一書中，德文譯為 *"Wisse die Wege"*，Huber 從中挑選了一些段落，分成兩個部分，一共九段 (Hildegard 之一至之九)，並以第二部分開始的標題 *"De Circulo Gyrante"* 為基礎稍加修改，成為 *"Cantiones de Circulo Gyrante"* 做為整首作品的標題。 使用這個標題有雙重含義，按照 Hildegard 的意思，是上帝的大能在異象中以光的運行來象徵，由東至北，而西而南，再回到東，像圓一樣循環不已，這也就是像日月星辰般從升起到新的升起，不斷運轉，直到永恆，而 Huber 再將其引申為毀滅與希望的一種無法解開的交叉與交織，所以這個標題不僅包含對上帝偉大能力的頌讚，也是對於生命的未來和希望之信念與盼望。

Böll 出生於科隆，對於這個羅馬時代就已經開墾了的城市，他有非常恰當的市民身分來吐露他的心聲，他為作曲家所寫的詩文有三大段，絕少使用標點符號，讀者必須細細品味，詩人的心思很細膩、很敏銳，也相當尖刻，他的主題是關於他的城市在瓦礫、灰燼和塵埃之中的淪亡。看到這樣的情境之後，相形之下，不免令人思索未來的希望在哪裡？而 Hildegard 預言末日審判和世界毀滅之後的新世界，在人類祈求上帝的慈愛之下，提供了信仰者生命的終極希望。

拉丁文部分：

取自 Hildegard von Bingen 的預言之書 (Hildegardis Scivias

【拉】Hildegard von Bingen: *Wisse die Wege*【德】），內容又分為：

第一部分 (Teil I.)

　　Hildegard 之一 (Hildegardis I)

　　　　第一書，第一異象 (*Incipit Prima visio Primae partis*)

　　　　歌曲 一 (Canticum I)

　　Hildegard 之二 (Hildegardis 2)

　　　　第二書，第二異象 (*Secunda visio secundae partis*)

　　　　歌曲 二 (Canticum 2)

　　Hildegard 之三 (Hildegardis 3)

　　　　第二書，第五異象　神秘的軀體 (*Quinta visio Secundae partis*)

　　　　歌曲 三 (Canticum 3)

　　Hildegard 之四 (Hildegardis 4)

　　　　第三書，第一異象　上帝能力的光之圓環 (*Prima visio Tertiae partis*)

　　　　歌曲 四 (Canticum 4)

　　Hildegard 之五 (Hildegardis 5)

第二部分 天父之圓形迴轉能力 (**Teil II** *De Circulo Gyrante*)

　　Hildegard 之六 (Hildegardis 6)

　　　　朗誦 一 (Recitatio Prima)

　　　　第三書，第十一異象　時間的終結 (*Undecima visio Tertiae partis*)

　　Hildegard 之七 (Hildegardis 7)

　　　　第三書，第十二異象 (*Duodecima visio Tertiae partis*)

　　　　朗誦 二 (Recitativo Secunda)

Hildegard 之八 (Hildegardis 8)

　朗誦 三 (Recitativo Tertia)

　第三書，第十三（最後）異象　　仁慈之頌歌 (*Tertia decima visio Tertiae partis*)

Hildegard 之九 (Hildegardis 9)

　馬利亞的頌讚 (對唱歌) (*Symphonia de Sancta Maria* 〔Antiphona〕)：

　愛充滿宇宙 (對唱歌) (*Caritas abundat*〔Antiphona〕)

　歌曲 五 (Canticum 5)

　　現代德文詩的部分為 Heinrich Böll 作，分為 I, II, III 三部分，作曲家以朗誦的手法處理，和全曲的音樂平行進展。

I.

Versunken die Stadt　被遺忘的城市

…

II.

Staub　灰塵

…

III.

Aus Trümmern wurden Ruinen　從瓦礫變成廢墟

…

(本曲內容詳見本書第七章第二節)

第十五章

安魂曲的創作與發展（七） 捷克

捷克舊稱波西米亞，自十七世紀起即出優秀的音樂家，其中有不少到德國、奧地利的宮廷樂團任職的，例如前古典時期德國著名的 Mannheim 樂派中 Stamitz 父子等領導性的音樂家就是來自波西米亞，浪漫時期到巴黎的 Anton Rejcha 和一度去新大陸任教的 Antonín Dvořák 也是著名的人物。捷克作曲家從 **Michna z Otradovic** 起在十七世紀中已有安魂曲的創作。

第一節　　　　十七/十八世紀

Adam Vaclav **Michna z Otradovic**，生於 1600 (?) 年，歿於 1676 年。他是巴羅克時期捷克的重要作曲家，其重要性一如 H. Schütz (1585～1672) 之於德國，Monteverdi (1567～1643) 之於意大利。他在 1654 年所作的彌撒第六號是一首六聲部與十聲部的亡者彌撒，它有如下九章的架構：

I.　　Requiem aeternam　進堂曲 (安息經)

II.　　Kyrie　垂憐曲

III.　　Tractus　連唱詠

IV.　　Sequentia　續抒詠

V.　　Offertorium　奉獻曲

VI.　　Sanctus　聖哉經

VII.　　Agnus Dei　羔羊讚

VIII.　Communio　領主曲

IX.　　Requiem pro ultimo ad libitum　末章自
由加唱之安息經

這個架構雖然沒有使用階台經，但是連唱詠和續抒詠竟然都有，有聲資料方面，這首安魂曲已有兩個 CD 版本問世。

　　Michna z Otradovic 之後捷克作曲家在十七/十八世紀留有安魂曲作品知名的有 Johann Dismas Zelenka、Florian Leopold Gassmann、Johann Antonin Koželuch 和 Franz Anton **Rösler**。

　　和 J. S. Bach 同時代的 Johann Dismas Zelenka 是 J. J. Fux (1660～1741) 的弟子，生於 1679 年，歿於 1745 年。他是巴羅克時期捷克最重要的作曲家，尤其是在宗教音樂方面，彌撒的創作約二十首，安魂曲有兩首，一首 c 小調，一首 D 大調。D 大調的安魂曲較為知名，但是 c 小調的安魂曲有 CD 出版 。Florian Leopold Gassmann，生於 1720 年，歿於 1774 年。他有一首安魂曲，採四聲部合唱、管弦樂團與管風琴的編制，但沒有作完。Johann Antonin Koželuch，生於 1738 年，歿於 1814 年。他有五首安魂曲，有一首 d 小調四聲部配兩把小提琴與管風琴的編制，收藏在布拉格 St. Veit 音樂檔案室，編號 Nr.775。Franz Anton **Rösler**，自稱 Fancesco Antonio **Rosetti**，生於 1750 年，歿於 1792 年。 他寫過三首安魂曲，一首是降 E 大調，1776 年 3 月 26 日演出，一首是 d 小調，還有一首是 1791 年為紀念 Mozart 之死而作的，但失落了。

第二節　　　十九／二十世紀

十九／二十世紀的捷克作曲家中有安魂曲創作者有 Antoine Rejcha、Václav Jan Tomášek、Joseph Drechsler、Antonín Dvořák、Ladislav Vycpálek 等。

Antoine Rejcha，1770 年生於布拉格，1836 年歿於巴黎。年輕時曾在德國工作，1802/08 年在維也納，與 Beethoven (1770～1827)、J. Haydn (1732～1809)、Albrechtsberger (1736～1809) 及 Salieri (1750～1825) 熟識。1808 年移居法國，1818 年擔任巴黎音樂學院的作曲教授，曾教過 Liszt (1811～1886)、Gounod (1818～1893)、Berlioz (1803～1869) C. Franck (1822～1890)。由於後半輩子將近三十年的時間都在法國，生活、創作與著述都融入了法國文化與音樂傳統，又終老於巴黎，被當做是法國音樂家。Rejcha 在音樂上的貢獻一向表現在音樂教育與音樂理論上 (他有豐富的作曲理論的書籍出版)，但自 1960 年代末期他的手稿在巴黎國家圖書館 (la Bibliotheque nationale à Paris) 被發現以來，人們才有機會認識到他也是一位寫作大型歌樂與器樂作品的作曲家，他的安魂曲就是這方面頗獲好評的代表作之一。

Rejcha 的安魂曲是他在維也納時的作品，可能作於 1806 年之後至 1808 年他離開維也納之前。當時 Rejcha 有感於 1805 年 11 月拿破崙 (Napoleon) 的部隊入侵維也納，1806 年 10 月德國耶拿 (Jena) 會戰以及隨後萊比錫 (Leipzig) 之被佔領，引發他寫一首安魂曲以抒發內心的感受，這就是他的安魂曲創作的緣由。他的安魂曲在架構的安排上帶有奧國的傳統色彩，共分為如下十五章：

　　Introitus & Kyrie　　進堂曲與垂憐曲

I.   *Requiem*   永遠安息

II.   *Kyrie*   上主垂憐

Sequenz   續抒詠

III. *Dies irae*   震怒之日

IV.   *Tuba mirum*   神奇號角

V.   *Liber scriptus*   展開案卷

VI.   *Rex tremendae*   威震之君

VII. *Recordare*   求你垂念

VIII. *Confutatis*   判決惡人

IX.   *Lacrimosa*   悲傷流淚

Offertorium   奉獻曲

X.   *Domine, Jesu Christe*   主耶穌基督

XI.   *Hostias et preces*   獻祭與祈禱

Sanctus   聖哉經

XII. *Sanctus*   聖哉

XIII. *Benedictus*   願上帝賜福

Agnus Dei   羔羊讚

XIV. *Agnus Dei*   神的羔羊

Communio   領主曲

XV.   *Lux aeterna*   永恆之光

這首安魂曲有一個 CD 版本，由捷克國營唱片公司 Supraphon 製作，L. Mátl 指揮捷克愛樂合唱團與德弗乍克室內管弦樂團灌錄 (Supraphon 11 0332-2 231)。由此可見，捷克人還是把 Rejcha 當做捷克作曲家看待 (就像德國人始終認為 Beethoven 是德國音樂家而不是奧國音樂家，儘管 Beethoven 二十多歲起就住在維也納，也終老於維也納)。

Václav Jan Tomášek，生於 1774 年，歿於 1850 年。他曾教過著名的音樂評論家 Hanslick (1825～1904)。他的作品七十是一首 c 小調的安魂曲，作於 1820 年。Joseph Drechsler，生於 1782 年，歿於 1852 年。他曾寫過三十部歌劇與舞台音樂作品，寫過十首大的和六首小的彌撒，也有一首安魂曲。

Antonín Dvořák，生於 1841 年，歿於 1904 年。他的作品八十九是一首採獨唱 (SATB)、合唱與管弦樂團編制的安魂曲，是純為音樂會堂的演出設想而創作的，1890 年元旦開始構思，十月底完成總譜，1891 年 10 月 9 日在英國的 Birmingham 舉行首演。全曲架構分為兩大部分，共有如下的十三章：

Part I　　第一部分
Introitus & Kyrie　　進堂曲與垂憐曲
　　I.　　1) *Requiem aeternam*　　永遠安息
　　　　　2) *Kyrie eleison*　　上主垂憐
Graduale　　階台經
　　II.　　*Requiem aeternam*　　永遠安息
Sequenz　　續抒詠
　　III.　　*Dies irae*　　　　震怒之日
　　IV.　　*Tuba mirum*　　　神奇號角
　　V.　　*Quid sum miser*　　可憐的我
　　VI.　　*Recordare*　　　　求你垂念
　　VII.　　*Confutatis*　　　　判決惡人
　　VII.　　*Lacrimosa*　　　　悲傷流淚
Part II　　第二部分
Offertorium　　奉獻曲

IX.　　*Domine Jesu*　　　主耶穌

X.　　*Hostias*　　　獻祭祈禱

Sanctus　聖哉經（含降福經）

XI.　　*Sanctus*　聖哉

Pie Jesu　慈悲耶穌

XII.　　*Pie Jesu*　慈悲耶穌

Agnus Dei　羔羊讚

XIII.　*Agnus Dei*　神的羔羊

採用 Part 來規劃樂曲的內容，多見於神曲（神劇，Oratorio），Dvořák 以此來規劃安魂曲可說尚屬少見。不過，從全曲的架構來看，它和儀式性安魂曲的差異並不明顯，雖然表面上它缺少領主曲，但細看歌詞，Dvořák 並未真的將領主曲捨去，只是標題上看不到，但它的文字其實是和羔羊讚相互揉合的，結束的句子還是落在領主曲的句子上面（這種做法 Schumann 已有先例）。此外，法國作曲家偏愛加唱的慈悲耶穌，Dvořák 也將之納入，並加入文藝復興以來作曲家甚少使用的階台經，這使得全曲相當接近「齊全」的標準規範，Part I 與 Part II 看來只是概略將全曲分成前半與後半罷了。有聲資料方面，這首安魂曲有兩個 CD 版本，一個是捷克國營唱片公司 Supraphon 發行的，一個是英國 Decca 公司製作的，顯然 Dvořák 在本國受到重視之外，在英國也很受歡迎（畢竟此曲當初就是受到英國方面的邀請而寫作的）。

Ladislav Vycpálek，生於 1882 年，歿於 1969 年。他自幼接受鋼琴、提琴與聲樂訓練，但是在學階段並未進入音樂學院而是在布拉格大學攻讀捷克文和德文，二十四歲取得哲學博士學位後才續往作曲方面鑽研（1908/1912 年隨 Novák 學作曲），日後在學術和藝術方面都獲肯定（1924 年成為捷克學術院的院士，1957 年政府認定為民族藝術家），他的大型合唱作品在二十世紀上半捷克音樂中佔有重要地位。在安魂曲方面，他的作品二十四是一首 *"České Requiem"*，作於 1940 年。

"České Requiem" 的標題意思和 Brahms 的 *"Ein deutsches Requiem"*（德文安魂曲）的標題用意一樣，指明了它是「捷克文安魂曲」，作曲家不是以傳統拉丁文安魂曲的架構和歌詞來寫作，而是像 Brahms 那樣，自行從捷克文聖經中選擇合適的文字來譜曲。不過，Vycpálek 並沒有完全放棄儀式性安魂曲中既有的歌詞，他保留了完整的續抒詠，而採捷克文的譯本。另外，它還有一個副標題：*"Smrt a spasen "*（*Death and redemption; Tod und Erlösung;* 死亡與救贖），點出了《捷克文安魂曲》的主題與內容。有聲資料方面，這首安魂曲有一個 CD 版本。

《捷克文安魂曲》係採獨唱、合唱與管弦樂團的編制，它有如下的四章架構：

I.　　Marnost nad Marnostmi　空虛，空虛

II.　　Ten den Hněvu　續抒詠：震怒之日

III.　Světlo v Temnotách　黑暗中的光（詩篇—間奏曲）

IV.　Přišel, aby spasil …　他來拯救

　　（內容詳見本書第四章第三節）

第十六章

安魂曲的創作與發展 (八) 波蘭

　　波蘭的音樂家最具知名度的就是浪漫時期的 Fryderyk Chopin (蕭邦)，不過 Chopin 並沒有安魂曲的創作，但是波蘭在十七世紀時就有作曲家寫安魂曲了，而至二十世紀之前雖知名音樂家不多，但二十世紀中卻不乏國際級的大師，如 Witold Maliszewski、Roman Maciejewski、Witold Lutoslavski 和 Krzysztof Penderecki 等，而這幾位也都有安魂曲的作品，相當程度地展現了波蘭現代作曲家的實力。

第一節　　　十七/十九世紀

　　十七至十九世紀之間波蘭音樂家較少國際性知名的大師，在安魂曲方面，目前所發掘出來的重要作品是十八世紀的 Mateusz Zwierzchowski 所作。不過，十七世紀之時波蘭本土音樂家 Marcin Mielczewski 亦曾寫過安魂曲，但此人出生年代不詳，只知歿於 1651 年。

　　Mateusz Zwierzchowski，約生於 1713 年，歿於 1768 年。他是 Gniezno 大教堂的樂團負責人，創作相當豐富，也有一首安魂曲。他的安魂曲是 1760 年為一位朋友 (也是樂團的一員) 之

喪而作的，此曲在 1959 年在 Gniezno 大教堂的檔案中被發現，
一般認為它是 Zwierzchowski 最具代表性的作品，也是少數展
現十八世紀波蘭音樂的大型傑作。這首安魂曲採獨唱、合唱與管
弦樂團的編制，樂團部分由第一小提琴、第二小提琴、兩支 D
調小號及管風琴構成。 此曲的架構由於多用分割手法，在當時
竟有二十章之多：

Introitus　　進堂曲
　　No.1　　*Requiem aeternam*　　永遠的安息
　　No.2　　*Te decet hymnus*　　你當受頌讚
Kyrie　垂憐曲
　　No.3　　*Kyrie*　上主垂憐
Sequenz　續抒詠
　　No.4　　*Dies irae*　　震怒之日
　　No.5　　*Tuba mirum*　　神奇號角
　　No.6　　*Liber scriptus*　　展開案卷
　　No.7　　*Juste judex*　　公平的審判者
　　No.8　　*Oro supplex*　　我虔誠祈求
　　No.9　　*Huic ergo*　　請寬恕他
Offertorium　　奉獻曲
　　No.10　*Domine Jesu*　　主耶穌
　　No.11　*Libera eas*　　請救他們
　　No.12　*Quam olim*　　正如昔日
　　No.13　*Hostias*　　獻祭祈禱
　　No.14　*Quam olim*　　正如昔日
Sanctus　聖哉經
　　No.15　*Sanctus*　　聖哉
　　No.16　*Hosanna*　　頌讚歸於至高者

No.17　*Benedictus*　　　願上主賜福
No.18　*Hosanna*　　　頌讚歸於至高者
Agnus Dei　羔羊讚
　　No.19　*Agnus Dei*　神的羔羊
Communio　領主曲
　　No.20　*Lux aeterna*　永恆之光

有聲資料方面，此曲有一個 CD 版本。

第二節　　　　二十世紀

Witold Maliszewski，生於 1873 年，歿於 1939 年，曾教過 Lutoslawski (1913～1994)。他的作品二十八是一首安魂曲，採獨唱、合唱與管弦樂團的編制，作於 1930 年。

Roman Maciejewski，1910 年 2 月 28 日生於柏林。少年時代在波蘭學習音樂，二次世界大戰前夕來到瑞典，1951～1977 年住在美國，最後定居在瑞典的 Gothenburg。他的安魂曲是為「各時代戰爭的犧牲者、暴君、忽視人權的犧牲者，破壞的神聖法律的犧牲者」而作，從 1945 年開始至 1959 年完成，歷時十五載。此曲有三次演出的記錄：1960 年 (華沙)，1975 年 (洛杉磯)，1980 年 (斯德哥爾摩)。這首安魂曲在文字上只譜到續抒詠而已，卻是截至目前為止最長的安魂曲 (唱片錄音的時間是 2 小時 10 分 41 秒)。音樂的主要部分是放在續抒詠上面，整首續抒詠被分割為十七章，這也是續抒詠的最高分割紀錄。此外，安魂曲的開頭還有禱辭 (Oratio)、引子 (Introduction)。早期安魂曲常見，但長久以來已甚少被作曲家選用的階台經 (Graduale) 與連唱詠

(Tractus) 也納入此曲的架構中，顯示出二十世紀的作曲家也有對古代的安魂曲架構感興趣者。

No.1	*Oratio*	禱辭	
No.2	*Introduction*	引子	

Introitus　進堂曲

No.3	*Requiem aeternam*	永遠的安息
No.4	*Te decet hymnus*	你當受頌讚
No.5	*Requiem aeternam*	永遠的安息

Kyrie　垂憐曲

No.6	*Kyrie eleison*	上主垂憐
No.7	*Christe eleison*	基督垂憐
No.8	*Kyrie eleison*	上主垂憐

Graduale　階台經

No.9	*Requiem aeternam*	永遠的安息

Tractus　連唱詠

No.10	*Alsolve, Domine*	主啊，求你解救

Sequentia　續抒詠

No.11	*Dies irae*	震怒之日
No.12	*Quantus tremor*	何等恐懼
No.13	*Tuba mirum*	神奇號角
No.14	*Mors stupebit*	死亡驚恐
No.15	*Liber scriptus*	展開案卷
No.16	*Quid sum miser*	可憐的我
	(Lamentatio I)	（哀歌　一）
No.17	*Rex tremendae*	威震之君
No.18	*Recordare*	求你垂念
	(Lamentatio II)	（哀歌　二）

No.19	*Dies irae*	震怒之日
No.20	*Ingemisco*	我痛哭
	(Lamentatio III)	（哀歌 三）
No.21	*Inter oves*	在綿羊群中
No.22	*Confutatis*	判決惡人
No.23	*Oro supplex*	我虔誠祈求
	(Lamentatio IV)	（哀歌 四）
No.24	*Lacrimosa*	悲傷流淚
No.25	*Judicandus*	等候判決
No.26	*Pie Jesu*	慈悲耶穌
No.27	*Amen*	阿們

Witold Lutoslavski，生於 1913 年，歿於 1994 年。在華沙音樂學院隨 Maliszewski (1873～1939) 學習作曲，為自由創作的作曲家。他曾為紀念匈牙利作曲家 Béla Bartók (1881～1945) 寫過一首送葬音樂 (Musique funèbre)，採絃樂團的編制，1958年 3 月 26 日在 Katowice 首演。

Krzysztof Penderecki，生於 1933 年。二十六歲時 (1959年) 以三個作品一舉奪得波蘭作曲家協會設定的作曲比賽的全部獎項而成為知名的前衛音樂作曲家，日後的創作也很豐富。在安魂曲方面，他曾說：「每一位作曲家在他的一生中都會想寫一首安魂曲，我也想這麼做」。1980 年至 1984 年之間，他為波蘭國內的幾件值得他個人表達哀悼或追思的事情寫作紀念音樂。由於這些曲子其實都是安魂曲的構成部分，於是後來他便有機會將它們合起來再擴充成一首安魂曲。他將完整的安魂曲題為《波蘭安魂曲》(Polish Requiem)，「波蘭」只是指出其紀念對象，並非標

榜他使用波蘭文,事實上,他所選用的仍然是傳統拉丁文。這種
情況和 Brahms (1833~1897) 的《德文安魂曲》(*Ein Deutsches
Requiem*) 不同,所以不能譯為《波蘭文安魂曲》。 關於《波蘭
安魂曲》的寫作經過,Penderecki 在 Baranów 的作曲家音樂學
院 (Konwersatorium kompozytorskie) 曾撰過一段自述性的文
字。據他自己表示,先是 1980 年 11 月,為 Gdansk 紀念碑揭幕
儀式作了一曲 "*Lacrimosa*" (悲傷流淚),後來聞知總主教 Stefan
Wyszynski 亡故,在幾小時內為他的葬禮寫了一首 "*Agnus Dei*"
(羔羊讚),從那時起他才想要作一首完整的安魂曲。他開始寫
"*Dies irae*" (震怒之日),這個曲子中有一大部分在 1983 年 11 月
由著名的大提琴家兼指揮家 Mstislav Rostropovich (1927~) 指
揮演出的,那是獻給 Kolbe 神父的;其餘的部分由 Tadeusz
Strugala 在 1984 年 8 月 1 日華沙起義四十周年紀念日指揮演出
的,這是獻給華沙暴動者。包括 "*Liebera me, Domine*" (答唱曲〈主
啊,請救我〉) 在內的整個完整作品的演出是在 1984 年 9 月在
德國斯圖佳 (Stuttgart) 由 Rostropovich 指揮,這是獻給 Katyn
的犧牲者。
    《波蘭安魂曲》在編制上有四個獨唱者、合唱團與管弦樂
團,架構分為如下的七章:
    I.   Introitus   進堂曲
    II.   Kyrie   垂憐曲
    III. Sequentia   續抒詠
    IV.   Agnus Dei   羔羊讚
    V.   Communio   領主曲
    VI.   Responsorium   答唱曲
    VII. Finale   終曲
在此架構中,Penderecki 把原本排在續抒詠後面的奉獻曲改放

到安魂曲的末尾，這個做法相當特殊，可說尚無前例。聖哉經則略去不用，而本來應該放在最後面的答唱曲卻提到領主曲與「終曲」之間，更是首開先例 (Eychenne 有類似的做法)。在安魂曲中出現「終曲」，也是 Penderecki 的創舉，終曲的歌詞雖是自選，但來自詩篇第六首第四節後半與第五節的文字，原文及翻譯如下：

… salvum me fac propter misericordiam tuam. Quoniam non est in morte qui memor sit tui: in ferno autem quis confitebitur tibi?

因為你愛我，求你拯救我！在墳墓沒有人記念你！在陰間沒有人稱頌！

做為結束的奉獻曲並沒有全文取用，重點句子是："… *libera animas omnium fidelium defunctorum de poenis inferni*…"（請你拯救所有亡故信徒的靈魂脫離刑罰的地獄），以及作曲者所強調的 "… FAC EAS, DOMINE, DE MORTE TRANSIRE AD VITAM."（主啊！請超度他們由死往生）。這個結尾經過選擇文字、重做安排，顯得相當獨特。有聲資料方面，這首安魂曲有兩個 CD 版本。

第十七章

安魂曲的創作與發展 (九) 匈牙利

在浪漫時期之前，匈牙利較少國際知名的大音樂家，而第一次世甲大戰之前的匈牙利又是奧匈帝國的一部分，在音樂文化上的表現皆被列入奧國音樂，獨立以後的匈牙利在民族意識的經營之下，對於匈牙利音樂與匈牙利音樂家都有一番整理。在安魂曲的創作上比較值得一提的有十九世紀的 Liszt, Franz [1] (李斯特)、二十世紀的 Ligeti, György 和 Wittinger, Róbert。

Liszt, Franz (Ferenc) [2]，生於 1811 年，歿於 1886 年。他是浪漫派著名的音樂家，一生的活動和創作非常多面向，特別是鋼琴曲和標題音樂 (交響詩) 受到廣泛的注意，但是教堂音樂方面就少有人知曉，他寫過《基督》(*Christus*) 及《聖伊利沙白的傳奇》(*Die Legende von der heiligen Elisabeth*) 兩部神曲(劇)、四首大型彌撒、一首安魂曲與五首詩篇。Liszt 的安魂曲很少演出，許多人甚至不知道 Liszt 曾經作過安魂曲。Liszt 的安魂曲採降 A 大調，編制方面有四個獨唱歌手 (兩個男高音、兩個男低音)、四聲部男聲合唱團、管風琴，彈性附加銅管樂器，作於 1867/68

1　匈牙利人的姓名排列方式和東方人一樣，先姓後名。

2　Ferenc 是匈牙利文，Franz 是德文，Liszt 的出生地在奧地利，自幼即在德文環境成長，所以 (在匈牙利國境之外) 一般習用德文拼法。

年，1869 年在匈牙利的 Lwów 首演，同年該曲的樂譜在巴黎出
版。有聲資料方面，匈牙利唱片公司 (Hungaroton) 在 1994 年
出過一個 CD 版本。這首安魂曲為何而作並不明確，一說是受到
墨西哥皇帝 Maximilian (1832～1867) 被殺的消息之影響，另一
說是為了紀念他的孩子與母親。Liszt 在安魂曲的寫作上採取傳
統的拉丁文歌詞與禮儀規範的架構，沒有分割也不用合併，全曲
共有如下六章：

I.   Introitus   進堂曲
II. Sequenz   續抒詠
III. Offertorium   奉獻曲
IV. Sanctus   聖哉經
V.   Agnus Dei   羔羊讚
VI. Libera me   答唱曲

　　一首安魂曲只有六章，這個數目幾乎是文藝復時期大部分
安魂曲和巴羅克時期一部分安魂曲的大略情況。在盛行分割與合
併手法的浪漫時代，安魂曲常有十幾章之多，同一時間由 Verdi
催生的 Rossini 紀念安魂曲 (1868) 就有十三章，五年後 Verdi
本人的安魂曲 (1873) 更達十六章，相形之下 Liszt 的架構只有
六章，明顯地是採復古或擬古的做法。這不僅表現在章法架構上，
和聲方面也有復古或擬古之風，此曲的和聲手法頗似意大利文藝
復興時期以半音手法見長的 Gesualdo (ca. 1560～1613)，然而
Liszt 擅長融合他個人的風格與不同時代的風格，所以結果也不
是純然的復古或擬古，而是與當代的半音手法結合，帶有與新德
意志路線 (Neue Deutsche Richtung) 同夥人 Wagner 類似的和
弦與變化。這種做法，應該可以說是受到十九世紀當時盛行的聖
樂復興運動 (Caecilianismus) 的衝擊，雖然 Liszt 對這個運動

的主張並沒表示支持，但也沒有貫徹他年輕時代對教堂音樂所曾抱持的看法 註3。

　　有人認為 Liszt 的安魂曲，六章的風格顯有差異，應是有此現象，但不嚴重。由於前五章是 1868 年完成的，第六章答唱曲是 1871 年作的，三年的間隔似乎造成第六章與前五章在整體感上稍微欠缺一致性。前五章在氣氛上一直保持著一種祈禱的心境，而這種氣氛在第六章比較感覺不到。基本上，Liszt 譜寫此曲是完全依循歌詞的內容來表現的，這不僅是前五章，第六章亦然。但是前五章無論歌詞內容如何，即使是描繪末日審判的第二章（續抒詠），音樂中也都透露著濃厚的祈禱心情，第六章卻沒有，而是表現一種較為奮發的精神。Péter Várnai 說：「值得注意的是該章以最後審判的可怕景象取代通常的祈禱做為結束，只有風琴的終止和弦才平息了起伏的情緒。」註4 這種說法很容易讓人誤以為最後一章的答唱曲是在描述最後審判的恐怖景象，張己任說：

　　這部「安魂曲」不像前人的「安魂曲」以安祥的祈禱結尾，卻是以對最後審判那種恐怖景象的「描述」收場。這種「收場」令人對李斯特親筆敘述寫作這部「安魂曲」的目的，是

3　他曾在二十三歲時發表過一篇《關於未來的教堂音樂》的文章，主張教堂風格與劇院風格融合為一，見Franz Liszt: "*Über zukünfitige Kirchenmusik*" (1834) (Concerning church music of the future). English translation by Mark P. Bangert, in: *Ferguson Festschrift. A tribute to Donald N. Ferguson at his ninetieth birthday*, ed. by J. Riedel, StudMusicol-Minn. V. (Minneapolis, University of Minnesota., 1972)

4　Hungaroton　HCD　11267, CD 隨片解說，頁3/4/5。

為了「給一位基督徒思考死亡的時候，帶有安慰的、希望的特點」，感到懷疑不已。註5

這樣的懷疑不能說沒有道理，不過，如果以 Liszt 原來五章的版本來看，的確也是「以安祥的祈禱結尾」的，問題出在追加的第六樂章答唱曲和原先五章的整體一致性不夠。這是創作風格和作曲手法的問題，也許需要進一步了解。首先，有關最後審判的「描述」其實不在第六章答唱曲之內，而是第二章續抒詠（末日經），只是答唱曲的文字內容也約略提到。答唱曲的歌詞在唱完開頭的「主啊，請你從永遠的死亡中解救我，」即進入：

在那可怕的日子，當天搖地動時，你要用火來審判世界。我顫慄恐懼，面對即將來臨的審判與隨之而至的震怒，當天搖地動時。那個日子是震怒的日子，是災難和不幸的日子，是事態重大與非常哀苦的日子，你要用火來審判世界。

這中間的文字便是 Péter Várnai 文中說的「最後審判的可怕景象」(a formidable vision of the Last Judgment)，它應該是續抒詠末日經創生的淵源，但與續抒詠相比其實並沒有什麼深刻的「可怕景象」的描述，它是以「主啊，請賜給他們永遠的安息，並以永恆之光照耀他們。」這句話做為結束的。從這樣的歌詞內容來看，基本上，它敘述的是一個人思及末日審判的惶恐緊張以及在這種心情下對上主的呼求，這應是急迫的告白，作曲家如選用此曲，依詞譜曲就不太可能將之處理成「安祥的祈禱」。事實上安魂曲中以答唱曲做最後一章的作曲家並不只 Liszt 一人，法國的 du Caurroy，意大利的 G. F. Anerio、Donizetti 和 Verdi，西班

5　張己任：《安魂曲—從古到今（十七）。浪漫時期之二：李斯特與威爾第／上》，刊於：《古典音樂》月刊第 25 期，台北，1994 年 3 月，頁 102。另見張己任：《安魂曲綜論》。台北（大呂出版社），1995。頁 167。

牙的 Guerrero、Victoria 和 Cererols，葡萄牙的 Cardoso，奧地利的 Suppé 的安魂曲都是以答唱曲做為最終樂章的，比較這些人的安魂曲的同一章，我們會發現，祈禱的氣氛多少總有一些，但未必是「安詳的」，而就時代風格而言，文藝復興和巴羅克初期的作品（特別是無伴奏者）比較接近「預期」的「安詳」，但浪漫時期的作品則可以說與「預期」不符。

　　歌詞內容如此，Liszt 又是依詞譜曲，這第六章答唱曲的音樂除了欠缺祈禱的氣氛之外，應該不存在『以對最後審判那種恐怖景象的「描述」收場』的意圖，因為歌詞並不是 Liszt 寫的，而答唱曲又是最常被選用的加唱曲，比較同時代其他也採此曲的作曲家，就算是在這首答唱曲上面有所「描述」的話，他們似乎也不亞於 Liszt.。

　　其次，是一個假設性的問題。如果 Liszt 當初能夠連續把六章寫完，如果 Liszt 不必謹守歌詞文字而把答唱曲中間有關末日審判的文字略去，如果 Liszt 像現代作曲家 Penderecki 那樣在後面加一個「終曲」或是像 Stravinsky 那樣加一個「後奏曲」，如果 Liszt 的安魂曲不必一定要加答唱曲，或者比較有可能的做法，如果 Liszt 不要在答唱曲的形式安排方面重複發揮 *"Libera me…"*（求你救我）一直到 *"…per ignem"*（用火來…）的部分，也不要以此結束，只要實現了上述種種的「如果」的一項，也許會比較符合一部分人的「預期」，但那樣就不是 Liszt 了。Liszt 的意圖至少有一部分是很明確的，就是要保持不多的樂章數目（像文藝復興時期那樣約六、七章左右）以及不採合併或分割的手法，維持各章原有的文字，以呈現形式上的復古或擬古。

　　Ligeti, György，生於 1923 年。他是現代音樂的重要人物之一，他的作品中也有一首安魂曲，這首安魂曲可說是全面半音手法時代音樂狀況的一種前衛主義之反映，作於 1963 年春至 1965年 1 月，1965 年 3 月 14 日在斯德哥爾摩首演。這首安魂曲仍然使用拉丁文歌詞，但只選用進堂曲、垂憐曲和續抒詠，續抒詠的最後一段，自 "*Lacrimosa*…" 起分割成另一個獨立的樂章 (因為這一小段文字當初原本就是後人另行追加上去的)。有聲資料方面，此曲有一個 CD 版本。

Wittinger, Róbert，生於 1945 年，二十歲移居德國。他從年輕時代起即深受法國前超現實主義 (Präsurrealismus) 散文詩人 Comté de Lautréamont (Isidore Ducasse, 1846～1870) 的 "*Chants de Maldoror*" (馬多羅之歌，1869 年) 的吸引，有心日後據此寫一首作品。後來他譜曲時，歌詞是由 Martin Grzimek 撰寫的。Grzimek 採取 Lautréamont 原作中的一些詩節，將之譯成德文，而另外有些部分則是依 Lautréamont 的精神由 Grzimek 自行添加的。1984 年 Wittinger 開始創作他的作品四十八："*Maldoror-Requiem*" (馬多羅安魂曲)，1986 年完成。這首安魂曲在編制上有八個獨唱者、混聲合唱團、朗誦者和一個大型管弦樂團，在架構上，它分成如下四章：

I. Introitus 進堂曲
   Requiem aeternam et prosa 永遠的安息與散文
II. Kyrie 垂憐曲
III. Sequentia diabolica 邪惡的續抒詠
   Prosa et poesis 散文與詩
IV. Lacrymosa et prosa 悲傷流淚與散文
(內容詳見本書第七章第三節)
　　歌詞文字除垂憐曲與一般彌撒無異之外，其他各首在出現拉丁文歌詞之後，主文即進入德文的散文詩，形成一種混合語言的現象。德文散文詩的用字和造句非常特別，有很多字是刻意造出來的，不僅是一般的字典查不到，連收藏二十八萬字之多的 Mackensen 德文字典都查不到，這些字的意念相當光怪陸離，也許有些人會認為它們是「語無倫次，匪夷所思」，而由單字所構成的詞和句也大半如此。但是，從另一種角度來說，其實也可說是作者在營造許多奇特的意境，在捕捉我們生活中惡夢之一瞬、幻想之一刻、意識之短暫游離，是有可能躲在每一個人精神狀態的陰暗角落中的一些不曾覺察到它們存在的無以名狀的東西。朗誦者在這個作品中的份量很重，因為上述這些奇特的字眼和文意是要靠朗誦來清楚表達的。

第十八章

安魂曲的創作與發展(十)英國

英國雖位處歐洲大陸之外的英倫三島,但自古以來即與歐洲大陸維持極為密切的關係,在音樂文化上亦是如此。然而,英國本土作曲家在安魂曲的創作上較為知名者幾乎皆在二十世紀,二十紀之前曾有一位 John Goss (1800~1880) 在 1827 年寫過一首 e 小調的六聲部安息經文歌 (Requiem motet),但這還只是一首經文歌而非完整的安魂曲。其後寫作完整安魂曲的作曲家有George Henschel、John Foulds、Herbert Howells、Benjamin Britten、Geoffrey Burgon、John Rutter 和 Andrew **Lloyd Webber** 等。

George Henschel,生於 1850 年,歿於 1934 年。他的作品五十九是一首安魂曲,採獨唱、合唱、管弦樂團與管風琴的編制,作於 1902 年。John Foulds,生於 1880 年,歿於 1939 年。他的作品六十是一首題為《世界安魂曲》(*A World Requiem*) 的安魂曲。

Herbert Howells,生於 1892 年,歿於 1983 年。他在英國合唱音樂方面是一位頗有重要地位的人物,他的安魂曲就是其作品風格的典型例子。這首曲子源於 1938 年他為合唱團、管弦樂團及獨唱者所寫的一套 *Hymnus Paradisi* (天堂頌歌),他是以為他的兒子 Michael 寫安魂曲的心情來創作這個作品的，所以一直以私人文件的形態保存著，直到 1950 年才應允在 Gloucester 的 Three Choirs Festival 首次演出，三十年後他才同意將此安魂曲單獨出版。這個作品並不是傳統架構的安魂曲，歌詞自選，拉丁文和英文並用，共有六章。第一章和最後一章各有開始與終結的作用，第二和第四章是詩篇 (Psalm)，第三與第五章是〈安息經〉(Requiem aeternam)，歌詞文字完全相同。六章的架構如下：

No.1　Salvator mundi　世界的拯救者【英】
No.2　*Psalm 23*　詩篇第二十三【英】
No.3　Requiem aeternam　I　安息經　一【拉】
No.4　*Psalm 121* 詩篇第一二一【英】
No.5　Requiem aeternam II　安息經　二【拉】
No.6　*I heard a voice from heaven*　我聽見天上有聲音【英】
(內容詳見本書第四章第四節)
有聲資料方面，Howells 的安魂曲有兩個 CD 版本。

　　Benjamin Britten，生於 1913 年，歿於 1976 年。在二十世紀的英國作曲家中 Britten 是相當具有代表性的人物之一，他的創作數量豐富且類型廣泛。在安魂曲這個樂種裡，Britten 曾以純器樂的形式寫過一首《安魂交響曲》(*Sinphonia da Requiem*，op.20, 1940) 紀念他的父母親，此曲在 1941 年 3 月 30 日由 Barbirolli 指揮紐約愛樂管弦樂團首演。二十年後，在二次世界大戰中毀於戰火的英國 Coventry 的聖麥可大教堂 (St. Michael's Cathedral) 重建完竣，Britten 受託為其落成啟用寫作慶祝音樂，《戰爭安魂曲》(*The War Requiem*) 便應時而生，但因作曲者立意宏遠，希圖藉此喚起世人記取戰爭之慘痛可怕的教訓，永遠努力消弭戰爭，埋葬戰爭，自 1962 年 5 月 30 日在 Coventry 大教堂首演以來，此曲並未淪為一般之應時應景音樂，反而成為 Britten 最知名的大型作品，在英國作曲家的安魂曲創作中也是知名度極高的。

戰爭安魂曲在編制上使用女高音、男高音、男中音三個獨唱歌手，以及男童合唱團、混聲合唱團、管弦樂團、室內管弦樂團，還有常見的管風琴。架構方面，除了 Lloyd Webber (1948～) 的安魂曲之外，英國作曲家似乎喜歡採用拉丁文和英文混合的自由形式，Britten 的戰爭安魂曲亦然。戰爭安魂曲的歌詞有拉丁文，也有英文。英文的部分，採用英年早逝的英國詩人 Wilfred Owen (1893～1918) 的詩，它們被穿插在傳統拉丁文歌詞中，整個作品在大略的架構上仍然保留了拉丁文亡者彌撒的外框，其各章的曲目如下：

Introit　進堂曲

No.1　Requiem aeternam【拉】永遠的安息

No.2　*What passing bells for these who die as cattle?*
　　　【英】為這些死得像牲畜般的人敲什麼喪鐘？

Sequence　續抒詠

No.3　Dies irae【拉】震怒之日

No.4　*Bugles sang, saddening the evening air*【英】號角唱，悲哀瀰漫夜晚的空氣

No.5　Liber scriptus【拉】　展開案卷

No.6　*Out there, we walked quite friendly up to death*
　　　【英】在那兒，我們頗為友善地走向死神

No.7　Recordare Jesu pie【拉】慈悲耶穌，求你垂念

No.8　*Be slowly lifted up, thou long black arm*【英】
　　　慢慢舉起，你黑而長的手臂

No.9　　Dies irae【拉】震怒之日

No.10　Lacrimosa【拉】悲傷流淚

No.11　*Move him into the sun*【英】把他抬到陽光下

Offertory　奉獻曲

No.12　Domine Jesu Christe, Rex gloriae【拉】主耶穌
　　　　基督，榮耀的君王

No.13　*So Abram rose, and clave the wood, and went*【英】
　　　　於是亞伯蘭起身，劈柴，出發

Sanctus　聖哉經

No.14　Sanctus【拉】聖哉

No.15　*After the blast of lightning from the East*　【英】
　　　　東邊的閃電風暴之後

Agnus Dei　羔羊讚

No.16　*One ever hangs where shelled roads part*
　　　　【英】在炸壞的道路分岔之處一直掛著一個人

Response　答唱曲

No. 17　Libera me, Domine , de morte aeterna【拉】
　　　　主啊，求你救我脫離永死

No.18　*It seemed that out of battle I escaped*　【英】
　　　　我好像逃脫了戰場

(內容詳見本書第六章第二節)

　　有聲資料方面，Britten 的安魂交響曲有兩個 CD 版本，戰爭安魂曲有 3 個 CD 版本，一個 LD 版本，兩者皆有 Britten 親自指揮的錄音版。

　　Geoffrey Burgon，生於 1941 年。他的安魂曲是 1976 年完成的，同年在英國的 Hereford 大教堂首演。Burgon 對戲劇性

與神祕性的事物甚感興趣,一直想寫一部「大」作品,這首安魂曲是他願望的實現,也是他目前最大型的作品。編制上需要一個女高音,一個高男高音(counter-tenor)或次女高音(mezzo-soprano),男高音獨唱群,混聲合唱團及管弦樂團,包含種類豐富的打擊樂器群;其中管風琴、鋼片琴和鋼琴很重要,法國號及兩支短笛也有份量。在章法架構上,這首安魂曲只選了進堂曲、續抒詠和領主曲三個部分,經過分割後共有十章。歌詞雖大部分取自拉丁文亡者彌撒,但已非純拉丁文的安魂曲,他在第一部分插入一首西班牙詩,第三部分插入兩首,有些地方則兩種文字交互運用。各部分及各章之標題文字如下:

I.　　Introit　　進堂曲

　　　　No.1　*Entreme donde no supe*【西】
　　　　　　　我進入我不知道的地方

　　　　No.2　Requiem aeternam【拉】永遠的安息

II.　　Dies irae　　末日經

　　　　No.3　Dies irae, dies illa【拉】那一日,震怒之日

　　　　No.4　Rex tremendae majestatis【拉】
　　　　　　　威嚴震懾的君王

　　　　No.5　Lacrimosa dies illa　【拉】
　　　　　　　那是悲傷流淚之日

III.　　Libera me　　領主曲

　　　　No.6　*En m yo no vivo ya*【西】
　　　　　　　我現不再住在我自己身體裡

　　　　No.7　*Llorar mi muerte ya*【西】我將哀悼我的死

　　　　No.8　Agnus Dei【拉/西/拉】上帝的羔羊

　　　　No.9　Lux aeterna luceat eis Domine【拉】
　　　　　　　主啊,請以永恆之光照耀他

No.10　Requiem aeternam【拉】永遠的安息

Burgon 繼 Howells 與 Britten 之後，在歌詞的處理上，將拉丁文歌詞與其他語文歌詞混合使用。不過 Howells 是以自選英文歌詞為主，插入一段拉丁文 (安息經的第一節詩)，用兩次；Britten 是以拉丁文與英文交替進行，但拉丁文的部分只是維持一個安魂曲的外框，內容的重點其實置於英文的部分；而 Burgon 則是在以拉丁文為主的文字基礎上插入西班牙文，但大致上仍保留著亡者彌撒架構上的面貌 (雖然他只選了三首)。有聲資料方面，Burgon 的安魂曲有一個 CD 版本。

John Rutter，生於 1945 年。他的安魂曲作於 1985 年，同年 10 月首演，為何而作，似乎沒有特殊的理由。這首作品也像 Howells 與 Britten 的安魂曲那樣採用拉丁文與英文的混合歌詞，在架構上則分為七章，全拉丁文的有進堂曲、慈悲耶穌、聖哉經，拉丁文與英文混合或混排的有羔羊讚和領主曲，全英文的則是兩首聖詩 (詩篇第一三〇與第二十三)，英文文字的部分大多取自聖經，各章標題如下：

No.1　Requiem aeternam　永遠的安息 (進堂曲，含垂憐曲)

No.2　*Out of the deep*　自絕望中 (詩篇第一三〇)

No.3　Pie Jesu　慈悲耶穌

No.4　Sanctus　聖哉經 (含降福經)

No.5　Agnus Dei　羔羊讚

No.6　*The Lord is my shepherd*　上主是我的牧者 (詩篇第二十三)

No.7　Lux aeterna　永恆之光 (領主曲)

(內容詳見本書第四章第五節)

Rutter 在章法架構上的安排與 Howells (1938) 有較多的類似性，樂章的數目維持在六、七章左右，都使用拉丁文和英文的歌詞，英文歌詞中都有兩首選自舊約的詩篇，其中有一首兩人所選的都一樣 (詩篇第二十三)，連最後一曲的開頭 "*I heard a voice from heaven*…" 也都一樣，雖是如此，但 Rutter 的安魂曲在樂章與樂章的前後關聯上比較保有拉丁文安魂曲的基本輪廓。另外，Rutter 也在安魂曲中插入了一首慈悲耶穌，這首曲子多半僅見於法國作曲家的安魂曲，在 Rutter 之前，英國作曲家中小他三歲的 Lloyd Webber 已比他早一年將此曲納入安魂曲之中。有聲資料方面，Rutter 的安魂曲有一個 CD 版本，是由作曲家親自指揮的。

Andrew **Lloyd Webber**，生於 1948 年。Lloyd Webber 是複姓，他是極為成功的音樂劇 (Musical) 作曲家，在嚴肅音樂方面他也寫了一首安魂曲，使得一些認定他的風格只適合在舞台音樂方面表現的人有些意想不到。他的安魂曲推出之後，大眾的反應不錯，這種想法也就不存在了。Lloyd Webber 之所以動筆寫安魂曲與兩件事有關，一是他的父親在 1982 年去世，另一是紐約時報 (*New York Times*) 一則不起眼的小小報導，有關一個高棉男孩面臨要殺死他傷殘的姐妹或是被殺的抉擇，而這也是作曲家為何在作品中安排有男高音、女高音及童男高音 (Treble) 這樣的三個獨唱者的背景淵源。這首安魂曲是在 1984 年首演的，1985 年製成 CD 發行。編制上，Lloyd Webber 除了三位獨唱者之外，還有混聲合唱團、管弦樂團與管風琴，歌詞全部採用拉丁文，架構也是傳統拉丁文安魂曲的架構，不過他作了一些修改，全曲共分為如下的八章：

Requiem & Kyrie　安息經與垂憐曲

No.1　Requiem & Kyrie　安息經與垂憐曲

Sequence　續抒詠

No.2　*Dies irae…*　　　震怒之日…

　　　Rex tremendae　　威震之君

No.3　*Recordare*　　　求你垂念

No.4　*Ingemisco…*　　我痛哭…

　　　Lacrymosa　　　悲傷流淚

Offertory　奉獻曲

No.5　Offertory　奉獻曲

Hosanna (簡化之聖哉經與降福經)

No.6　*Hosanna*　頌讚歸於至高者

Pie Jesu　慈悲耶穌

No.7　*Pie Jesu*　慈悲耶穌

Lux aeterna & Libera me　領主曲與答唱曲

No.8　Lux aeterna & Libera me　領主曲與答唱曲

這個架構捨棄了聖哉經，但留住其最後一句 "Hosanna in excelsis" (頌讚歸於至高者) 與降福經合併，既不稱為聖哉經也不叫做降福經，而是就將它題為 Hosanna。另外，慈悲耶穌這首歌的選用，打破了以往只有在法國安魂曲中才找得到的現象，他的這首慈悲耶穌以女高音和童男高音的二重唱處理得非常抒情優美，在整首安魂曲中極為突出，感人之深不在 Fauré 的安魂曲同名樂章之下。

第十九章

安魂曲的創作與發展（十一）
俄國 與 美國

　　俄國和美國這兩個超級大國在音樂文化上雖然都有著多種族的色彩，但基本上也都與歐洲音樂傳統有著極為密切的關係。尤其是俄國，有著千年以上的東正教的信仰，雖經歷二十世紀共產主義的摧殘，基督教文化的根柢並未盡失，只是地處東歐邊陲的俄國西化較晚，因而連帶的在音樂創作方面遲至民族樂派盛行的十九世紀才有令人刮目相看的表現，因而就安魂曲這個不是很多作曲家耕耘的樂種而言，並未累積傲人的成果，直到二十世紀才有 Igor Stravinsky、Dmitri Kabalevsky 和 Alfred Schnittke 等有這方面的作品。其中 Stravinsky 雖是俄國人，但他的安魂曲是在美國寫作也在美國發表，就音樂活動與社會文化的關聯而言，何嘗不是美國音樂的一部分？

　　而美國音樂也確實有許多的歐洲音樂家的參與投入，有的是移民為美國人，有的是長期居留的外國人，他們和美國本土的音樂家對美國的音樂都有貢獻，在安魂曲的寫作方面 Hindemith 和 Stravinsky 就是大師級的實例，而在德國寫過《柏林安魂曲》的 Kurt Weill 則是願意成為美國人的美籍德國音樂家，知名美國本土作曲家中有安魂曲作品的有 Virgil Thomson 和 Randall

Thompson 等。

俄國

　　Igor Stravinsky 生於 1882 年，歿於 1971 年。他是二十世紀的重要作曲家，作品非常豐富，風格多變。在安魂曲方面，他曾寫過一個標題為 *"Requiem Canticles"*（安魂歌曲）的作品，獻給 Helen Buchanan 以資紀念，作於 1965/66 年，1966 年 10 月 8 日在 Princeton 演出，10 月 11 日進行唱片錄音。據 Stravinsky 自己說：*"I think the opus may safely be called the first mini- or pocket-Requiem"*（我想這個作品可以放心地被稱為第一個迷你或袖珍安魂曲）[註1]，因為這首安魂曲雖然架構上有九章，但是由於 Stravinsky 在歌詞文字的選擇與安排上非常精簡（詳本書第二部分第一篇第二章），以至於每章的時間，短的不到一分鐘，長的僅兩分鐘多一點點，全曲不過十四分鐘左右，的確是相當短小：

Praeludium　前奏曲

（進堂曲）

　　　　Exaudi　求你垂聽

（續抒詠）

　　　　Dies irae　震怒之日

　　　　Tuba mirum　神奇號角

Interludium　間奏曲

　　　　Rex tremendae　威震之君

---

[1]　<u>Sony SMK 46　302</u>, CD 隨片解說，頁 7。

Lacrimosa　悲傷流淚

(答唱曲)

Libera me　請解救我

Postludium　後奏曲

觀察這九章的安排，九章之中，純器樂的前奏曲、後奏曲分置於頭尾兩章，間奏曲則置於正中，將六章歌唱的曲子前後各分成三章。歌唱的曲子僅選用進堂曲、續抒詠和答唱曲，而屬於續抒詠的有四章，兩章在間奏曲之前，兩章在間奏曲之後。前奏曲之後有進堂曲，後奏曲之前有答唱曲。整個架構很有數學性的均衡設計。有聲資料方面，此曲有一個 CD 版本，係以經過 Stravinsky 監督指導之錄音製作發行。

Dmitri Kabalevsky，生於 1904 年，歿於 1987 年。他的作品七十二是一首為「偉大愛國戰爭」中的陣亡者而作的安魂曲，完成於 1963 年。從意識型態來說，在俄國共產黨專政的蘇聯時代，應該不會容許「安魂曲」這種音樂的創作與發表，所以一般並不預期蘇聯國內的作曲家會有人寫作安魂曲，Kabalevsky 的這一首似乎是破天荒的第一首，但它不是基督教文化的安魂曲，而是一首歌詠曲 (Cantata) 式的國殤。二次世界大戰期間俄國人因抵抗德軍入侵 (1941 年 6 月至 1945 年 5 月)，犧牲了數百萬人，他們的亡靈應予弔慰，為他們寫一首安魂曲可說是 Kabalevsky 的心意。在當時的時空環境之下，他要作的安魂曲是不可能依循傳統的有宗教觀的題材和架構來創作，所以必須有人特別為此寫作合適的歌詞。1961 年 Robert Rozhdestvensky 接受他的建議，先寫好一套俄文歌詞，Kabalevsky 沒有耽擱，以兩年多的時間傾力完成全曲。

這首安魂曲的標題上寫著：獻給那些為對抗法西斯主義而

死的人們，並引述作曲者在一篇相關文章中的話（英譯）：

… The Requiem is written about the dead, but is addressed to the living, while telling of death, it is a hymn to life, born in war , it is, in essence, directed towards peace… 。

在 Rozhdestvensky 原詩三大段文字的基礎上，Kabalevsky 將他的安魂曲規劃成三大部分來創作，前兩部分各有四章，第三部分只有三章，但有一個「記念死者」的管弦樂導奏。第一部分的最前面有一個序引，做為全曲的開始，序引的文字摘自結尾的終曲 "Remember", 而第一章 "Eternal Glory" 的局部文字亦構成第十章（末二章）的內容，如此形成首尾呼應的設計，其整體架構如下：

Part I　　　第一部分
　　　Introduction: "*Remember*"　序引　「記念」
　　　No.1　　*Eternal Glory*　永恆的榮耀
　　　No.2　　*Homeland*　祖國
　　　No.3　　*I will not die*　我不要死
　　　No.4　　*The March of divisions*　部隊的行進
Part II　　　第二部分
　　　No.5　　*Black Stone*　黑石
　　　No.6　　*A Mother's Heart*　一個母親的心
　　　No.7　　*The future*　未來
　　　No.8　　*Our Children*　我們的子孫
Part III　　　第三部分
　　　No.9　　*Listen*　聽
　　　No.10　　*Eternal Glory*　永恆的榮耀
　　　No.11　　*Remember*　記念
（內容詳見本書第六章第三節）

有聲資料方面，這首安魂曲有一個由作曲家親自指揮的 CD 版本。

Alfred Schnittke (Šnitke)，生於 1934 年。他是德裔的俄國作曲家，1990 取得德國公民的的身分。他的創作相當豐富，也寫過一首安魂曲。他的安魂曲作於 1975 年，獻給他的母親 Maria Vogel 以表紀念，1977 年 10 月 8 日在布達佩斯首演。這首安魂曲可說是從他的鋼琴五重奏 (1972/76) 衍生出來的，原本他計劃在五重奏中寫一個能夠概括安魂曲各個部分的一個器樂形式的樂章，但他覺得已經作好了的各個主題具有獨特的聲樂特質，便將它擺到後頭。這段期間他正接受委託寫一個根據 Schiller 的文學作品 Don Carlos 的配劇樂，他便將安魂曲的形式用在這個創作上，於是有了安魂曲這個作品。這首安魂曲在編制上有獨唱、合唱、管風琴、鋼琴、低音電吉他 (eletric bass)、銅管、打擊樂器與鋼片琴，在架構上有十四章，使用拉丁文歌詞：

Introitus　進堂曲
　　　No.1　*Requiem aeternam*　永遠安息
Kyrie　垂憐曲
　　　No.2　*Kyrie eleison*　上主垂憐
Sequenz　續抒詠
　　　No.3　*Dies irae*　　　震怒之日
　　　No.4　*Tuba mirum*　　神奇號角
　　　No.5　*Rex tremendae*　威震之君
　　　No.6　*Recordare*　　　求你垂念
　　　No.7　*Lacrimosa*　　　悲傷流淚
Offertorium　奉獻曲
　　　No.8　*Domine Jesu*　　主耶穌

No.9　　*Hostias*　　　　獻祭祈禱

Sanctus　聖哉經

　　No.10　*Sanctus*　　　　聖哉

　　No.11　*Benedictus*　　願上帝賜福

Agnus Dei　羔羊讚

　　No.12　*Agnus Dei*　　神的羔羊

Credo　　信經

　　No.13　*Credo*　　我信

(XXXX)　註2

　　No.14　*Requiem aeternam*（歌詞與　No.1　完全相同）

這個架構最特殊的地方就是第十三章的信經，信經是從不用在安魂曲中的，而 Schnittke 竟將它放進來，可以說是唯一的特例，對於成長在前蘇聯這種無神論的共產國家的 Schnittke 而言，此舉是否有特別的意義？此外，信經既取代了領主曲，領主曲之後如有加唱，通常是答唱曲，而最後一章卻是第一章的反覆，除了達到形式上的統一感之外，是否有取代答唱曲的作用？這在章法架構的功能上是值得思考的。有聲資料方面，此曲有一個 CD 版本。

美國

　　Virgil Thomson，生於 1896 年，歿於 1989 年。他有一首

2　此章在架構上究竟應該算是什麼曲，值得思考。

安魂曲，採合唱與管弦樂團的編制，作於 1960 年。

Randall Thompson，生於 1899 年，歿於 1984 年。他在
1957/58 年作過一首安魂曲，四聲部編制，也有八聲部編制。1958
年 5 月 22 日在加州柏克萊 (Berkeley) 首演。

Kurt Weill，1900 年生於德國 Dessau，1935 年移民美國，
1950 年歿於紐約 。他是德裔的美國作曲家，一生的作品大約一
半屬於德國文化 (移民前的創作)，一半屬於美國文化 (移民後
的創作)。1928 年他曾和德國詩人 Bertolt Brecht (1898～1956) 合
作，將 John Gay 的《乞丐歌劇》 (*The Beggar's Opera*) 改編成
《三分錢歌劇》(*Dreigroschenoper*)，獲得很大的成功。而就在同
一年他寫了一個叫做《柏林安魂曲》(*Das Berliner Requiem*) 的
作品，採男高音、男中音、男聲合唱、管樂團、吉他、班究琴 (Banjo)
和打擊樂器的編制，歌詞同樣出自 Brecht 的手筆。

　　柏林安魂曲，是法蘭克福廣播電台的一個委託創作，正巧
碰上了歐戰停火及斯巴塔庫斯起義 (Spartakusaufstand) [註3] 十
周年。當時無線電廣播方興未艾，年輕的 Weill 對於這種新的媒
體極感興趣，曾經擔任德國廣播 (*Der deutsche Rundfunk*) 期刊
的編輯數年。從《柏林安魂曲》可以看出，Weill 在對抗保守主
義，並試圖創造一種特別的廣播曲目。他以歌詠曲 (Kantate) 形
式把《柏林安魂曲》寫成一個「世俗安魂曲」(*ein weltliches
Requiem*)，它有強烈的諷刺性和社會批判，風格與觀念也相當前

3　斯巴塔庫斯起義或者應該說是暴動，這是由當時一個名為「斯巴塔庫斯
同盟」(Spartakusbund)的德國共產黨團體在 1919 年 1 月在 Karl Liebknecht
和 Rosa Luxemburg 領導之下在柏林等地發起的「無產階級專政」流血暴動。

衛，作曲家嘗試藉此把大城市人們的感受表達出來。它的內容是一種「紀念碑文、墓誌銘和悼亡歌曲的剪輯，它們符合了最廣大的民眾階層的感覺與觀點」，架構上有如下的六章：

I.　*Großer Dankchoral*　偉大謝頌

II.　*Ballade vom ertrunkenen Mädchen*　溺斃少女的敘事歌

III.　*Marterl*　死難者紀念碑

IV.　*Erster Bericht über den Unbekannten Soldaten unter dem Triumphbogen*　關於凱旋門下不明士兵的第一次報告

V.　*Zweiter Bericht über den Unbekannten Soldaten unter dem Triumphbogen*　關於凱旋門下不明士兵的第二次報告

VI.　*Großer Dankchoral*　偉大謝頌

(內容詳見本書第六章第一節)

有聲資料方面，這首安魂曲有一個 CD 版本。

第二十章

安魂曲的創作與發展 （十二）

其他國家

　　在世界各地安魂曲的發展並非到處都明顯可見。雖然西方音樂在歐美以外的地區已相當普遍，但即使曾為西方殖民地的國家亦少有因為接受了天主教、基督教的傳入，就一定在安魂曲的創作上有所表現。基本上，安魂曲發展主要的區域集中在歐洲的基督教文化國家，其次是與基督教文化和歐洲殖民主義有深厚關係的新興國家，這裡面包括歐洲較為邊陲的北歐國家如瑞典、芬蘭、愛沙尼亞、冰島，東南歐的塞爾維亞，歐洲以外的國家目前資料所知只有和歐洲有長遠歷史文化關聯的北非的阿爾及利亞，以及曾為歐洲殖民地的南美的巴西，至於亞洲國家則尚付闕如。

巴西

　　巴西的音樂家中，已知十八／十九世紀曾有一位 Jose Mauricio Nunes Garcia 寫過一首安魂曲，此人生於 1767 年，歿於 1830 年，此曲的樂譜有 de Lerma 編輯出版的版本，有聲資料方面也曾經出過一個 LP 版本（<u>Columbia M33431</u> *Black composers series*, v.5）。

塞爾維亞

　　Stevan St. Mokranjac，生於 1856 年，歿於 1914 年。他曾留學德國，是指揮家、音樂學者、教師和作曲家，曾於 1899 年在 Belgrade（貝爾格勒，南斯拉夫首都）創立塞爾維亞音樂學校，並擔任 Belgrade 合唱協會的負責人，可以算是塞爾維亞一位頗具代表性的人物。他的作品以合唱音樂為主，內容包括宗教的與世俗的，有些作品是以塞爾維亞文字譜曲的。在安魂曲方面，他曾寫過兩首安魂曲，其中的第二首是升 f 小調，名為 "*Opelo*"，是一首希臘正教的安魂曲，採塞爾維亞文的歌詞（*Requiem Orthodoxe Serbe*），為紀念 Vuk Karadzic 而作，1888 年 9 月 20 日在 Karadzic 的追思禮拜舉行首演。

　　這首安魂曲係採無伴奏混聲合唱的編制，結構上可以分為四段曲子或四支曲子。第一段是類似天主教垂憐曲的 "*Gospodi pomilhj*"（*Lord have mercy upon us*; 上主垂憐），其中包含的 "*Njest Svjat*"（*O Lord my God, there is none holy as Thou*; 主啊，我的上帝，沒有比你更神聖者），又帶有天主教聖哉經的意味，這一段曲子由一個獨唱男低音以平直的宣敘調起唱並連貫合唱的部份，合唱所表現的和聲風格使人想起一些希臘正教或拜占庭東方教會的合唱。第二段曲子 "*So svjatimi upokoj*"（*With the saints give rest*; 與諸聖者安息）是以賦格手法處理的合唱，唱至 "*zizn beskonecnaja*"（*eternal life*; 永生）處，再度出現賦格的主題，但是刻意地轉入明亮的大調。第三段曲子是頌歌 *"Dusi u dusi"* (*Spirits and souls of the righteous*; 聖靈與正直人的靈魂) 以宣敘調風格寫成。第四段曲子是安魂曲的結尾 *"Vjecnaja pamjat"* (*Everlasting life*; 永遠的生命) 重拾第一段曲子的主題材料，同樣也使用獨唱男低音平直的宣敘調貫穿其間。

有聲資料方面，這首安魂曲有一個 CD 版本，全曲錄音時間只有 12 分 06 秒，與一般的安魂曲比起來算是一首短曲，不過簡短的 CD 隨片解說並未附任何歌詞，亦未列出它所包含的各個曲子。

瑞典

Otto Olsson，生於 1879 年，歿於 1964 年。他的作品十三是一首 g 小調安魂曲，作於 1901/03 年，當時他才二十四歲，寫作的動機應該是在聽過 Brahms、Verdi、Dvořák 等大師的安魂曲之後，將安魂曲視為一種純音樂性的大型合唱音樂的創作。當時他還不是知名的作曲家，所以作品完成之後一直沒有機會演出。1971 年，已經是作曲家逝世之後的第七年，總算有人發現了這首安魂曲的存在，1976 年 11 月 14 日在斯德哥爾摩 (Stockholm) 主教區教堂音樂協會七十五周年慶祝活動中，在 Gustaf Vasa 教堂由英國指揮 Charles Farncombe 指揮協會合唱團與廣播交響樂團作首度的演出。這首安魂曲在架構上分為十章，手法看來比較保守，分割不多：

Introitus　進堂曲

I.　*Requiem aeternam*　永遠安息

Kyrie　垂憐曲
    II.   *Kyrie eleison*　上主垂憐
Sequentia　續抒詠
    III.   *Dies irae*　　　　震怒之日
    IV.   *Rex tremendae*　威震之君
    V.   *Recordare*　　　求你垂念
    VI.   *Confutatis*　　　判決惡人
Offertorium　奉獻曲
    VII.   *Domine Jesu*　　主耶穌
    VIII. *Hostias*　　　　獻祭祈禱
Sanctus　聖哉經
    IX.   *Sanctus*　聖哉
Agnus Dei　羔羊讚
    X.   *Agnus Dei*　神的羔羊

從架構上看，這首安魂曲結束在羔羊讚，但這只是表面，文字上羔羊讚與領主曲互相結合，甚至以領主曲的文字為主，這個做法Schumann 和 Dvořák 皆有先例。有聲資料方面，這首安魂曲有一個 CD 版本。

Ragnar Grippe, 1951 年出生於斯德哥爾摩。曾在斯德哥爾摩皇家音樂專科學校學大提琴，在法國的 Aix-en-Provence 大學念建築史，也在史德哥爾摩念音樂學，並加入巴黎的音樂團體 "Groupe de Recherches Musicales"。在巴黎 Grippe 繼續他的學業，並隨 Luc Ferarri 學習一年，後來又到加拿大的蒙特婁 (Montreal) 的 McGill 大學研讀非歐洲的音樂與電子音響的音樂。Grippe 在巴黎時就已經為斯德哥爾摩的皇家歌劇院、巴黎的 Theatre de la Ville 等寫作芭蕾音樂，米蘭的 Skala 歌劇院兩百年周年慶他也參與創作，後來在不同的樂種方面也陸續有所耕耘，為電影和電視配樂也很成功。他的安魂曲原本是打算為一部 1994 年準備在斯德歌爾摩拍攝的電影所寫作的配樂，後來製片人採用了另一部作品，他才想到將留下來的這一部音樂作成安魂曲，畢竟十年來，他一直有個心願想向許多已經過世的朋友表達紀念之意。他為電影所作的是一套以電子合成器來表現的音樂，現在他想到若再加上一個獨唱的聲部便可完成安魂曲，而且他也想好了要請早就認識的瑞典女高音 Madeleine Kristoffersson 來唱。Grippe 和 Kristoffersson 一起工作，兩人先從 "Requiem aeternam"、"Dies irae II" 和一首不屬安魂曲的歌開始，1994 年 10 月再繼續寫作其餘的歌曲，至 1995 年 3 月就已經把後續的十一首歌寫完，此時再做錄音和完成最後的混音。因此完成後，成為目前唯一以女高音獨唱與電子合成器所作的安魂曲，也是本書完稿之前所知的最新的安魂曲。

這首安魂曲共有如下的十三章：

No.1	*Requiem aeternam I*	永遠的安息一
No.2	*Lux aeterna*	永恒之光
No.3	*Sanctus*	聖哉
No.4	*Confutatis maledictis*	判決惡人
No.5	*Dies I*	日子一
No.6	*Dies irae I*	震怒之日一
No.7	*Requiem*	安息
No.8	*Dies II*	日子二
No.9	*Libera me*	請拯救我
No.10	*Dies irae II*	震怒之日二
No.11	*Agnus Dei*	神的羔羊
No.12	*Domine Jesu*	主耶穌

No.13　*Requiem aeternam II*　　　永遠的安息二

　　雖然這個作品是女高音獨唱與電子合成器音響的結合，不過，依上面各章的標題，這首安魂曲仍是以傳統的拉丁文安魂曲為基礎，做出很自由的安排，熟悉者不難看出：No. 1 是進堂曲，No.2 是領主曲，No.3 是聖哉經，No.4，5，6，8，10 皆出自續抒詠，No.7 應是文字與進堂曲相近的階台經，No.9 是答唱曲（安所經），No.11 是羔羊讚，No.12 是奉獻曲，No.13 雖文字似與進堂曲類似，應是答唱曲的尾句。比對拉丁文安魂曲各章的傳統排序，Grippe 此曲的章法架構的確是自由而不受拘束的現代處理方式。而此曲所蘊含的濃厚的流行音樂的曲風和音響感，在諸多安魂曲作品中亦屬少見。

冰島

　　Jón Leifs，生於 1899 年，歿於 1968 年。他的安魂曲是為紀念他因意外事故溺斃的稚女而作，採無伴奏混聲合唱的編制，作於 1949 年，歌詞是冰島文，以一般合唱曲的風格處理，全曲只有五分多鐘，是所有安魂曲之中最短的。此曲的錄音收錄在一張名為《冰島合唱音樂選集》(*An Anthology of Icelandic Choir Music*) 的 CD (BIS　CD 239) 中。(內容詳見本書第五章第二節)

愛沙尼亞

　　Eduard Tubin，生於 1905 年，歿於 1982 年。他的祖國愛沙尼亞在二次世界大戰被蘇聯併吞，他在 1944 年舉家逃到瑞典，住在斯德哥爾摩，1961 年歸化為瑞典公民。他有一首名為《陣亡士兵安魂曲》(*Requiem for Fallen Soldiers*) 的作品，採獨唱、男聲合唱、小號、小鼓、定音鼓與管風琴的編制，是在 1950 年開始寫的，但是第二樂章寫到一半卻突然中斷，直到十九年之後才重拾未完的工作，1979 年 8 月 17 日全曲完成。1981 年 5 月 17 日，《陣亡士兵安魂曲》在斯德哥爾摩的 Hedvib Eleonora 教堂由年已七十六歲的作曲家親自指揮首演。這是 Tubin 最後一次以指揮者的姿態露面，參與首演的有斯德哥爾摩的愛沙尼亞男聲合唱團、女中音 Ileana Peterson 及管風琴手 Mark Falsjö 等人。

《陣亡士兵安魂曲》並非傳統拉丁文安魂曲，原文標題是 "*Reekviem langenud söduritele*"，歌詞來自 Henrik Visnapuu (1890～1951) 和 Marie Under (1883～1980) 的詩，架構上共有五章，第五章和第一章的歌詞及音樂都相同，但安排不同：

I.   Andante   行板
       Ole Tervitet, Tervitet. (敬禮致意!)

II.   Allegro   快板
       Söduri Matus (一個士兵的葬禮)

III.   Molto lento   甚慢板
       Söduriema (士兵的母親)

IV.   Lento marciale   行進般的慢板
       Sireli (丁香)

V.   Largo   廣板 (歌詞內容同 I.)

(內容詳見本書第六章第四節)

芬蘭

Jonas Kokkonen，生於 1921 年。他的安魂曲作於 1981 年，原本是 1970 年代 Akateeminen Laulu 混聲合唱團及當時該團指揮 Ulf Söderblom 委託的一個創作，Kokkonen 很想寫一首「促進基督教團結的彌撒」("*ecumenical mass*")，由於他的太太久病不癒，終至於亡故，這首作品乃成了紀念她的安魂曲 (Requiem in memoriam Maija Kokkonen)。此曲在架構上分為如下的九章：

I.　　Introitus　　進堂曲

II.　　Kyrie　　垂憐曲

III.　　Tractus　　連唱詠

(IV.～V.：　Offertorium　奉獻曲)

IV.　　Domine Jesu　　主耶穌

V.　　Hostias　　　獻祭祈禱

VI.　　Sanctus　　聖哉經 (含降福經)

VII.　Agnus Dei　　羔羊讚

VIII. In Paradisum　　領進天國

IX.　　Communio　　領主曲

這個架構顯示，Kokkonen 在處理安魂曲的態度上與法國作曲家有類似之處。大部分法國作曲家的安魂曲並不常用續抒詠，也不喜作分割，但偏好插入一首〈慈悲耶穌〉 (*Pie Jesu*) 或再加一首〈領進天國〉*(In Paradisum)*。Kokkonen 的架構中僅奉獻曲有分割，他也不用續抒詠，也沒有階台經，但是他把古老的連唱詠放進來，並且像 Fauré 與 Duruflé 那樣加唱一首〈領進天國〉，但不是置於末尾，而是插在羔羊讚與領主曲之間，這一點雖比較特殊，但瑞士作曲家 F. Martin (1971/72) 已有前例。有聲資料方面，這首安魂曲有一個由 Ulf Söderblom 指揮錄音的 CD 版本。

阿爾及利亞

　　阿爾及利亞雖地處北非，但是開發甚早，因為古代曾為羅馬帝國的一省，但是中世紀以來迭遭汪達人、阿拉伯人、土耳其人征服，1830 年被法國佔為殖民地，1962 年獨立建國。以最近一百多年以來的歷史來看，與法國的關係最密切，文化上也受到法國影響。

　　在安魂曲的創作上，阿爾及利亞的作曲家也有表現，1933年出生的 Marc Eychenne 就寫過一首安魂曲。他的創作生涯是在阿爾及利亞和法國兩地展開的。他的安魂曲推測作於 1980 年代 (CD 是 1989 年出的)，採用傳統拉丁文歌詞，但是歌曲的順序略有調整，全曲為七章的架構：

I.　　　Introït　進堂曲
IJ.　　　Kyrie　垂憐曲
III.　　Offertoire　奉獻曲
IV.　　Sanctus　聖哉經
V.　　　Pie Jesu　慈悲耶穌
VI.　　Liebera me　答唱曲
VII.　Agnus Dei — Lux aeterna　羔羊讚 — 領主曲

也許因為和法國文化有比較親密的關係，Eychenne 也在聖哉經之後插入一首〈慈悲耶穌〉，這使得本曲帶有法國安魂曲的一些特色。不過，他將奉獻曲略去，代之以原本位於領主曲之後的答唱曲，又將領主曲置於羔羊讚之後，並將此兩曲併成一章，這都是比較特殊的安排。從順序上看，答唱曲沒有擺在最後，而成為倒數第二支曲子，這一點又和波蘭作曲家 Penderecki 的波蘭安魂曲一樣地不尋常。

附錄一

參考資料

音樂辭典、音樂百科全書及相關工具書：

Cornides, A.: *"Liturgy of Requiem Mass"*, in: *New Catholic Encylopedia*. New York, 1967.

Dictionnaire d'Archéologie Chrétienne et de Liturgie, edited by Fernand **Cabrol** & Henri **Leclerq**. 15 vols. Paris (Letouzey et Ané), 1907--.

Gay, Cl.: *Formulaires anciens des messes pour les défunts*, in: *Etudes grégoriennes* II, 1957.

Pruett, James W.: *Requiem Mass*. in: *The New Grove Dictionary of Music and Musicians*, edited by Stanley Sadie. London etc. (Macmillan), 1980. 1991. vol.15, p.751～755.

Seay, Albert.: *Requiem* (Übersetzer: Peter Schleuning), in: *Die Musik in Geschichte und Gegenwart*. Allgemeine Enzyklopädie der Musik. Unter Mitarbeit zahlreicher Musikforscher des In- und Auslandes herausgegeben von Friedrich Blume. Kassel (Bärenreiter-Verlag), 1963. Taschenbuch-ausgabe, 1989. Bd.11, Sp.297～302.

Snow, R.: *"Music of Requiem Mass"*, in: *New Catholic Encyclopedia*. New York, 1967.

相關著作

Auer, Max: *Anton Bruckner, sein Leben und Werk.* Wien (Amalthea-Verlag), 1932. S.71~74.

Bangert, Mark Paul: *Franz Liszt's essay on church music (1834) in the light of Felicité Lamennais's system of religious and political thought,* in: *Ferguson Festschrift. A tribute to Donald N. Ferguson at his ninetieth birthday,* ed. by J. Riedel, StudMusicol-Minn. V. (Minneapolis, University of Minnesota, 1972), p.182~219.

Fellerer, Karl Gustav: *Die Messe: ihre musikalische Gestalt vom Mittelalter bis zur Gegenwart.* Dortmund, 1951.

Kovnackaja, Ljudmila: *An outstanding master. On the occasion of the 60th anniversary of the birth of B. Britten,* in: *SovetskajaM* 11 (1973:11), p.117~123. (in Russian)

Liszt, Franz: *"Über zukünfitige Kirchenmusik"* (1834) (Concerning church music of the future). English translation by Mark P. Bangert, in: *Ferguson Festschrift. A tribute to Donald N. Ferguson at his ninetieth birthday,* ed. by J. Riedel, StudMusicol-Minn. V. (Minneapolis, Univer-sity of Minnesota, 1972)

Neumeyer, David: *The Music of Paul Hindemith.* Yale University Press. New Haven and London, 1986. P. 215~233

Pahlen, Kurt (1907～): *The world of the Oratorio: Oratorio, Mass, Requiem, Te deum, Stabat mater, and large Cantatas.* Portland, Ore. (Amadeus Press), 1990.

Reese, Gustave: *Music in the Middle Ages.* New York: Norton, 1940.

Reese, Gustave: *Music in the Renaissance.* New York: Norton, 1954; rev. 2., 1959.

Rindfleisch, Franz Xaver: *Die Requiemsmessen nach dem gegenwärtigen liturgischen Rechte mit einem Anhang über das Officium defunctorum und die Absolutio ad tumbam.*   Dritte, vermehrte und verbesserte Auflage. Regensburg und Rom, 1913.

Schmid, Eugen: *Die neuen kirchenmusikalischen Vorschriften.* Ein Handbuch für Geistliche und Chorregenten. Regensburg, 1919.

Wagner, Peter: *Geschichte der Messe.* Leipzig, 1913. Reprint, 1963, Bd. 1

Wienandt, E. A.: *Choral music of the church.* New York, 1965.

李振邦：《宗教音樂 ― 講座與文集》。台北 (天主教教務協進會出版社)，1979。

劉志明：《聖樂綜論》。台北 (全音樂譜出版社)，1990。

專門著作與學位論文

Adamski-Störmer, Ursula (1959～): *Requiem aeternam: Tod und Trauer im 19. Jahrhundert im Spiegel einer musikalischen Gattung.* Frankfurt am Main, New York: (Peter Lang), 1991.

(Europäische Hochschulschriften. Reihe 36, Musikwissenschaft; Bd.66). 354 S.

Barwick, B.: *"Puebla's Requiem Chiorbook", Essays on music in honor of Archibald Thompson Davison.* Cambridge, Mass.,1957. 121 p.

Bauer, Hans-Günther: *Requiem-Kompositionen in Neuer Musik: Vergleichende Untersuchungen zum Verhältnis von Sprache der Liturgie und Musik.* Ph. D, Diss., Universität Tübingen, 1984. 381 S.

Birnbaum, Daniel Nathan: *Three historical/analytical papers and three musical compositions.* Diss., 1980.

Blum, Klaus: *Hundert Jahre. Ein deutsches Requiem von Johannes Brahms. Entstehung, Uraufführung, Interpretation, Würdigung.* Tutzing (H. Schneider), 1971.

Burdick, James Owen: *Paschal Triptych: and an essay: Stravinsky's requiem canticles, a stylistic analysis and interpretation.* Diss., 1988.

Cole, Vincent Lewis (1946~): *Analyses of symphony of psalms (1930, rev. 1948) and requiem canticles (1966) by Igor Stravinsky and canticle to the sea: for large chorus and orchestra on a text from Walt Whitman.* Diss., 1980.

Cormican, Brendan: *Mozart's death — Mozart's requiem: an investigation.* Belfast [Northern Ireland] (Amadeus Press) 1991.

DeVenney, David P. (1958~): *American masses and requiems: a descriptive guide.* Berkeley, California (Fallen Leaf Press), 1990. (Fallen Leaf reference books in music no.15)

French, Gaylord: *An analysis of settings of the Requiem Mass by La Rue and de Monte in preparation for performance.* Ph.D. Diss., Indiana University, 1975. 256 p.

Gärtner, Heinz (1922~): *Mozarts Requiem und die Geschäfte der Constanze Mozart.* München (Langen Müller), 1986.

Gärtner, Heinz (1922~): *Constanze Mozart: after the Requiem* (original titel: *Mozarts Requiem und die Geschäfte der Constanze Mozart.*), translated by Reinhard G. Pauly. Portland (Amadeus Press) 1991.

Girard, Sharon Elizabeth (1937~) : *The requiem mass and music for the dead in Venezuela: a study of the colonial tradition and its background of folk and autochthonous music···* Diss., University of California, Los Angels, 1975.

Green, Daniel Joseph: *A Study of Andrew Lloyd Webber's "Requiem".* Diss., D.M.A. 1988, University of Miami. 123 p.

Grylls, Karen L. (1951~): *The aggregate re-ordered: a paradigm for Stravinsky's Requiem canticles.* Diss., 1993.

Hall, William Dawson (1934~): *The requiem mass: a study of performance practices from the baroque era to the present day as related to four requiem settings by Gilles, Mozart, Verdi and Britten.* Diss., 1970.

Harwood, Gregory W.: *The genesis of Robert Schumann's liturgical works and a study of compositional process in the Requiem, op. 48.* Ph.D. Diss., New York University, 1991. 462 p.

Ibañez, E. Sopeña: *El réquiem en la música romántica.* Madrid, 1965.

Jaksch, Werner: *H. I. F. Biber, Requiem à 15: Untersuchungen zur hofischen, liturgischen und musikalischen Topik einer barocken Totenmesse.* Ph.D. Diss., Universität Heidelberg, 1975. München (E. Katzbichler), 1977. (Beiträge zur Musikforschung, Bd.5.)

Kovalenko, Susan Chaffins: *The twentieth-century Requiem: an emerging concept.* Ph.D. Diss., Washington University, St. Louis, 1971. 329 p.

Kralik, Heinrich (1887~1963): *Requiem von W. A. Mozart für gemischten Chor, Soli und Orchester. Ein Führer durch das Werk. Mit Notenbeispielen.* Wien: Steyrermühl-Verlag. [1928] (Tagblatt-Bibliothek, Nr. 560)

Kralik, Heinrich (1887~1963): *Requiem von G. Verdi; ein Führer durch das Werk mit einer Einführung, lateinischem und deutschem Text, erläuternden Anmerkungen und zahlreichen Notenbeispielen.* Wien: Steyrermühl-Verlag. [o. J.] (Tagblatt-Bibliothek, Nr.686).

Kralik, Heinrich (1887 ~ 1963): *Ein deutsches Requiem: nach Worten der Heiligen Schrift für Soli, Chor und Orchester von Johannes Brahms; ein Führer durch das Werk mit vollständigem Text, einer Einführung, erläuternden Anmerkung* ··· Wien: Steyrermühl-Verlag. [193-?] (Tagblatt-Bibliothek, Nr. 744).

Lam, Bun-Ching: *A folio: original compositions and three papers representing aspects of music by Stravinsky and Berio.* Diss., 1980.

Luce, Harold T.: *The Requiem Mass from its Plainsong Beginnings to 1600.* Diss. Florida State University, 1958. [incl.

transcriptions of requiems by Brumel, Prioris, Sermisy, Clereau, Certon, Vaet, Guerrero, Asola, Lassus and Belli].

Macfarren, Sir George Alexander (1813 ~ 1887): *Analytical remarks in a German Requiem: The texts selected from the Holy Scriptures and rendered into English by F. M. Traquair. The Music by Johannes Brahms.* London (Stanley Lucas, Weber & Co.), [1873].

Maunder, Charles Richard Francis: *Mozart's requiem: on preparing a new edition by Richard Maunder.* Oxford (Clarendon Press), 1988.

Miller, Wendy Lee: *A conductor's analysis for the performance of Cherubini's Requiem in C minor.* D.M. Diss., Indiana University, 1981. 239 p.

Minear, Paul Sevier (1906~): *Death set to music: Masterworks by Bach, Brahms, Penderecki, Bernstein.* Atlanta (John Knox Press), 1987.

Mitton, Michael & **Parker**, Russ: *Requiem healing: a christian understanding of the dead.* (Foreword by Adrian Plass). London (Darton, Longman and Todd), 1991.

Moberg, Carl Allan (1896~?): *Akthetsfragor i Mozarts Rekviem. Mit einer deutschen Zusammenfassung: Echtheitsfragen in Mozarts Requiem.* Uppsala, Lundequistska bokhandeln [1960]. (Uppsala Universitet Arsskrift 1960:4).

Mohova, Nina: *Rekviem poslevoennyh let: Problema starinnyh horovyh zanrov v sovremennoj muzyke* (The Requiem during the postwar years: The issue of old choral generes in modern music). Ph.D. diss., Music history: Inst. Teatra,

Muzyki i Kinematografii, Leningrad, 1985. 23 p. List of works.

Mosel, Ignaz Franz, edler von (1772~1844): *Ueber die original-partitur des Requiem von W. A. Mozart.* Seinen verehrern Gewidmet durch I. F. edlen von Mosel··· Wien (gedruckt bey A. Strauss's sel. Witwe), 1839. 33 S.

Münster, Robert: *Musikhandschriften der ehemaligen Kloster-kirchen Weyarn, Tegernsee, Benediktbeuern,* München, 1971 [lists 35 requiems]

Murphy, Anne Margaret: *The Requiem in the twentieth century: Belief or unbelief?* M.A. Thesis, National Univer-sity of Ireland, 1988. 322 p.

Onofrio, Marshall Paul: *"Requiem Mass" for Chorus and Orchestra; with a monograph on the history, regulation, and content of the "Missa pro defunctis".* (Original composition). Diss., D.M.A. 1987, The Ohio State Univer-sity. 227 p.

Pole, William (1814~1900): *The story of Mozart's requiem.* London, Novello (Ewer and Co), 1879.

Robertson, Alec: *Requiem: music of mourning and consolation.* London, Cassel, 1967.

Rosen, David B.: *"The Genesis of Verdi's Requiem".* Ph.D. Diss., University of California, Berkeley, 1976.

Schaffer, R. J.: *A comparative study of seven polophonic Requiem Masses.* Diss., New York University, 1952. [incl. transcription of requiem by **Du Caurroy**]

Schnerich, A.: *Messe und Requiem seit Haydn und Mozart.* Wien & Leipzig, 1909.

Schnoebelen, M.: *The concerted mass at San Petronio in Bologna: ca. 1660-1730: a documentary and analytical study*. Diss., University of Illinois, 1966.

Sievers, Georg Ludwig Peter (ca. 1775 ~ ?): *Mozart und Süssmayer: ein neues Plagiat, ersterm zur Last gelegt, und eine neue Vermuthung, die Entstehung des Requiems betreffend von G. L. P. Sievers*. Mainz (B. Schott's Söhne), 1829. 77 S.

Smith, Carol Huston: *The Requiem as a religious expression of the nineteenth century*. MM Diss., Florida State University, Tallahasse, 1970.

Weber, Gottfried (1779 ~ 1839): *Ergebnisse der bisherigen Forschungen über die Echtheit des Mozartschen Requiem*. Mainz (B. Schott's S hne), 1826.

Westafer, Walter (1920~): *Over-all unity and contrast in Brahms' "German Requiem"*. Diss., 1973.

Wolff, Christoph: *Mozarts Requiem: Geschichte, Musik, Dokumente, Partitur des Fragments*. Originalausgabe, München (Deutscher Taschenbuch Verlag); Kassel; New York (Bärenreiter), 1991.

Zimmermann, Bernd Alois (1918 ~ 1970): *Textstruktur von Bernd Alois Zimmermanns Requiem für einen jungen Dichter* [Elisabeth J. Bik]. Amsterdam (s. n.), 1976. (Amsterdamer Beiträge zur neueren Germanistik, Bd. 5).

張己任:《安魂曲綜論》。台北 (大呂出版社),1995。(本書各章內容曾分別先行刊於 1992 年 8 月至 1994 年 10 月之《古典音樂》月刊「安魂曲」專欄,刊出之各期詳目如下:第六期:頁 128~131; 第八期:頁 166~175; 第九期:頁 128

～135；第十一期：頁 150～158；第十三期：頁 130～135；第十四期：頁 126～129；第十五期：頁 138～141；第十六期：頁 142～147；第十七期：頁 134～138；第十八期：頁 148～155；第十九期：頁 122～127；第二十期：頁 128～137；第二十一期：頁 140～150；第二十二期：頁 122～125；第二十三期：頁 136～145；第二十四期：頁 132～140；第二十五期：頁 100～105；第二十六期：頁 118～129；第二十七期：頁 102～111；第二十八期：頁 100～106；第二十九期：頁 120～125；第三十一期：頁 120～130；第三十二期：頁 86～97。第二十七期的內容是布拉姆斯的安魂曲，未收入《安魂曲綜論》一書中。)

期刊論文

Bach, Hans-Elmar: *Requiem-Vertonungen aus 1000 Jahren.* — *Eine historisch-diskographische Übersicht als Beitrag zum Allerseelen-Monat November*, in: **Musica Sacra** 88 (1968:6), S.281～188.

Bantel, Otto: *Requiem der Versöhnung. Uraufführung beim Europäischen Musikfest in Stuttgart*, in: **Musica Sacra** 115 (1995:5), S. 419～420.

Beyer, Franz: *Mozarts Komposition zum Requiem. Zur Frage der Ergänzung*, in: *Acta Mozartiana* 18/2 (1971), S.27～33.

Bolin, Norbert: *"Sang- und Klanglos?" Musikalische Tradition, gesellschaftliche Kontexte und gottesdienstliche Praxis der*

Gesangskultur bei Sterben und Begräbnis, in: *Im Angesicht des Todes: Ein interdisziplinäres Kompendium. I.* (in: *Pietas Liturgica* 3, St. Ottillen: Eos, 1987), S.381~420.

Bruyr, J.: *"Les grands requiems et leur message"*, in: *Journal musical fran ais musica disques* 116 (1963:11), p.4f.

Cone, Edward T.: " *Berlioz's Divine Comedy: the Grand Messe des Morts"*. in: *19th Century Music* 4 (1980), p.3~16.

Durand, H.-A.: *Sur une prétendue messe des morts de Gilles et Campra*, in: *Rivista musicale italiana* 45 (1960).

Forst, Inge: *Maurice Duruflé und sein Requiem*, in: *Kirchenmusikalisches Jahrbuch* 75 (1991), S.107~117.

Fox, Charles Warren: *"The Polyphonic Requiem before about 1615"*, in: *Bulletin of the American Musicological Society* 7 (1943), p.6~7.

Girard, Sharon Elizabeth (1937~): *"Algunas fuentes de musica de requiem en el nuevo mundo"*, in: *Heterofonia* 3 (1971), p.10, 42 [English abstract]

Günther, S.: *"Das säkularisierte Requiem"*, in: **Musica** 18 (1964), S.185~190.

Kempers, Karl Ph. Bernet: *Twee Requiem-missen*, in: **De Muziek** 10 (1929:7), p.422

Kölmel, Dieter: *Das "Requiem der Versöhnung" beim Europäischen Musikfest Stuttgart 1995*, in: **Musik und Kirche** 65 (1995:6), S.366~367.

Krones, Hartmut: *Ein franzöisches Vorbild für Mozarts "Requiem".* Die *"Messe des Morts" von François-Joseph Gossec*, in: **Österreichische Musikzeitschrift** 42/1 (1987:1), S.2~17.

Mohova, Nina: *Rekviem poslevoennyh let: k probleme vozrozdenija starinnyh horovhy zanrov* (The Requiem in post-war years: concerning the revival of an ancient choral genre), in: *Zanrogo-stilisticeskie tendencii klassiceskoj i sovremennoj muzyki* (Genre and stylistic trends in Classic and contemporary music) (Leningrad: Leningradskij Inst. teatra. muzyki i kinomatografi) 1980.

Nowak, Adolf: *Ein deutsches Requiem im Traditionszusammenhang*, in: *Brahms-Analysen (Analystische Studien zum Werk von Johannes Brahms*, sponsored by the *Kieler Musikwissenschaftliches Institut*, ed. by F. Krummacher & W. Steinbeck [Kieler Schriften zur Musikwissenschaft 28], Kassel [Bärenreiter],1984), S.201~209.

Petrova, Anna: *Rekviem kak filosofsko-eticeskaja koncepcija* (The Requiem as a philosophical-ethnic conception), in: *Voprosy naucnogo ateizma* 30 (1982), p.286~294.

Praassl, Franz Karl: *Verkündigung der Auferstehung im Angesicht des Todes: Der Introitus Si enim credimus der Totenmesse*, in: *Singende Kirche* 3 (1986), S.100~104.

Schuler, Manfred: *Zum Requiem von Joseph Martin Kraus*, in: *Geistliches Leben und geistliche Musik im fränkischen Raum am Ende des alten Reiches: Untersuchungen zur Kirchenmusik vom Joseph Martin Kraus und ihrem geistlich-musikalischen Umfeld* [Studien zur Landes- und Sozialgeschichte der Musik 9; Publikationen der Internationalen Joseph Martin Kraus Gesellschaft 2] (München: Katzbichler 1990), S. 156~165.

Schweikert, Uwe: *Hehre Idee und viele Komponisten. Helmuth Rillings "Requiem der Versöhnung" in Stuttgart uraufgeführt.* Mit Abb., in: *Neue Musikzeitung* 44 (1995:5), S.5f

Shigihara, Susanne Elizabeth: *Spannungsfelder: Max Regers Requiemkompositionen im Kontext der Gattungs-geschichte,* in: *Kirchenmusikalisches Jahrbuch* 75 (1991), S.29~62.

Suderman, Mark J.: *Comparisons between the Requiems of Florian Leopold Gassmann and Wolfgang Amadeus Mozart,* in: *Choral Journal* 31/9 (1991:4), p.33~41.

Wagner, Reinmar: *Requiem der Versöhnung in Stuttgart.* Mit Abb., in: *Musik und Theater* 15 (1995:10), S.51f.

Weyer, Reinhold: *Visionen vom Jüngsten Gericht. Drei Vertonungen des "Tuba mirum" aus dem "Requiem" (Mozart, Berlioz, Reger).* Mit Abb. u. Notenbsp., in: *Musik und Unterricht* 2 (1991:11), S.18~20.

曾正仲 (瀚霈):《有聲出版品中安魂曲的源流與發展――論拉丁文亡者彌撒架構之運用》,刊於:《社會文化學報》 第二期 (1995:5),頁 41~100 (國立中央大學共同學科印行)。

曾正仲 (瀚霈):《自選歌詞、自由架構安魂曲之探討 (有聲出版品中安魂曲的源流與發展續論)》,刊於:《藝術學》第十四期 (1995:9),頁 77~141。

特刊

Requiem: Wolfgang Amadeus Mozart, 1791-1991: Ausstellung der Musiksammlung der österreichische National-bibliothek, Prunksaal, Wien I., Josefsplatz 1, 17. Mai bis 5. Dezember 1991:

Katalog bearbeitet von Günter Brosche, Josef Gmeiner und Thomas Leibnitz: mit je einem Beitrag von Eva Badura-Skoda und Hans-Josef Irmen; Gesamtleitung und Katalogredaktion, Günter Brosche. Graz (Akademische Druck- und Verlagsanstalt), 1991. 包含下列論文：

Brosche, Günther: *1791, Mozarts letztes Lebensjahr: Die Entstehungszeit des Requiem*, S.41～48.

Brosche, Günther: *Das Requiem: Entstehung — Fertigstellung*, S.209～223.

Gemeiner, Josef: *Zeitgenossen und Nachfolge*, S.157～160.

Gemeiner, Josef: *Der sogenannte "Echtheitstreit"*, S.271～282.

Gemeiner, Josef: *Die Erwerbung der Originalhandschriften durch die k. k. Hofbibliothek*, S.283～292.

Gemeiner, Josef: *"Denn alles Fleisch es ist wie Gras": Requiem und Musik zur Trauer vom 19. Jahrhundert bis zur Gegenwart*, S.295～298.

Irmen, Hans-Josef: *Der Schlüssel zu unserer wahren Glückseligkeit oder Mozarts Vorstellung vom Tod*, S.127～135.

Leibnitz, Thomas: *Musik zur Trauer: Requiem-Vertonungen vor Mozart*, S.13～21.

Leibnitz, Thomas: *Mozart und die Religion*, S.101～108.

Giuseppe Verdi, Messa da Requiem, in: *Avant-scène musique* 1 (1984:1), Paris (Avant-scène) 1984. 126 p.

CD 隨片解說 (詳附錄二)

葛瑞果聖歌歌集與樂譜

Gradualbuch. Auszug aus der Editio Vaticana mit Choralnoten, Violinschlüssel, geeigneter Transposition, Übersetzung der Texte und Rubriken, herausgegeben von Dr. Karl Weinmann. 2. Auflage. Regensburg und Rom, 1914.

Liber Usualis. Missa et Officii pro Dominicis et Festis cum Cantus Gregoriano. Paris (Desclée & Socii), 1964.

Graduale Triplex. Seu Graduale Romanum Pauli PP.VI⋯Abbaye Saint-Pierre de Solesmes & Desclée, Paris-Tournai, 1979.

個別作曲家樂譜

Berlioz, Hector : *Requiem* (*Grand messe des morts*). London etc. (Ernst Eulenburg Ltd.), ©1969. Edition Eulenburg No. 8003.

Brahms, Johannes: *German Requiem* in Full Score. From the Breitkopf & Härtel Complete Works Edition edited by Eusebius Mandyczewski. Mineola, N. Y. (Dover Publications, Inc.), 1987. This Dover edition is a republication of volume 17 (*Ein deutsches Requiem nach Worten der heiligen Schrift für Soli, Chor und Orchester [Orgel ad libitum], Op.45*) of *Johannes Brahms: Sämtliche Werke; Ausgabe der Gesellschaft der Musikfreunde in Wien*, originally published by Breitkopf & Härtel, Leipzig, n. d. (Editor's Preface dated Spring 1926)

Brahms, Johannes: *A German Requiem*, op.45, for Soli, Chours and Orchestra. (n. p. [U. S. A.]; n. d.) Kalmus Miniature Score K00482.

Bruckner, Anton: *Requiem in d minor*. Melville, N. Y. (Belwin Mills Publishing Corp.), (n. d.). Kalmus Miniature Score 1493.

Britten, Benjamin: *War Requiem*, op.66. London etc. (Boosey & Hawkes Music Publishers Limited), (n. d.). H.P.S. 742.; B & H 18990.

Dvořák, Antonín: *Requiem Mass for Soli, Chorus & Orchestra*, op.89. Melville, N. Y. (Belwin Mills Publishing Corp.), (n. d.). Kalmus Miniature Score 1496.

Fauré, Gabriel: *Requiem*, op.48. Paris (J. HAMELLE & Cie), 1975. Partitions d'Orchestre de Poche, J. 4650. H.

Fauré, Gabriel: *Requiem*, in Full Score. New York (Dover Publications), 1992. (a repbulication of the edition originally published by J. Hamelle, Paris in 1900).

Gilles, Jean: *Requiem (Messe des morts)* for four soloists, chorus, orchestra, and continuo, edited by John Hajdu. Madison, Wisconsin (A-R Editions, Inc.), 1984. Recent Researches in the Music of the Baroque era, Volume 47.

Liszt, Ferenc: *Requiem für Männerstimmen (Soli und Chor) mit Begleitung der Orgel (2 Trompeten, 2 Posaunen und Pauken ad libitum)*, herausgegeben von Gábor Darvas. London etc. (Eulenburg), ©1969 (by Editio Musica, Budapest, Z6050). Edition Eulenburg No.947.

Mozart, Wolfgang Amadeus: *Requiem* in Full Score. Mineola, N. Y. (Dover Publications, Inc.), 1987. This Dover edition is an unabridged republication of the work originally published by Breitkopf & Härtel, Wiesbaden, n. d., with the title *Mozart, Requiem für vier Singstimmen, Orchester und Orgel.*

Verdi, Giuseppe: *Messa di Requiem* per soli, coro e orchestra. Riduzione per canto e pianoforte di Michele Saladino, English translation by Geoffrey Dunn. London (G. Ricordi & CO.), 1987. (Score No. 133419)

Verdi, Giuseppe: *Messa di Requiem* in Full Score. Mineola, N. Y. (Dover Publications, Inc.), 1978. This Dover edition is an unabridged republication of the work as edited by Kurt Soldan and published by C. F. Peters, Leipzig, n. d.

附錄二

CD 與 LD 目錄

Gregorianische Gesänge　葛瑞果聖歌安魂曲：
1. *Requiem und Totenofficium*
   Christophorus CD 74576 (not available for Canada, United States, Great Britain, Belgium, France, Spain, Italy, Korea and Taiwan)
2. *Messe des morts & Office des défunts*
   SM　12 14.73　S823　(內容同上)

Messa per Rossini　羅西尼紀念安魂曲
Hänssler Classic 98.949　2 片　Helmuth Rilling/ Gächinger Kantorei Stuttgart; Prager Philharmonischer Chor; Radio-Sinfonieorchester Stuttgart
　　下列作曲家集體創作：

1.	Antonio Buzzolla (1815~1871)	*Requiem*
		Kyrie
2.	Antonio Bazzini (1818~1897)	*Dies irae*
3.	Carlo Pedrotti (1817~1893)	*Tuba mirum*
4.	Antonio Cagnoni (1828~1896)	*Quid sum miser*
5.	Federico Ricci (1809~1877)	*Recordare Jesu*
6.	Alessandro Nini (1805~1880)	*Ingemisco*

7. Raimondo Boucheron (1800~   *Confutatis*
   1876)   *Oro supplex*
8. Carlo Coccia (1782~1873)   *Lacrimosa*
       Amen
9. Gaetano Gaspari (1808~1881)   *Domine Jesu*
       Quam olim Abrahae
       Hostias
       Quam olim Abrahae
10. Pietro Platania (1828~1907)   *Sanctus*
        Hosanna
        Benedictus
        Hosanna
11. Lauro Rossi (1812~1885)   *Agnus Dei*
12. Teodulo Mabellini (1817~1897)   *Lux aeterna*
13. Giuseppe Verdi (1813~1901)   *Libera me*
        Dies irae
        Requiem aeternam
        Libera me

Anerio, Giovanni Francesco (1567~1630)【意】: Requiem
<u>Hyperion CDA 66417</u> James O'Donnell/ Westminster
Cathedral Choir

Behrend, Siegfried (1933~1990)【德】: *Requiem auf Hiroshima* für
Stimme, Solomandoline, Sologitarre, Percussionsinstrumente
und Zupforchester, 1973

Thorofon   CTH   2026   Siegfried   Behrend/   DZO-
Kammerorchester; Claudia Brodzinska-Behrend, Stimme;
Takashi Ochi, Mandoline; Martin Krüger, Gitarre; Andrea
und Wolfgang Schneider, Percussion

Berlioz, Hector (1803～1869)【法】: Requiem, 1837
Classica Musica   CLM 34012   2 片 Beecham/ Royal
Philharmonic Orchestra & Chorus
Denon CO 73205/6   2 片 E. Inbal/ Chor des NDR
Hamburg,   ORF-Chor,   Radio-Symphonie-Orchester
Frankfurt
DG   429 724 2   2 片 James Levine/ Berliner Philharmo-
niker; Ernst-Senff-Chor
Philips CD 416 283-2   2 片   C. Davis/ Wandsworth
School Boys Choir, London Symphony Chorus &
Orchestra
Sony   SM2K   47526   2 片   Bernstein/   Orchestre
Philharmonique et Choeurs de Radio France, Orchestre
National de France
Sony M2YK   46461   2 片，同上，另加 Te Deum
Telarc CD-80109   2 片 Robert Shaw/ Atlanta Symphony
Orchestra & Chorus
Biber, Heinrich Ignaz Franz von (1644～1704)【奧】: Requiem,
f-moll
Deutsche Harmonia Mundi 05472   77277 2   Leonhardt/
Koor & Barokorkest van de Nederlandse Bachvereniging

Ricercar RIC 081063 Erik Van Nevel/ Ricercar Consort & Capella Sancti Michaelis (與 Kerll 的安魂曲錄成一張)

Brahms, Johannes (1833~1897)【德】: *Ein deutsches Requiem* op.45, 1868

CD:

Arkadia CDGI 716,1 Otto Klemperer/ Kölner Radio Chorus und Kölner Radio Sinfonieorchester

Arkadia CDHP 546.1 Sergiu Celibidache/ Orchestra Sinfonica e Coro di Milano della Rai

Capriccio 10095 Herbert Kegel/ Leipzig Symphony Orchestra & Choir

DG POLG-1002 Herbert von Karajan/ Wiener Singverein & Berliner Philharmoniker

Decca 414 627-2 2 片 Solti/ Chicago Symphony Orchestra & Chorus

Decca CD 425 042 Solti/ Chicago Symphony Orchestra & Chorus; Te Kanawa, B. Weikl

Decca 16206 443 771 2 Herbert Blomstedt/ San Francisco Sympnony Orchestra and Chorus

DG 410 521-2 Karajan/ Wiener Singverein, Wiener Philharmoniker (含 Bruckner: *Te Deum*)

DG 419 737-2 3 片 Sinopoli/ Prager Philharmonischer Chor, Tschechischer Philharmoniker

DG 423 574-2 Giulini/ Konzertvereinigung Wiener Staatsopernchor, Wiener Philharmoniker

EMI CDC 7 47238-2   Klemperer/ Philharmonia Chorus & Orchestra

EMI CDH 7 61010-2   Karajan/ Singverein der Gesellschaft der Musikfreunde in Wien; Wiener Philharmoniker

EMI CDM 7 69229-2   Karajan/ Wiener Singverein; Berliner Philharmoniker

Hungaroton HCD 12475/76   Ferencsik/ Choeurs & Orchestre Philh. Slovaques

Hunt HPCD 546   Celibidache/ Rome Radio Orchestra & Chorus

ORF C 039101A   W. Sawallisch/ Choeur & Orchestre Radio Bavaroise

Philips CD 411 436-2 2 片 Haitink/ Konzertvereinigung Wiener Staatsopernchor, Wiener Philharmoniker

Philips CD 432 038-2   單片，同上

Sony SK 45853   Lorin Mazzel/ New Philharmonia Orchestra & Chorus

Sony MPK 45687   Bruno Walter/ Westminster Choir, New York Philharmonic Orchestra

Telarc CD 80092   Robert Shaw/ Atlanta Symphony Orchestra & Chorus

Teldec 8.48272   Previn/ Royal Philharmonic Orchestra; Ambrosian singers

LD:

POLG-1002   Herbert von Karajan/ Gondula Janowitz; José van Dam; Wiener Singverein; Berliner Philharmoniker

Britten, Benjamin (1913～1976)【英】:

1. *Sinfonia da Requiem*, op.20 (1940)

CD:

<u>Decca　CD　425　100</u>　B. Britten/ New Philharmonia Orchestra (含 *War Requiem*)

<u>Virgin 259 803-231</u>　Libor Pesek/ Royal Liverpool Philharmonia

2. *War Requiem* (Owen 詞) op.66 (1961)

CD:

<u>Decca　414　383-2</u>　2 片　B. Britten/ London Symphony Orchestra, Fischer-Dieskau, Vishnevskaya

<u>Decca CD 425 100</u>　2 片　B. Britten/ New Philharmonia Orchestra (含 *Sinfonia da Requiem*)

<u>DG　437　801-2</u>　2 片　J. E. Gardiner/ The Monteverdi Choir, NDR-Chor; Tölzer Knabenchor; NDR-Sinfonie-Orchester

LD:

<u>London W00Z 25024</u>　B. Britten/ The Bach Choir; London Symphony Orchestra Chorus; Highgate School Choir; Meros Ensemble; London Symphony Orchestra

Bruckner, Anton (1824～1896)【奧】: Requiem, d-moll.

<u>Hyperion CDA 66245</u>　Matthew Best/ Corydon Singers; English Chamber Orchestra

Brumel, Antoine (約 1460～約 1515 之後)【法】: Requiem (Missa pro defunctis), 1516
　　Sony SK 46348 (僅收錄 Sequentia "*Dies irae*") Paul van Nevel/ Huelgas Ensemble

Burgon, Geoffrey (1941～)【英】: Requiem, 1976
　　London 430 064-2 Richard Hickox/ London Symphony Chorus; Wooburn Singers; The City of London Sinfonia

Campra, André (1660～1744)【法】: Messe de requiem, ca. 1722
　　Harmonia Mundi HMC 901251 Herreweghe/ La Chapelle Royale

Cardoso, Frei Manuel (ca. 1566～1650)【葡】: Requiem
　　Gimell CDGIM 021 Peter Phillips/ The Tallis Scholars

Cavalli, Francesco (1602～1676)【意】: Missa pro defunctis per due cori (requiem), 1675
　　Accord 201182 Edwin Loehrer/ Coro della Radio della Svizzera Italiana
　　Pierre Verany PV.793052 Fran oise Lasserre/ Akademia Ensemble Vocale Regional de Champagne Ardenne

Cererols, Joan (1618～1680)【西】: Requiem, 1680
　　Astrée E8704 Jordi Savall/La Capella Reial

Charpentier, Marc-Antoine (約 1634[1636?]【或 1645/50?】

～1704)【法】: Messe des morts à 4 voix (No.7)

　　Calig　CAL 50874　Heinz Hennig/ Knabencor Hannover

Cherubini, Luigi (1760～1842)【意】:

1. Requiem c minor, 1816

　　RCA 60059-2-RC　Claus Peter Flor/ Rundfunkchor Berlin;
　　Berliner Sinfonie-Orchester

　　Opus111 OPS 30-116　Christoph Spering/ Das Neue
　　Orchester; Chorus Musicus Köln

　　Hyperion CDA 66805　Mathew Best/ Corydon Singers;
　　Corydon Orchestra

2. Requiem d minor, 1836

　　EMI　CDC 7 49301 2　R. Muti/ The Ambrosian Singers;
　　New Philharmonia Orchestra

Cimarosa, Domenico (1749～1801)【意】: Missa pro defunctis, g
minor,1787

　　Philips　422 489-2　Vittorio Negri/ Choeur du Festival
　　Montreux; Orchestre de Chambre de Lausanne

Cornelius, Peter (1824～1874)【德】: Requiem (Hebbel 詞)
(1863/1872)

　　Harmonia Mundi HMC 905206　Michel Piquemal/
　　Choeur et Orchestre Régional de Cannes Province-Alpes-
　　Côte d'Azur

Donizetti, Gaetano (1797～1848)【意】：Requiem, d minor, for Bellini, 1835, unfinished, (版本　Milan 1870/R1974)
　　Decca　CD 421 653 2　Gerhard Fackler/ Orchestra e Coro Ente Lirico Arena di Verona
　　ORFEO　C　172　881　A　Miguel　Angel　Gomez-Martinez/ Chor der Bamberger Symphoniker; Bamberger Symphoniker

du Caurroy, Eustache (1549～1609)【法】：Requiem
　　Erato/Radio　France　2292-45607-2　Michel　Laplenie/ Ensemble Vocal Sagittarius; Ensemble La Fenice

Duruflé, Maurice (1902～1986)【法】：Requiem, op.9, 1947
　　EMI CDC 7 49880-2　Stephen Cleobury/ Choir of King's College, Cambridge, English Chamber Orchestra
　　Erato　ECD 88132　Michel Corboz/ Audite Nova Vocal Ensemble
　　Telarc　CD　80135　Robert　Shaw/　Atlanta　Symphony Orchestra & Chorus (與　Fauré　的安魂曲合為一張)

Dvořák, Antonin (1841～1904)【捷】：Requiem, op.89, 1890
　　Decca　421　810-2　2 片　István　Kertész/　Ambrosian Singers; London Symphony Orchestra
　　Supraphon 10 4241-2　2 片　Wolfgang Sawallisch/ Czech Philharmonic Chorus and Orchestra

Eybler, Joseph Leopold (1765~1846)【奧】: Requiem c-moll, 1803

CPO 999 234-2　　Wolfgang　Helbich/　Alsfelder Vocalensemble; Steintor Barock Bremen

Eychenne, Marc (1933~)【阿爾及利亞】: Requiem

Auvidis Valois　V4626　　Daniel Stirn/ Chorale Marc-Antoine Charpentier; Orchestre Symphonique Pro Arte de Paris

Fauré, Gabriel (1845~1924)【法】: Requiem

Collegium　CD 101　　John Rutter/ Cambridge Singers; City of London Sinfonia

Conifer CDCF 176　　Richard Marlow/ The Choir of Trinity College

Decca 421 440-2　　Dutroit/ Le Choeur et l'Orchestre Symphonique des Montréal

Decca CD 430 360-2　　George Guest/ Choir of St. John's College, Cambridge

Denon　CO-77527　　Emmanuel　Krivine/　Choeur et Orchestre National de Lyon

Denon PLLC-573　　Serge Baudo/ London Philharmonic Choir; Rodlphus Choir; London Philharmonic Orchestra

DG　419 243-2　　Giulini/　Philharmonia Chorus & Orchestra

EMI CDC 7 47317　　Michel Plasson/ Orfeon Donostiarra, Orchestre du Capitole de Toulouse

EMI CDC 7 47836 2　André Cluytens/ Chorale Elisabeth Brasseur; Orchestre de la Sociéte des Concerts du Conservatoire (1888 Version)

EMI CDC 7 49880 2　Stephen Cleobury/ Choir of King's College, Cambridge; English Chamber Orchestra (Version 1893)

EMI CDM 7 69038 2　Barenboim/ Edinburgh Festival Chorus; Orchestre de Paris

Erato　ECD 88126　Michel Corboz/ Audite Nova Vocal Ensemble

Erato　ECD 40006　Fremaux/ Philippe Gaillard Chorale; Monte Carlo Opera Orchestra

Forlane　CD 16536　Bernard Thomas/ Michel Piquemal Vocal Ensemble; Bernard Thomas Chamber Orchestra

Harmonia Mundi HMC 901292　Herreweghe/ La Chapelle Royale; Les Petits Chanteurs de St. Louis; Ensemble Musique Oblique

Philips CD 412 743-2　C. Davis/ Rundfunkchor Leipzig. Staatskapelle Dresden

Philips CD 420 707-2　Jean Fournet/ Rotterdam Philharmonic Orchestra

Sony MK 44738　Kazuo Yamada/ Tokyo Metropolitan Choir & Symphony Orchestra

Telarc CD 80135　Robert Shaw/ Atlanta Symphony Orchestra & Chorus (與 Duruflé 的安魂曲合為一張)

Gilles, Jean (1668~1705)【法】: Messe des morts (Requiem)

Harmonia Mundi HMC 901341　P. Herreweghe/ La Chapelle Royale

Gorli, Sandro (1948～)【意】: Requiem
Harmonia Mundi HMC 901320　P. Herreweghe/ Ensemble Vocal European de la Chapelle Royale

Gossec, François-Joseph (1734～1829)【比】: Requiem (Missa pro defunctis), 1760; 出版時 (1780) 使用法文標題 Messe des morts
KOCH 313 041 K2　2 片　Jacques Houtmann/ Choeurs de la RTBF; Orchestre Symphonique de Liège

Grippe, Ragnar (1951～) 【瑞典】: Requiem (女高音獨唱與電子合成器), 1995.
BIS CD-820　Madeleine Kristoffersson, 女高音；Ragnar Grippe , 電子合成器。

Hasse, Johann Adolf (1699～1783)【德】: Requiem C-Dur, 1763
ADDA 590069

Haydn, Michael (1737～1806)【奧】:
1. *Missa pro defuncto Archiepiscopo Sigismundo,* 1771
Hungaroton HCD 31022　Helmut Rilling/ Hungarian Radio and Television Chorus; Liszt Ferenc Chamber Orchestra, Budapest
2. *Requiem B-Dur* "Opus Ultimum" (Fragment)

<u>Hänssler 98.977</u> Helmut Rilling/ Gächinger Kantorei Stuttgart; Bach-Collegium

Hindemith, Paul (1895～1963)【德】: *When Lilacs Last in the Door-Yard Bloom'd*, a Requiem "*for those we love*" (Ein Requiem "*denen, die wir lieben*", Text: W. Whitman, dt. Ertragung von H., N. Y. 1946)

　　<u>(Sony) CBS MPK 45881</u>　P. Hindemith/ The Schola Cantorum of New York; New York Philharmonic

　　<u>ORFEO ORF C 11285 1</u>　W. Sawallisch/ B. Fassbaender; D. Fischer-Dieskau; Wiener Symphoniker

Howells, Herbert (1892～1983)【英】: Requiem, 1938

　　<u>Chandos　CHAN 9019</u>　Paul Spicer/ The Finzi Singers

　　<u>Hyperion　CDA 66076</u>　Matthew Best/ Corydon Singers

Huber, Klaus (1924～)【瑞士】: *Cantiones de Circulo Gyrante*. Ein Requiem auf Texte von Hildegard von Bingen und Heinrich Böll für Soli, gemischten Chor und Instrumental-ensemble (1985)

　　<u>Thorofon　CTH 2015</u>　Sigune von Osten, Sopran; Beatricé Mathez-Wüthrich, Alt; Hanns-Friedrich Kunz, Bariton; Theophil Maier, Sprecher; Collegium Vocale (Leitung: Wolfgang Fromme); Ensemble Köln (Leitung: Robert HP Platz); Chor des Kölner Bach-Vereins (Leitung: Christian Collum) (1985.11.10. 西德廣播科隆電台實況錄音)

Kabalevsky, Dmitri (1904～1987)【俄】: Requiem op.72, 1962
(Text: Robert Rozhdestvensky)
    <u>Olympia OCD 290 A+B</u>   2 片 Dmitri Kabalevsky/ The Choir of the Artistic Education Institute; Moscow Symphony Orchestra

Kerll, Johann Kaspar von (1627～1693)【德】: Requiem
    <u>Ricercar RIC 081063</u>   Erik Van Nevel/ Ricercar Consort; Capella Sancti Michaelis   (與 Biber 的安魂曲錄成一張)

Kirchner, Volker David (1942～)【德】: Requiem "*Messa di Pace*" für Soli, gemischten Chor und Orchester (1988)
    <u>WERGO WER 6206-2</u>   Gerd Albrecht/Philharmonisches Staatsorchester Hamburg; Staatlich Adademischer Chor Riga

Kokkonen, Jonas (1921～)【芬】: Requiem, 1981
    <u>BIS CD 508</u>   Ulf Söderblom/ Savonlinna Opera Festiva Choir; Lahti Symphony Orchestra

La Rue, Pierre de (1460～1518)【尼德蘭】: Missa pro defunctis
    <u>Harmonia Mundi HMC 901296</u>   Ensemble Clément Janequin

Lassus, Orlande de (1532～1594)【尼德蘭】: Requiem
    <u>Hyperion CDA 66066</u> Mark Brown/ Pro Cantione Antiqua

Deutsche Harmonia Mundi 77066 2RG   Bruno Turner/
Pro Cantione Antiqua; Bläserkreis für Alte Musik

Leifs, Jón (1899～1968)【冰島】: Requiem (for mixed voices),
1949
BIS CD 239   Jón Stefánsson /Kór Langholtskirkju. in: *An
Anthology of Icelandic Choir Music* (BIS CD 239)

Ligeti, György (1923～1996)【匈】: Requiem, 1963/65
Wergo WER 60045-50   Michael Gielen/ Chor des Bayer-
ischen Rundfunks; Sinfonie-Orchester des Hessischen
Rundfunks Frankfurt

Liszt, Franz (1811～1886)【匈】: Requiem d minor, 1868
Hungaroton HCD 11267   János Ferencsik/ Hungarian
Army Male Chorus

Lôbo, Duarte (ca.1565～1646)【葡】: Requiem
Gimell CDGIM 028   Peter Phillips/ The Tallis Scholars
Hyperion CDA 66218   Gavin Turner / The William Byrd
Choir

Lloyd Webber, Andrew (1948～)【英】: Requiem, 1984
Decca 16262 448616 2   Lorin Maazel/ Westminster
Chorus; English Chamber Orchestra
EMI CDC 7 47146 2   Lorin Maazel/ Winchester Cathedral
Choir; English Chamber Orchestra

Maciejewski, Roman (1910〜)【波】: Requiem, 1945/1959
Polskie Nagrania PNCD 039 A&B　Tadeusz Strugala/ Warsaw Philharmonic Choir and Orchestra

Martin, Franck (1890〜1974)【瑞士】: Requiem (1971/72)
Jecklin JD 631-2　Frank Martin/ Union chorale et choeur de dames de Lausanne; Groupe vocal "Ars Laeta"; Orchestre de la Suisse Romande

Michna z Otradovic, Adam Vaclav (1600?〜1676)【捷】: Requiem
Authentic MK 0001-2　Robert Hugo/ Capella Regia Musicalis
BNL 112758

Mokranjac, Stevan St. (1856〜1914)【塞爾維亞】: *Opelo* (Requiem Orthodoxe Serbe) f sharp minor, 1888
JADE JACD 021 1210.06 SM 62　P. Herreweghe/ Choeur de la Chapelle Royale; Ensemble Musique Oblique

Morales, Cristóbal de (約 1500〜1553 [或 1558])【西】: Missa pro defunctis à 5 (1544 出版)
Astrée E 8765　Jordi Savall/ La Capella Reial de Catalunya Hespèrion XX

Mozart, Wolfgang Amadeus (1756～1791) 【奧】: Requiem KV.626, 1791

CD:

Arkadia CDHP 527.2 Carlo Maria Giulini/ New Philharmonia Orchestra and Chorus

Arkadia CDKAR 202.3 Karajan/ Wiener Singverein; Wiener Symphoniker

Arkadia CDMP 425.1 Sergiu Celibidache/ Orchestra e Coro di Milano della Rai

ASV CD DCA 757 Jane Glover/ BBC Singers; London Mozart Players

CHAN 8574 George Guest/ Choir of St. John's College; English Chamber Orchestra

Decca 411 712 (Edition Maunder) Hogwood/ Westminster Cathedral Boys Choir; Chorus & Orchestra of the Academy of Ancient Music

Decca 417 681-2 I. Kertész/ Wiener Staatsopernchor; Wiener Philharmoniker

Decca 417 746-2 N. Marriner/ Academy & Chorus of St.-Martin-in-the-Fields

Decca 433 688 Georg Solti/ Konzertvereinigung Wiener Staatsopernchor; Wiener Philharmoniker

Denon CO-77152 Andrew Parrott/ Boston Early Music Festival Orchestra and Chorus

DG 4513 553-2 K. Böhm/ Konzertvereinigung Wiener Staatsopernchor; Wiener Philharmoniker

DG 419 610-2　　Karajan/ Wiener Singverein & Wiener Symphoniker

DG　427 353-2　　Bernstein/ Chor und Symphonie-Orchester des Bayerischen Rundfunks

EMI　CDB 7 62629-2　Rafael Frühbeck de Burgos/ New Philharmonia Chorus & Orchestra

EMI CDC 7 47342-2　Barenboim/ Choeurs et Orchestre de Paris

EMI CDC 7 49640-2　R. Muti/ Swedish Radio Chorus; Stockholm Chamber Choir; Berliner Philharmoniker

EMI CDC 7 54306-2　P. Neuman/ Kölner Kammerchor; Collegium Cartusianum

EMI　CDC 7 54525　Roger Norrington/ Schütz Choir of London; Schütz Consort; The London Classical Players

EMI　CDM 7　63260-2　　F. Weiser-Möst/ London Philharmonia Chorus; The London Philharmonia

EMI CDZ 7 62518-2　Giulini/ Philharmonia Chorus & Orchestra

EMI CDZ 7 67014-2 (英國版) 67034-2 (法國版) 67054-2 (德國版)　W. Gönnenwein/ Süddeutscher Madrigalchor; Consortium Musicum

EMI CZS 7 62892-2　(二片之一)　Barenboim/ John Alldis Choir; English Chamber Orchestra (另一片為 Verdi 的安魂曲)

L'Oiseau-Lyre　411　712-2　　Hogwood/ Westminster Cathedral Boys Choir; Chorus & Orchestra of the Academy of Ancient Music

MCA MCAD2-9816 Hermann Scherchen/ Vienna Academy Chorus; Vienna State Opera Orchestra

Philips CD 411 420-2 P. Schreier/ Rundfunkchor Leipzig; Staatskapelle Dresden

Philips CD 420 197-2 J. E. Gardiner/ Monteverdi Chor; English Baroque Soloists

Philips CD 420 353-2 C. Davis/ John Alldis Choir; BBC Symphony Orchestra

Philips CD 420 772-2 K. Böhm/ Wiener Staatsopernchor; Wiener Symphoniker

RCA 09026 60599 2 Sir Colin Davis/ Chor und Symphonieorchester des Bayerischen Rundfunks

RCA 6535-2-RG H. Gillesberger/ Wiener Sängerknaben und Wiener Kammerorchester

Sony SBK 45982 Jean-Claude Malgoire/ Choeur Regional Nord-Pas-de Calais, Le Grande Ecurie et la Chambre du Roy

Sony SBK 46344 同上，但與 Charpentier 的 Te Deum 收為同一張

Sony SK 45577 Giulini/ Philharmonia Chorus & Orchestra

Sony SM3K 47211 (3 片) Bruno Walter/ The Westminster Choir; New York Philharmonic Orchestra

Telarc CD 80128 Robert Shaw/Atlanta Symphony Orchestra & Chorus

<u>Teldec 2292-42911-2</u>　Harnoncourt/ Konzertvereinigung Wiener Staatsopernchor; Concentus Musicus Wien (Neue Instrumentierung von Franz Beyer)
LD:
<u>London 071 239-1</u>　Georg Solti/ Wiener Staatsopernchor; Wiener Philharmoniker (bicentenary performance from Vienna, 5th December 1991)
<u>DG 072 243-1</u>　L. Bernstein/ Bavarian Radio Chorus and Symphony Orchestra. (Instrumentation: Franz Beyer)
<u>Philips 070 250-1</u>　John Eliot Gardiner/ Monteverdi Chor; English Baroque Soloists
<u>Pioneer PA-90-293</u>　Sir Colin Davis/ Bavarian Radio Chorus and Symphony Orchestra

Ockeghem, Johannes (約 1425～1496)【尼德蘭】: Requiem
　<u>Archiv 415 293-2</u>　Bruno Turner/ Pro Cantione Antiqua, London
　<u>EMI CDC 49231</u>　Paul Hillier/ Hilliard Ensemble
　<u>Harmonia Mundi HMC 901441</u>　Marcel Pérès/ Ensemble Organum

Olsson, Otto (1879～1964)【瑞典】: Requiem g minor op.13, 1901/1903
　<u>Caprice CAP-21368</u>　Öhrwall/ Stockholm Philharmonic Choir; Stockolm Philharmonic Orchestra

Pacini, Giovanni (1796~1867)【意】: Requiem for the proposed transference of Bellini's remains, 1864.

<u>Bongiovanni GB 2059-2</u>　Gianfranco Cosmi/ Cappella Musicale S. Cecilia di Lucca; Orchestra Lirico-Sinfonica del Teatro del Giglio di Lucca

Palestrina, Giovanni Pierluigi da (1525~1594)【意】: Missa pro defunctoris

<u>Wijnand van Hooff WVH 042</u>　o.l.v. Maarten Michielsen/ Capella Palestrina

Penderecki, Krzysztof (1933~)【波】: Polnisches Requiem für 4 Solisten, Chor und Orchester, 1980/1984

<u>DG 429 720 2</u>　K. Penderecki/ Chöre des Norddeutschen und des Bayerischen Rundfunks; Symphonieorchester des Norddeutschen Rundfunks

<u>Polskie Nagrania PNCD 021 A+B</u>　2 片　Anton Wit/ Polish Radio and Television Choir in Cracow; Cracow Philharmonic Choir; Polish Radio National Symphony Orchestra

Pizetti, Ildebrando (1880~1968)【意】: Missa di Requiem for 4 ~12 soloists a cappella, 1922/23

<u>Chandos CHAN 8964</u>　Stefan Parkman/ The Danish National Radio Chamber Choir

Reger, Max (1873～1916)【德】: Requiem (Hebbel 詞) op.144b (1915); Requiem, Chorus, Orch., op.145a (1915，未完成)

> Koch 313 004 H1　　Roland Bader/ Chor des NDR; Sinfonieorchester des NDR Hamburg

Rejcha, Antoine (1770～1836)【捷】: Missa pro defunctis

> Supraphon 11 0332-2 231　Lubomír Mátl/ Czech Philharmonic Chorus; Dvorák Chamber Orchestra

Ropartz, Joseph Guy (Marie) (1864～1955)【法】: Requiem for soloists, chorus, and orchestra 1938

> ADDA 581266

Rutter, John (1945～)【英】: Requiem 1985

> Collegium COLCD 103　John Rutter/ The Cambridge Singers; The City of London Sinfonia; Caroline Ashton and Donna Deam (sopranos)

Saint-Saëns, Camille (1835～1921)【法】: Requiem op.54, 1878

> ADDA 581165

Schnittke (Šnitke), Alfred (1934)【俄】: Requiem for soloists, chorus & orchestra. 1975 (after stage music to Schiller's Don Carlos, for chorus, organ, piano, eletric bass, brass, percussion and celesta)

> BIS CD 497　Stefan Parkman/ Uppsala Academic Chamber Choir; Stockholm Sinfonietta

Schubert, Ferdinand (Lukas) (1794~1859)【奧】: Requiem
　　Erato　ECD　75386　Louis Devos/ Maastrict Chamber
　　Choir Conservatorium; Musica Polyphonica

Schumann, Robert (1810~1856)【德】:
　　1. *Requiem für Mignon*, op.98b, 1849 作曲，1851 出版
　　DG　435　486　2　Claudio Abbado/ The Chamber
　　Orchestra of Europe; Konzertvereinigung der Wiener
　　Staatsopernchor
　　Eurodisc RD 69001 Wolfgang Sawallisch/ Chor des
　　Bayerischen Rundfunks; Symphonie-Orchester des
　　Bayerischen Rundfunks
　　Hungaroton　HCD 11809-2　Miklós Forrai/ Budapest
　　Chorus; Hungarian State Orchestra
　　2. *Requiem*, op.148, 1852 作曲，1864 出版
　　Eurodisc RD 69001 Wolfgang Sawallisch/ Chor des
　　Bayerischen Rundfunks; Symphonie-Orchester des
　　Bayerischen Rundfunks
　　Hungaroton　HCD 11809-2　Miklós Forrai/ Budapest
　　Chorus; Hungarian State Orchestra

Schütz, Heinrich (1585 ~ 1672)【德】: Das Musikalische
Exequien op.7, SWV 279~281, 1636
　　Harmonia Mundi　HMC 901261　Philippe Herreweghe/
　　La Chapelle Royale

<u>Archiv 423 405-2</u>　John Elliot Gardiner/ The Monteverdi Choir; The English Baroque Soloists; His Majesties Sagbutts and Cornetts

Stravinsky, Igor (1882 ~ 1971) 【俄】: Requiem Canticles, 1965/66

<u>Sony SMK 46 302</u>　Robert Craft (under the supervision of Igor Stravinsky)/ The Ithaca College Concert Choir; Columbia Symphony Orchestra

Suppé, Franz von (1819~1895) 【奧】: Requiem, 1855 (for F. Pokorný)

<u>BNL 112774</u>　Wolfgang Badun/ Chorales Franco-Allemandes de Lyon et de Paris; Jugendsinfonieorchester de la ville de Bonn (FRA)

Takemitsu, Toru (武滿徹，1930~1996)【日】: Requiem for string orchestra, 1957

<u>Denon CO-79441</u> Hiroshi Wakasugi/ Tokyo Metropolitan Symphony Orchestra

Tubin, Eduard (1905~1982) 【愛沙尼亞】: *Requiem for Fallen Soldiers* for soli, male choir, instrumentalists & organ, 1979

<u>BIS CD 297</u>　Neeme Järvi/ Gothenburg Symphony Orchestra; Lund's Student Choral Society; Kerstin Lundin, Alto; Håkan Hardenberger, Trumpet; Helmut Sitar, Timpani; Janåke Larson, Organ

Verdi, Giuseppe (1813~1901)【意】: Missa da Requiem, 1874
CD:
Arkadia CDMP 446.2 2 片 Victor de Sabata/ Orchestra
e Coro del Teatro alla Scala
Bainbridge   BCD 2103   2 片 Daniel Moe/ Oberlin
Musical Union & Orchestra
CBS   M2K 30060 2 片 Bernstein/ London Symphony
Orchestra & Chorus
Decca 411 944-2 2 片 Solti/ Wiener Staatsopernchor;
Wiener Philharmoniker
Decca 421 608-2 2 片 Reiner/ Wiener Philharmoniker
DG   415 091-2 2 片 Karajan/ Wiener Staatsopernchor;
Chor der Nationaloper Sofia; Wiener Philharmoniker
DG   415 976-2   2 片 Abbado/ Coro e Orchestra del
Teatro alla Scala di Milano
DG   423 674-2 2 片 Giulini/ Ernst-Senff-Chor; Berliner
Philharmoniker
EMI   CDH 7 63341 2   (2 片) Tullio Serafin/ Orchestra e
Coro del Teatro dell' Opera di Roma (mono 錄音)
EMI   CDS 7 47257/8   2 片 Giulini/ Philharmonia
Chorus & Orchestra
EMI   CDS 7 49390 2 2 片 R. Muti/ Coro e Orchestra
del Teatro alla Scala di Milano
EMI   CZS 7 62892 2 片 Barbirolli/ New Philharmonia
Chorus & Orchestra (與 Mozart 的 Requiem 合為一套)

Fidelio　1866/7　2 片 Ivan Marinov/Sofia State Philharmonic Orchestra & Chorus

Foyer　CD 2012　2 片　Karajan/ La Scala Orchestra & Chorus

London CDL 772/3　2 片 Carlos Paita/ Royal Philharmonic Orchestra; London Philharmonic Choir

Melodram MEL 28012　2 片 Karajan/ La Scala Orchestra & Chorus

Nuova Era　013.6346　2 片 Victor de Sabata/ La Scala Orchestra & Chorus

RCA　60299　2　Arturo Toscanini/ NBC Symphony Orchestra; Robert Shaw Chorale

RCA　09026　60902　2　Sir Colin Davis/ Chor und Symphonieorchester des Bayerischen Rundfunks

RCA　RCD2-2476　2 片 Solti/ Chicago Symphony Orchestra & Chorus

Telarc CD 80152　2 片 Robert Shaw/ Atlanta Symphony Orchestra & Chorus

Telarc　CS 30152　同上，僅 Requiem

LD:

Pioneer SM　068-3213　Claudio Abbado/ Edinburgh Festival Chorus; London Symphony Orchestra

Victoria, Tomás Luis de (um 1548/50～1611)【西】: Requiem, 1603

Decca　CD 430 267-2　George Guest/ Choir of St. John's College, Cambridge

Gimell　CDGM 012　　Peter Phillips/ The Tallis Scholars
Hyperion　Hyp　CDA　66250　David　Hill/　Westminster
Cathedral Choir

Vycpálek, Ladislav　(1882~1969)【捷】： *Czech Requiem,* on
religious texts for soloists, chorus and orchestra, op.24, 1940
　　Supraphon 11 933-2 212　　Karel Ancerl/ Czech Philhar-
monic Chorus and Orchestra

Weill, Kurt (1900~1950)【德】： *Das Berliner Requiem* (Text von
Bertolt Brecht), für Tenor, Bariton, Männerchor, Blasorchester,
Gitarre, Banjo und Schlagzeug, 1928
　　Harmonia Mundi　HMC 901422　　Herreweghe/ Choeur
de la Chapelle Royale; Ensemble Musique Oblique

Wittinger, Róbert (1945~)【匈】: *Maldoror-Requiem* per 8 solisti,
coro misto, narratore e grande orchestra op.42 (1986)
　　CADENZA　CAD 800 889　　Peter Eötvös/ Südfunk-Chor;
Radio-Sinfonieorchester Stuttgart

Zelenka, Johann Dismas (1679~1745)【捷】：
1. Requiem c-moll
　　Claves　50-8501　Dähler/ Berner Kammerchor & Berner
Kammerorchester
2. Requiem D-Dur
　　Supraphon CO 1597　Vaclav Neumann/ Czech Philhar-
monic Orchestra & Chorus

Zimmermann, Bernd Alois (1918～1970) 【德】: *Requiem für einen jungen Dichter,* Lingual für Sprecher, Sopran- und Baritonsolo, drei Chöre, elektronische Klänge, Orchester, Jazz-Combo und Orgel nach Texten verschiedener Dichter, Berichte und Reportagen (1967/69)

Wergo WER 60180-50 Gary Bertini/ Kölner Rundfunkchor; Chor des Norddeutschen Rundfunks; Wiener Rundfunkchor; Kölner Rundfunk-Sinfonie-Orchester; Manfred-Schoof-Quintett

Zwierzchowski, Mateusz (ca.1713～1768) 【波】: Requiem for Soloists, Choir and Orchestra, 1760

Olympia OCD 319 Bydgoszcz Zbigniew Chwedczuk/ "Arion" Choir; Pomeranian Philharmonic Orchestra

索　引

1～5 劃

國家圖書館出版品預行編目資料

安魂曲研究：縱觀一個西方樂種的面貌與發展 /
曾瀚霈著. -- 初版. -- 臺北市：文史哲，民 86
　　面：　公分.
　　參考書目：面
　　ISBN 957-549-115-7(平裝)

　　1.安魂曲

913.45　　　　　　　　　　　　　　　　86014271

安 魂 曲 研 究

一縱觀一個西方樂種的面貌與發展

編 著 者：曾　　　　瀚　　　　霈
出 版 者：文　史　哲　出　版　社
登記證字號：行政院新聞局版臺業字五三三七號
發 行 人：彭　　　　正　　　　雄
發 行 所：文　史　哲　出　版　社
印 刷 者：文　史　哲　出　版　社
　　　　臺北市羅斯福路一段七十二巷四號
　　　　郵政劃撥帳號：一六一八○一七五
　　　　電話 886-2-23511028・傳眞 886-2-23965656

實價新臺幣五二○元

中 華 民 國 八 十 六 年 十 二 月 初 版